인간적인
브랜드가
살아남는다

마케팅이 통하지 않는 세상에서

마크 W. 셰퍼 지음 | 김인수 옮김

인간적인 브랜드가 살아남는다

RHK
알에이치코리아

비즈니스 세계를 사랑하고

더 나은 비즈니스 세상을

만들고자 하는 용기를 지닌

모든 마케터, 크리에이터, 초보자

그리고 반란군을 위해

목차

1부 ___

왜 인간적인 브랜드인가

2부 ___

인간의 변치 않는 속성

3부 ____

인간적인 브랜드로 살아남기

4부 ____

비약적인 도약을 위해

코앞에 다가온 반란

몇 년 전, 나는 만약 사실이라면 어쩌지 하는 불편한 가정을 하게 되었다. 마케터들이 소비자의 세계에서 광범위하게 벌어지는 변화를 따라잡지 못하면서, 마케터가 하는 일의 효율성이 점차 떨어지고 있는 게 사실이라는 가정이었다. 마케팅, 광고, 홍보 분야에서 일하는 동료들이 전하는 내용과 급속하게 변하고 있는 소비자 문화 사이에 차이가 있는 듯했다.

그래서 파고들어 봤다. 그리고 2년간의 조사를 끝내고 난 후, 이런 확신이 들었다. 이건 그냥 "차이" 정도가 아니다.

맙소사, 이건 혁명이다.

최근 연구에 몰두하면서, 내가 생각하고 있었던 마케터의 의미를 뒤집는 현상이 일정 방향으로 전개되고 있다는 사실을 발견했다. 내가 비즈니스에 몸담은 30년 동안 배우고 믿었던 거의 모든 내용이 바뀌고 있거나 아니면 무너지고 있었다.

전혀 예상치 못했던, 충격적이고 도발적인 진실이었기에 이 책을 통해 경종을 울릴 수 있겠다는 생각이 들었다.

소비자가 통제권을 장악하고 있다. 판매 깔때기^{sales funnel}는 사라졌다. 광고가 기능을 잃어가고 있다. 훌륭한 마케팅이 오히려 사람들을 화나게 할 수도 있다. 충성심은 전설에나 존재하는 단어가 되어버렸다. 전통적인 최고마케팅경영자^{Chief Marketing Officer, CMO}의 역할이란 과거의 이야기다. 기술은 적이 될 수도 있다. 마케팅 전략과 도구는 의미가 없다. **우리의 고객이 곧 마케팅 부서다.**

이제부터 당신이 읽게 될 내용은 그리 놀라운 사실이 아니다. 사실은 지난 100여 년 동안 상승 추세를 보이던, 이제 더는 피할 수 없게 된 소비자의 반격에 관한 이야기다. 그저 그런 사실을 주목한 사람이 거의 없었을 뿐이다.

비즈니스 리더의 입장에서, 우리는 도전을 받아들이고 언제나 그랬듯 우리가 해야 할 일, 즉 적응해야 할 것이다. 이 책은 당신에게 방법을 알려줄 것이다. 그리고 익숙하지 않은 방식으로 고객과의 연결을 시도하라고 요구할 것이다. 그것은 가능한 일이고 해야만 하는 일이며 그 일을 해야 하는 주체가 당신이라는 것을 믿어야 한다.

마케팅 반란에 동참한 당신을 환영한다.

친구들에게 똑똑해 보이고 싶은 당신이라면 마케팅과 관련된 어떤 질문을 받았을 때 이렇게 말하면 된다. "상황에 따라 다르지."

모든 업계의 모든 회사에 적용할 수 있는 만능 해결책 같은 마케팅 방법은 없다. 나는 이 책에서 신뢰할 수 있는 조사와 전문가의 의견을 바탕으로, 비즈니스 현실에 대해 일반적이면서도 고차원적인 관점을 제공하고자 한다.

이 책은 흥미진진하고 새로운 마케팅의 목표 지점을 가리키는 지도라 할 수 있다. 하지만 현재 처한 당신만의 비즈니스 상황을 해결하고 목적지에 도달할 수 있는 가장 좋은 경로가 무엇인지는 스스로 결정해야만 한다.

아, 그리고 각 장마다 곳곳에 귀하면서도 공짜로 얻어갈 수 있는 깜짝 선물을 숨겨두었다. 이 책을 읽으면서 각 단계를 마치고 새로운 마케팅 여정을 떠나는 당신을 격려하기 위해 준비한 보상이라 생각해 주기 바란다.

자, 그럼 첫 번째 선물부터 살펴보자. 나는 지난 번 저서《노운 KNOWN》을 출간하면서 독자들이 스스로 학습할 수 있도록 워크북을 함께 냈다. 워크북은 아마존Amazon에서 구입이 가능하며 인기가 아주 좋아서 내가 쓴 일부 책보다 더 잘 팔리고 있다. 이번 책을 내면서도 역시 워크북을 만들었는데, 이번에는 무료로 제공하고자 한다. www.businessesGROW.com/rebellion에서 아무런 조건도 없이 자유롭게 다운받을 수 있으며 내게 이메일 주소를 보낼 필요도 없다!

이 책의 워크북에는 추가적인 내용과 더불어 당신이 마케팅 계획을 세우는 데 도움을 줄 학습 질문이 포함되어 있다. 회사 워크숍이나 대학 수업에서 사용하고 싶다면 학습 교재와 유인물로도 활용할 수 있다.

책을 읽어가다 보면 색칠하기 책자, 입소문 마케팅 핸드북을 비롯해 깜짝 놀랄 만한 다른 선물도 찾을 수 있다.

마케터들이여, 파이팅!

1부

왜 인간적인

브랜드인가

1장

마케팅을 향한 반란

"사소한 일에서 진실을 가볍게 여기는 사람은
중요한 일에서도 신뢰할 수 없다."

알버트 아인슈타인 ALBERT EINSTEIN

이야기는 비누에서 시작한다.

내가 어렸을 때, 어머니는 나를 씻길 때면 언제나 아이보리^{Ivory} 비누만 사용하셨다. 아이보리는 TV 역사상 가장 많은 광고를 내보낸 브랜드 중 하나였다. TV만 틀면 나오는 반복적이고 설득력 있는 아이보리 광고 덕분에, 어머니는 결국 아이보리 브랜드에 신뢰를 보냈다.

아이보리는, 당시 미국에서 인기를 누렸던 고품질 수입 비누에 대항할 수 있는 제품을 개발하기 위해 P&G^{Procter & Gamble} 공동 설립자의 아들 제임스 노리스 갬블^{James Norris Gamble}이 1878년에 흰색 비누 제조 공식을 사들이며 시작한 브랜드다. 당시에는 이 제품을, 전혀 창의적이지는 않지만 비누로서는 꽤 매력적인 이름인 화이트 비누^{White Soap}라고 했다.

아이보리는 종이로 개별 포장되어 팔린 최초의 비누였다. 사실 비누에 브랜드를 붙인다는 것 자체가 처음 있는 일이었다. 단순한 비누가 브랜드화 되면서 아름답고 깨끗하며 한결같은 존재로 자리매김했다. 아이보리는 어찌나 순수한지 물에 뜨기까지 했다(사실 이는 기계 담당자가 점심을 먹으러 가면서 기계를 켜놓고 가는 바람에 비누 원료를 혼합하는 과정에서 공기가 들어간 사고가 운 좋은 결과로 이어진 것이다).

물에 뜨는 비누의 인기가 급상승하면서, 회사는 1882년에 1만 1,000달러라는 당시로는 엄청난 돈을 첫 광고에 쏟아부었다.

P&G가 단순히 비누를 대량 생산하고만 있던 게 아니다. 여기서 유념해야 할 점은 누군지도 모르는 사람이 만든 제품을 믿고 사용하라고 사람들에게 가르치고 있었다는 사실이다.

오늘날에는 이해하기 힘든 일이지만, 1880년대 사람들은 동네 상점에서 제품을 구입하는 데 익숙했지, 이름 모를 사람이 만든 제품을 산다는 것은 생각조차 해본 적이 없었다. 대량 생산, 대량 보급, 대중 매체가 출현하기 전에는 전 세계 모든 문화권의 사람들이 정육점 주인, 빵 만드는 사람, 비누 만드는 사람의 이름까지 알고 있었다. 따라서 당시 포장 비누는 눈이 휘둥그레질 만한 혁신이었다.

그리고 포장 비누는 확실히 효과가 있었다. 거의 150년 동안, 전 세계 최대의 광고주인 P&G는 각 가정마다 눈처럼 하얀 비누를 구입해 사용하도록 줄기차게 홍보에 투자했다.

오늘날, 그렇게 하얗게 고고함을 유지하며 아이보리가 쌓아 올린 "상아탑"은 무너질 위기에 처해 있다. 한때 시장에서 50%(심지어 1970년에도 20%까지)를 차지했던 브랜드가 이제는 3%를 맴돌고 있을 뿐이다.

아이보리의 시장 점유율이 너무 갑자기, 여지없이 떨어지는 바람에 P&G는 자사의 가장 유명한 제품의 생산 중단을 고려하고 있다.

어디 아이보리뿐이겠는가. 지난 수십 년 동안 역사와 전통을 자랑하던 타이드^{Tide}, 팸퍼스^{Pampers}, 크레스트^{Crest}도 급속한 추락을 경험하고 있다.

100년이라는 세월에 걸친 광고와 최고의 마케팅 마인드를 지닌 사람들이 떠받치고 있는, 세계적으로 모르는 사람이 없는 제품들이 사라지고 있다는 사실이 쉽사리 믿기지 않을 수도 있다. 그렇다고 인공지능이 비누를 대체하는 것도 아니다. 인도 같은 나라에 외주를 줘서 만드는 것도 아니다. 태양 에너지로 비누를 대신할 수도 없다. 우리는 여전히 비누를 사용한다. 그렇다면 어떻게 이런 굴지의 기업들조차 그 속도를 따라잡지 못할 정도로 고객의 욕구가 빠르게 변할 수 있는 걸까?

어느 날, 한 젊은 여성의 말 한마디가 내게 실마리를 주었다. 그 말을 통해 왜 이런 일이 벌어지고 있고, 왜 그게 사실이며, 왜 우리가 알고 있는 마케팅의 실패가 필연적일 수밖에 없는지를 이해하게 되었다. 비즈니스 세계의 실상을 꿰뚫는 깨달음을 얻게 된 순간이었다.

그걸 만든 사람

나는 고향 테네시주 녹스빌을 방문해 젊은 친구들과 함께 시원한 음료와 음식을 즐기고 있었다. 그러던 중, 화장실에 들렀다가 놀라운 광경을 보게 되었다. 화장실 한편에는 지역의 소규모 회사에서 만든 비누들, 꿀 & 오트밀, 오이 & 알갱이처럼 흥미를 불러일으키는 재료가 표시된 다양한 종류의 수제 비누가 쌓여 있었다.

수제 비누는 가격이 저렴하지도 않고 아무 데서나 팔지도 않는다. 그중에는 아이보리보다 10배나 비싼 비누도 있었다.

나는 호기심이 동했다. 빠듯한 예산으로 가게를 운영하는 젊은 부부가 왜 세계적인 회사가 만든 유명 브랜드 제품에 등을 돌린단 말인가?

그래서 내가 물었다. "평생 아이보리 비누 광고를 보며 살았을 텐데 왜 아이보리나 다이알Dial, 도브Dove가 아니라 이 지역에서 만든 비누를 사는 거예요? 이 브랜드를 그렇게 좋아하는 이유가 뭐죠?"

그녀는 잠시 생각하더니 이렇게 말했다. "제가 이 브랜드를 그렇게 좋아한다고 할 수 있을지는 모르겠어요. 그렇지만 이 브랜드를 만든 사람이 참 좋아요."

그녀의 이 간단한 말 속에 심오한 아이디어가 담겨 있었다. 우리로 하여금 오늘날 비즈니스, 브랜드, 마케팅 담당자의 의미가 무엇인지를 다시 한번 생각할 수밖에 없게 만드는, 대격변의 근본 원인이 그 안에 담겨 있던 것이다.

그녀는 그 지역의 비누 회사와 설립자에 대해서 말을 이어갔다.

"회사를 세운 분들을 만나봤는데 굉장히 좋은 분들이에요. 목적을 가지고 제품을 만드시더라고요. 우리 고향에 건강하고 지속 가능한 비즈니스를 구축해야겠다고 다짐하셨대요. 환경에도 신경을 쓰기 때문에 자연적이면서도 지역에서 생산한 재료를 사용하고 있고요. 솔직함과

인간적인 브랜드가 살아남는다

도덕적 원칙을 바탕으로 하는 회사를 운영하고 싶어 하시고, 직원들에게도 대우를 잘해줘요. 제가 직원들도 직접 만나봤거든요. 저는 이런 게 중요하다고 생각해요. 우리 지역 공동체와 관련되어 있잖아요. 이 회사 사장님들은 우리 지역을 더 살기 좋은 곳으로 만들고 싶어 하시는데, 저도 마찬가지거든요. 그래서 그분들한테 신뢰가 가더라고요. 저는 그분들이 무얼 만들든 도와드리고 싶어요."

내가 그녀에게 이 비누에 관한 광고를 본 적이 있는지 묻자 이런 대답이 돌아왔다.

"아뇨, 사실은 광고란 걸 마지막으로 본 게 언젠지 기억이 안 나는걸요."

만약 당신이 이런 이야기를 1970년대 P&G의 마케터에게 들려주었다면 그 담당자는 아마도 당신을 외계인이라 생각했을 것이다. 이 여성은 지금 광고가 자기에게는 전혀 중요한 게 아니라고 말하고 있다. 그리고 실제로 그녀는 광고의 영향을 받지 않는다. 지역 비누 회사 설립자의 비전을 믿기에 아이보리보다 10배나 더 비싼 비누를 위해 돈을 지불한다. **그녀에게는 흔히 마케팅의 4P라고 하는 제품**Product**, 가격**Price**, 홍보**Promotion**, 유통**Placement**보다 설립자의 비전이 더 중요하다.** 도대체 무슨 황당한 일이 벌어지고 있단 말인가?

이 이야기는 하나의 사례에 불과하다. 당신은 이 책 전체에 걸쳐 소비자가 주도하는 변혁의 결과로 나타난 많은 사례를 보게 될 것이다.

사실 이런 반란의 분위기는 100여 년에 걸쳐 은근하게 무르익어 왔다. 우리는 현재 세 번째 그리고 (아마도) 마지막 반란의 초입에 들어섰다. 하지만 이러한 추세의 실체와 이에 따른 변화가 당신과 당신의 비즈니스에 얼마나 놀라운 영향을 끼치게 될지 밝혀내기 전에, 어떻게 이런 상황에 도달하게 됐는지 스네이크 오일^Snake Oil과 만병통치약^Elixir of Life 을 시작으로 알아보도록 하자.

첫 번째 반란: 거짓말의 종말[1]

오늘날, 우리에게 광고는 자연스러운 것이다. 광고는 여기저기서 불쑥불쑥 튀어나오며 온라인에 기반한 생활 방식에 젖은 우리 일상의 많은 부분에 개입하려 한다.

인간 역사에서 첫 번째 광고는 무엇이었을까? 나는 고대 로마 시대 도시 에페소스를 방문한 적이 있었는데, 거기서 어쩌면 세계 최초의 광고였을지도 모르는 것을 발견했다. 유적지의 대리석 도로를 따라 걷다 보면 바닥 벽돌에 뚜렷하게 새겨진 사람의 발 모양 하나 그리고 그 왼쪽에 하트 윤곽을 볼 수 있다. 역사학자들은 이 표시가 매춘 광고로서, "왼편으로 계속 걸어가면 사창가가 있다"는 뜻이라고 한다.

로마 시대의 매춘 광고는 그렇다 치고, 오늘날 우리가 알고 있는 광고는 1830년대에 신문업계에 확실한 수익원 역할을 했던 현대의 발명품이다.

애초부터 광고가 성공하려면 사람들의 관심을 끌면서 중요한 약속을 전달해야 했다. 하지만 기업마다 광고를 통해 이례적인 약속을 내세

인간적인 브랜드가 살아남는다

우면서 출혈 경쟁을 감수하는 무리수를 두게 되고, 사람들의 관심은 가장 자극적이고 멋진 광고로 쏠리게 된다. 사실, 그렇게 자극적이고 멋진 광고는 명백한 거짓말로 드러나기 마련이다. 마케터(1880년대에 사용하던 용어)들은, 대중이란 분별력이 없거나 이성적이지 않은 존재이며, 따라서 멋져 보이는 제품을 위해 힘들게 번 돈을 갖다 바치도록 설득할 수 있는 대상이라는 점을 알게 되었다.

클라크 스탠리 Clark Stanley의 스네이크 오일은 "소아마비, 류머티즘, 치통, 염증을 치료하는 놀라운 진통제"라고 장담했다. 만병통치약은 광고를 통해 신체의 어떠한 질병도 치료한다고 주장하며 장수, 심지어는 영생을 보장하기도 했다.

세기가 바뀔 무렵, 광고 산업은 20억 달러 상당의 이익을 창출하고 있었다. 뉴욕시에 정착한 광고업계의 개척자들은 미국에서 가장 부유한 계층으로 자리 잡은 상태였다. 그들은 뻔뻔한 사기극으로 부를 쌓았지만, 당시에는 미국식품의약국 FDA이나 공정거래위원회 FTC 같은 관리·규제 기관이 없었기 때문에 정밀 조사를 피해갔다. 게다가 언론 역시 가장 큰 수입원을 잃을 수 있다는 두려움 때문에 엉터리 제품에 대해 이의를 제기하지 않았다.

그러다가 1905년에 변화가 일어났다. 미국의 주간지 〈콜리어스 위클리 Collier's Weekly〉의 한 용감한 편집장이 탐사 보도를 의뢰해 광고업계가 내세우는 거짓 주장을 밝혀내고자 했다. 몇 달 후, 〈콜리어스 위클리〉는 "위대한 미국의 사기극 The Great American Fraud"이라는 제목의 기사를 발표했다. 이 기사는 11회에 걸친 연재 보도를 통해, 의약품에 위험

물질이 혼합되어 있으며 실험동물이 중독되거나 심지어 죽기도 했다는 사실을 폭로했다.

한순간에, "스네이크 오일"은 만능 치료 약에서 "사기극"을 뜻하는 단어가 되었으며 오늘날에도 미국에서는 스네이크 오일이라는 단어를 가짜, 엉터리라는 의미로 사용하고 있다.

마케팅에 대항하는 첫 번째 소비자 반란이 시작된 것이다.

〈콜리어스 위클리〉의 충격적인 폭로 이후 개혁을 외치는 여론이 들끓었다. 시민 단체와, 문제점을 제기하는 의사들은 광고 관련 라벨 표시 규칙과 지침을 부과하는 입법을 추진했다. 시어도어 루스벨트^{Theodore Roosevelt} 대통령은 한발 더 나아가 탐사 보도를 높이 평가하며 오랫동안 논란의 대상이었던 식품의약품법^{Food and Drug Act} 제정 추진을 약속했다. 이는 광고업계 로비스트들의 격렬한 저항을 불러왔지만, 대중의 끊임없는 압력 덕분에 서로 조금씩 양보하는 수준에서 법이 제정되었다.

이제 광고업계는 불명예를 뒤집어쓴 채 위기에 처하게 되었다.

그런데 제1차 세계대전이 발발하면서 뜻밖의 행운이 찾아왔다. 정부가 전쟁 물자를 지원하기 위한 선전 목적으로 새로운 광고 회사들과 계약을 한 것이었다. 광고업계는 애국 활동을 통해 부진을 만회하기 시작했고, 전후 경제 호황으로 미국과 유럽에서 광고 지출을 크게 늘려갔다.

1920년대가 끝나갈 무렵, 광고는 미국 국내 총생산의 3%를 차지하면서 경제의 주요 부분이 되었다. 1930년에 이르러 광고 지출은 전쟁

전 수준에 비해 10배나 증가했다.

광고는 더 과학적이고 전문적이며 수익성 높은 구조로 진화하고 있었다. 광고 회사는 축적된 전문 지식과 구매력을 통해 규모를 키워갔다. 아이보리 비누 같이 전 국민을 대상으로 하는 제품의 광고 캠페인이 여기저기서 계속 쏟아져 나왔다.

하지만 경쟁이 치열해지면서 광고는 다시 한번 윤리적 한계선을 넘어서는 내용으로 자멸의 길을 달려갔다. 오렌지 주스, 우유, 치약은 과학적으로 증명되지도 않은, 사실이 아니거나 과장된 주장이 담긴 광고를 통해 시장에서 팔렸다. 담배는 건강에 좋고 목 진정 효과를 지닌 제품으로 자리 잡았다. 브릴리움^{Vrilium}이라는 제조업체는 약 5센티미터 길이의 튜브에 "치유 효과가 있는 외계 방사선" 브릴^{vril}을 담았다고 하면서 브릴이 "어떤 병이든 치유한다"고 광고했다. 하지만 실제로는 놋쇠 원통에 강력한 말 설사약을 담은 것에 불과했다.

제품의 소비를 권장하는 소비지상주의가 힘을 얻으면서, 신제품들은 이전에 존재하지 않았던 문제를 해결하고 병을 고쳐준다고 약속했다. 광고 회사는 사람들의 잠재 의식적 불안감을 부채질하기 위해 정교한 심리 테스트를 개발했다(입 냄새가 나면 인기가 없어져요!). 광고는 이익을 위해 대중의 두려움을 만들어내면서 다시 한번 거짓말을 일삼는 산업이 되었다.

광고업계가 쌓아 올렸던 상아탑이 또다시 무너질 위기에 처하게 되었다.

광고업계가 사실을 조작하며 소비자를 속이고 있다는 사실에 격분한 두 명의 언론인이 마케팅 관행을 비판하는 내용을 담은《당신 돈의 가치Your Money's Worth: A Study in the Waste of the Consumer's Dollar》를 출간했다. 이 책은 과학적인 실험과 의학계의 증언을 통해 광고업계가 자행하는 속임수를 폭로하며, 첫 번째 반란의 마지막 전투를 위한 도화선에 불을 붙였다. 책이 인기를 끌면서 독립적인 시험소가 탄생했고, 이 시험소는 현재 미국 최대의 소비재 전문 월간지〈컨슈머 리포트Consumer Reports〉로 발전하게 되었다.

책 발간과 시험소 탄생을 필두로 광범위한 소비자 운동이 벌어졌다. 1930년대에는 언론에서 광고 관행에 맹공을 퍼부으면서 광고에 대한 불신감이 커져갔다.

가장 신랄한 비판은, 더 이상은 거짓말로 점철된 삶을 살지 않겠다고 마음먹은 광고업계 내부인이 쏟아낸 것이었다. 유명한 광고 카피라이터 헬렌 우드워드Helen Woodward는 "내가 아무 것도 아니라는, 우리가 아무 것도 아닌 존재라는 깨달음이 천천히 충격으로 다가왔다"고 광고업계를 겨냥하는 내용을 담은 책을 발간해 인기를 끌었다. 또 다른 광고업계 임원은 업계에서 성공하려면 "내면에서 인간성을 제거해야만 했다"고도 했다.

이런 격렬한 아우성은 연방거래위원회FTC에 새로운 권한을 부여하는 입법 개혁으로 귀결되었고, 연방무역위원회는 허위 마케팅 주장에 대해 더 강력한 규정을 제정하고 더 무거운 처벌을 내렸다.

최초의 마케팅 반란, 즉 거짓말과의 전쟁은 언론인이 주도했고, 정부의 규제를 통해 완성되었다.

그리고 뒤이어 첫 번째와는 아주 다르며 더욱 심오한 두 번째 반란이 발생하게 된다.

두 번째 반란: 비밀의 종말

내가 어렸을 때는, 집 지붕에 안테나를 설치해야만 TV를 제대로 볼 수 있었다. 지금도 이유는 잘 모르겠지만, 사람이 TV 옆에 서 있으면 수신이 잘 되고, 화면이 선명하게 나올 때가 많았다. 아마도 사람의 신체가 수신 전파를 TV로 이끌어주는 통로 역할을 했나 보다.

공교롭게도, 우리 집에서 그 역할은 어린 나의 몫이었다. TV 화면이 잘 나오지 않을 때면 내가 자진해서 TV 옆에 섰는데, 가끔은 몸을 앞으로 약간 기울이면서 양팔을 쭉 뻗어 다이빙 입수 자세를 취하면 화면이 선명해졌다. 프로그램이 끝날 때까지 그런 자세로 서 있는 일이 보통이었다.

내 말의 요지는 당시는 단순한 시대였다는 사실이다. 미국 텔레비전에는 세 개의 방송국이 있었고, 가끔 안테나를 통해 PBS 공영 방송을 볼 수 있었다. 앉아 있든 서 있든, 우리는 광고에서 벗어날 수가 없었다. TV 프로그램을 보고 싶으면 광고를 봐야만 했다. 그것도 엄청나게 많은 광고를 말이다. 하지만 소비자들이 광고를 싫어했기 때문에 그런 현상은 바뀔 수밖에 없었다. 소비자가 마음에 들어 하지 않는 무언가에 대항하기 시작하면 결국 승리를 취하는 쪽도 소비자다.

두 번째 소비자 반란은 기술 덕분에 가능했다. 시청자가 소파에 앉아서 광고를 건너뛸 수 있게 해준 첫 번째 리모컨은 1950년에 제니스Zenith가 만들었다. 텔레비전에 긴 전선이 연결된, 게으름뱅이라는 뜻의 레이지본Lazy Bones이라는 유선 리모컨이었다. 텔레비전이 보급되는 초창기였음에도 소비자들은 이미 광고를 건너뛸 방안을 계획하고 있었던 것이다! 오늘날, 미국의 평균적인 가정은 4개의 리모컨을 가지고 있으며 어디 있는지 찾지 못해 헤매는 경우도 종종 발생한다.

1970년대 들어서는, 비디오카세트리코더VCR의 등장과 함께 소비자는 광고를 휙휙 건너뛸 수 있는 힘을 얻게 되었다. 미리 녹화해 둔 프로그램을 보면서 광고가 나오면 빨리 감기로 순식간에 돌려버리는 일은 가정에서 치르는 일종의 의식이나 다름없었다.

광고 없는 세상을 향한 또 다른 중요한 사건은, 1948년에 한 진취적인 발명가가 펜실베이니아주에서 기본적인 유선 텔레비전 방송망을 개발하면서 발생했다. 그 덕분에 도시에서 보내는 전파 신호를 받지 못하던 산악 지역에 TV 프로그램을 제공할 수 있게 되었다. 공교롭게도 그와 동시에 연방통신위원회FCC가 새로운 TV 방송국에 대한 면허 동결을 발표하면서 TV 프로그램 제작 및 편성에 대한 수요가 더 많아졌다. 이 두 가지 사건은 도시와 지방의 케이블 시스템을 향한 투자의 물결을 일으켰다.

콘텐츠 제공자들은 이 새로운 시스템을 이용해, 이미 우위를 차지하고 있는 3개의 전국 방송망이 보내는 콘텐츠 이외의 콘텐츠에 시청자들이 비용을 지불하도록 하는 방법을 꿈꾸고 있었다. 과연 사람들은 극장에 가는 대신, 집에서 영화를 보기 위해 비용을 지불할 것인가? 사람들은 광고를 건너뛰기 위해 더 많은 돈을 지불할 것인가? 대답은 '그렇다'였다.

애틀랜타에서 테드 터너^{Ted Turner}에 의해 최초의 케이블 네트워크 "슈퍼 스테이션^{super station}"이 출범했고, 1975년에는 HBO가 위성 전송과 광고 없는 프로그램의 제작·편성을 통해 전국에 방송을 내보내는 최초의 유선 방송이 되었다.

소비자는 자신이 원하는 콘텐츠에 대해 더 많은 통제력을 얻고 있었다. "거짓말"은 광고에서 (대부분) 사라졌다. 하지만 대부분의 사업체들은 여전히 비밀로 운영되고 있었다. 정보의 힘은 기업과 브랜드가 확실히 쥐고 있었다. 자동차, 보험, 여행, 부동산 같은 산업은 세부 사항을 소비자들에게 알리지 않음으로써 돈을 벌었다. 수익률은 비밀에 부쳤다.

그렇게 유지되던 방식이 순식간에 벌어질 변화를 앞두고 있었다.

황금 아치의 추락

광고… 그리고 비밀을 발판으로 성공을 거둔 대표적인 회사로 맥도날드^{McDonald's}를 꼽을 수 있다.

패스트푸드업계의 대표 주자라 할 수 있는 맥도날드 관련 스토리는 여러 잡지, 책, 다큐멘터리를 통해 소개되었고 심지어 〈파운더^{The Founder}〉라는 영화로도 만들어졌다.

레이 크록^{Ray Kroc}이 경영권을 확보할 당시, 맥도날드는 겨우 14개의 지점을 두고 120만 달러의 매출을 기록하고 있었다. 크록은 회사를 키울 준비를 마치고 1960년에 첫 전국 광고 캠페인, "황금 아치를 찾으세요 Look for the Golden Arches"를 시작했다.

그로부터 10년 후, 맥도날드는 미국의 50개 주에 걸쳐 1,600개의 지점을 두고 6억 달러의 매출을 기록했다. 당시 맥도날드는 광고 캐치프레이즈로 '열심히 일한 당신, 오늘은 휴식을 취할 자격이 있다'는 의미를 담은 "You Deserve a Break Today"를 내세웠고, 광고 컨설팅 업체 애드에이지 Adage는 이 광고에 쓰인 동명의 음악을 역대 최고의 광고 음악으로 선정했다. 심지어 시사 주간지 〈타임 Time〉에서도 이 미국 최고의 기업을 소개했다. 맥도날드는 질주를 이어갔다.

심장마비에 걸릴 정도로.

아, 이 말은 신경 쓰지 말고.

1980년대에도 맥도날드는 멈출 줄 몰랐다. 이미 외곽 지역에 견고하게 자리 잡은 맥도날드는 도시로의 확장을 꾀하기 시작했다. 경쟁업체가 속속 등장했지만 매출액과 시장 점유율은 나날이 성장했다.

1990년대 중반 즈음, 맥도날드는 101개 나라에 2만 개에 이르는 지점을 거느리며 세계 최대 광고주 대열에 올라섰다. 맥도날드가 광고비로 지출하는 10억 달러는 일부 작은 나라의 국민 총생산을 능가하는 수준이었다. 십자가는 몰라도 맥도날드의 황금 아치가 어떻게 생겼는지는 안다는 말이 나올 정도였다. 장난감이 제공되는 해피밀 Happy Meal이 얼마나 많이 판매되었던지, 맥도날드는 세계 최대의 장난감 공급업체가 되었다.

하지만 2002년에 이르자, 영원한 승자는 없다는 격언이 떠오르기 시작한다. 분기별 판매와 수익이 계속 감소하더니 마침내 맥도날드는 상장 이후 처음으로 손실을 발표했다. 맥도날드의 문제 중 하나는 제품의 건강성을 의심하는 소문이 널리 퍼지고 있다는 것이었다. 여름철 웅덩이에 들끓는 모기 떼처럼 맥도날드를 둘러싼 온갖 괴소문이 떠돌았다. 쫓아내려 하면 할수록 모기 떼는 더 극성을 부렸고, 가장 강력한 의사소통 수단인 인터넷의 사용이 늘면서 소문은 점점 더 기승을 부렸다.

소 눈알과 지렁이를 섞어 햄버거를 만든다는 거짓 정보가 전 세계 인터넷상에 떠돌았다. 동물을 학대하는 모습을 찍어서 마치 맥도날드가 동물을 학대하는 것처럼 보이도록 만든 영상이 급속도로 퍼졌다. 맥도날드가 직원을 저임금으로 부리고, 미국을 비만하게 만드는 음식을 제공하고 있다는 소문이 들끓었다. 여러 소문 중에서도 맥도날드를 가장 끈질기게 괴롭힌 소문은, 소고기에서 각 부위를 다 발라낸 뒤 남은 찌꺼기에 암모니아수를 섞어 만든 고기인 "핑크 슬라임pink slime"으로 맥너깃과 패티를 만든다는 것이었다.

맥도날드는 공격적인 대응을 멈추고 기본으로 돌아가는 전략을 도입하면서 170만 명에 이르는 직원의 임금을 올려주고 건강 메뉴를 더했다. 그리고 새로운 슬로건인 "우리는 이런 재료로 만듭니다what we are made of"를 통해 제품의 건강성을 강조하고자 했다.

그리고 처음으로 소셜 미디어 이사 자리를 만들어 릭 와이언Rick Wion을 임명하고 인터넷에서 벌어지는 문제를 다루고자 했다. 시카고에 본사를 둔 에이전시 소속의 릭은 2006년부터 맥도날드의 소셜 미디어 프로젝트를 담당하고 있었다. 릭은 인터뷰를 통해 다음의 세 가지에 중점을 두고 있다고 밝혔다. 비즈니스 구축을 위해 소셜 미디어 활용하기, 고객 불만 관리하기, 자녀를 둔 여성 블로거 등 인플루언서 집단의 지지 구축하기였다.

회사는 또한 식재료의 출처와 조리 과정을 보여주는 "우리는 이런 재료로 만듭니다" 슬로건을 통해 긍정적인 이야기를 퍼뜨리고자 인터넷을 활용할 계획을 세웠다. 계획은 간단했다. 맥도날드에 건강한 재료를 공급하는 실제 농부와 목장 주인이 등장하는 새로운 광고를 제작하고, 소셜 미디어를 통해 선보이면서 사람들의 관심을 끌 예정이었다.

광고가 나오던 날, 소셜 미디어에서는 모든 부정적인 의견이 멈춘 듯했다. 사람들은 '농부를 만나보세요'라는 #MeetTheFarmers 해시태그를 눌러 영상을 보았고, 광고에 대한 댓글도 전반적으로 긍정적이었다.

그날 오후, 릭은 사람들을 통해 농부들이 제공하는 신선한 양질의 재료에 관한 대화를 활성화하고자 #McDStories 해시태그를 사용해 캠페인을 벌였다. 그런데 갑자기 계획에 차질이 생겼다. 자신의 사무실에서 트위터Twitter를 살피던 릭은 그게 사실이든 상상이든, 정당하든 부당하든, 맥도날드에 관해 끔찍한 이야기들로 채워지고 있다는 사실을 목격했다. 음식, 서비스, 분위기를 포함해 맥도날드의 거의 모든 것에 대해 부정적인 내용이었다.

인간적인 브랜드가 살아남는다

"내가 예전에 맥도날드에서 일했었는데 실제 #McDStories에 대해서 얘기하면 다들 머리카락이 쭈뼛 설 걸."

"난 한 번은 맥도날드에 들어갔다가 당뇨 냄새가 확 나는 바람에 그냥 토해버렸어."

"#McDStories 얘기는 계속 들어도 식상하질 않네, 일주일 동안 밖에 내놔도 상하지 않는 맥도날드 치킨 맥너깃처럼."

"매일 먹던 맥도날드를 끊으니까 6개월 후에 몸무게가 20킬로그램 넘게 빠지더군."

자, 당신도 어떤 상황인지 감이 잡힐 것이다. 돈을 들여 트위터에 올린 홍보용 해시태그가 브랜드의 인식 제고에 전혀 도움을 주지 못하고 있었다. 릭은 홍보 캠페인을 시작한 지 2시간 만에 모든 활동을 접어야 했지만 뼈아픈 교훈 하나를 배웠다. 해시태그는 의도가 긍정적이든 부정적이든 자기 마음대로 조종할 수가 없다는 사실이었다. 나쁜 글bashtag은 계속해서 올라왔다.

나름 머리를 써서 소셜 미디어를 활용하려 했던 아이디어는 오히려 회사에 위기를 불러왔다. 주요 언론사도 흠집 잡기에 동참하면서 #McFail이라는 해시태그를 사용해 맥도날드의 홍보 캠페인이 큰 낭패를 당했다고 꼬집었다. 부정적인 면이 침소봉대됐으니 맥도날드에게는 억울하다면 억울한 일이었다.

당시 릭이 내게 얘기해준 바로는, 부정적인 내용의 트윗은 2%도 되지 않았기 때문에 사실상 소셜 미디어 홍보는 보통 기준으로 보면 성공한 셈이었다. 하지만 좋은 소식은 잘 드러나지 않는 법이다. 좋은 이야기는 일부 헛소문에 묻히고 말았다.

비밀의 종말

맥도날드는 이 기회를 통해 확실하게 알 수 있었다. 반란은 거셌고 회사는 그 사실을 심각하게 받아들여야만 했다. 정보 조작, 오도, 비밀은 더 이상 통할 수 없었다. 음식 재료와 동물 복지 그리고 비만에 관해 소비자가 제기하는 실제 (그리고 상상의) 문제를 얼버무리고 넘어갈 수는 없었다. 거짓 없이 사실대로 털어놓아야만 했다. 수십 년 동안 철저하게 관리해 온 브랜드 이미지가 이제는 고객과 비평가의 손에 달려 있었다.

맥도날드는 대담하게 대처에 나섰다. 제품에 관해 질문하면 솔직하게 대답해 주는 "우리의 음식, 당신의 질문Our food. Your questions" 캠페인을 새로이 도입해서 고객들로 하여금 페이스북Facebook, 트위터, 회사 전용 사이트(캐나다 맥도날드에서 시험 운용)를 통해 질문하도록 했다. 맥도날드는 식품 첨가물과 관련된 여러 음모론에서부터 핑크 슬라임에 관한 진실에 이르기까지 3만여 개의 질문을 받았고 그에 답했다. 그중에서도 광고에 나오는 햄버거와 실제 판매하는 햄버거가 왜 다르게 보이느냐는 질문에 맥도날드 마케팅 이사가 대답하는 영상이 가장 기억에 남는다는 평가를 받았다. 유튜브Youtube에서 1천만 명이 넘는 사람

인간적인 브랜드가 살아남는다

QUARTER POUNDER®

RESTAURANT PREP TIME

APPROX
3 MINS
TO ASSEMBLE
BY OUR
DEDICATED
CREW

ADVERTISING PREP TIME

APPROX
4 HOURS
WITH HELP
FROM:
LIGHTING
FOOD STYLIST
PHOTOGRAPHER
EDITING
PHOTOSHOP

© McDonald's

이 그 영상을 시청했다.

진정성과 솔직함을 담은 캠페인은 마침내 미국과 호주로도 퍼져갔다.

"새롭게 탄생한" 맥도날드는 인터넷 파워를 가진 고객의 기대에 부응하도록 기업 문화를 극적으로 조정하게 되었다.

비평가들도 호평을 쏟아냈다. 한 비평가는 맥도날드가 "투명성을 재정립했다"고 했다. 물론 맥도날드의 대처는 용감했다. 하지만 살아남으려면 그 길을 택할 수밖에 없었다. 이렇게 두 번째 반란도 막을 내렸고, 다시 한번 소비자가 승리를 거두었다. 더 이상 비밀은 있을 수 없었다, 인터넷상에서는.

요즘은 인터넷을 당연하게 받아들이지만, 비밀의 종말이 끼친 영향은 생각보다 크다. 정보가 소비자의 손으로 넘어가면서 차량 구매, 휴가 계획, 보험 가입, 건강 상태 및 질병 진단, 주택 구매, 주식 투자 등 여러 분야에서 소비자 거래 방식의 변화가 일어났다.

이렇듯 기술을 필두로 한 반란의 시기에 나는 기업 마케팅 분야에서 일하고 있었는데, 비즈니스 관점에서 볼 때 그러한 변화는 무서운 일이었다. 거의 모든 마케팅 기능, 전략, 전술이 무너져 내렸다. 기술이 마케팅을 너무 완전히 그리고 너무 급속도로 변화시키고 있었기에 우리는 다음에 무슨 일이 벌어질지 알 수 없었다.

업무상의 비밀을 인터넷에 빼앗기게 되자, 우리 모두는 심리적으로 충격, 부인, 분노, 우울을 차례로 겪다가 나중에는 변호사를 탓하는 단계까지 이르렀다. 그리고 마침내 현실을 수용하면서 새로이 바뀐 세상을 이해해야겠다고 마음먹었다.

혹시 그렇게 모든 혼란도 결국 지나가리라고 생각했다면 그건 너무 이른 판단이다. 세 번째 반란이 일어났기 때문이다. 이번 반란에서는 소비자가 공격을 주도하며 맹공을 퍼부었다.

세 번째 반란: 통제의 종말

잠시 처음에 언급했던 비누 이야기로 돌아가 보자. 피할 수 없는 다음 반란에 대해 비누 이야기가 암시하는 바는 무엇일까? 여기에 다섯 가지 단서가 있다.

첫째, 그 여성은 제품 자체가 아니라 제품 이면에 있는 사람에게 감정적 애착을 가졌다. 그 지역의 비누 회사 사장은 그녀에게 사실상 아무 것도 팔지 않고도 자기의 비전과 이상을 믿게 만들었다. 그렇다면 아이보리에서 우리가 믿을 수 있는 사람은 누구인가?

둘째, 그 여성은 전통적인 광고에 영향을 받지 않는다. 아이보리 비누와 같은 대표적인 제품이 100년이 넘는 기간 동안 그렇게 광고를 해댔는데도 말이다. 그녀는 인터넷에서 TV 프로그램을 실시간으로 보고, 광고가 없는 위성 라디오와 팟캐스트를 들으며, 휴대폰과 컴퓨터에는 광고 차단 프로그램을 깔았다. 말 그대로 광고 없는 세상에 살고 있는 것이다.

셋째, 전통적인 방식으로 본다면, 이 지역 생산 제품은 "마케팅"을 하지 않는다. 그 여성이 그 비누를 구입한 이유는 그 회사가 자신이 살고 있는 지역 사회에 유형의 이익을 준다고 보았기 때문이다. 심지어 일반 비누보다 훨씬 더 많은 돈을 지불했다. 그녀가 추구하는 가치는 지역 비누 회사의 목적이 지닌 가치와 일치했고, 그녀에게 있어서 그 가치는 아이보리라는 안전한 선택지를 택하고, 돈을 절약해야 한다는 생각보다 더 중요하게 작용했다.

넷째, 그의 이야기가 얼마나 설득력이 있었던지 나도 그 비누를 사고 싶어졌다. 입소문으로 퍼지는 추천 그리고 소셜 미디어가 지원하는 공급망의 힘은 대형 소매점의 선반을 차지해야 한다거나 뉴욕의 대형 광고 대행사와 계약해야 한다는 과거 방식의 장벽을 무너뜨리고, 기울어졌던 경쟁의 운동장을 평평하게 바로잡는다. 의미 있고, 믿을 수 있으며, 소비자와 관련 있는 이야기가 브랜드를 정의할 수 있다. 지역 비누 회사의 이야기는 너무나 진솔했기에 그 친구가 열정적으로 그 이야기를 다른 사람에게 옮긴 것이다. 이제는 고객이 마케터다.

마지막으로 구매에 있어, 적어도 예전과 같은 인식·관심·평가 등의 판매 깔때기는 없었다. 그 친구가 스스로 선택했다는 사실 말고는, 고객이 처음 정보를 탐색하는 단계부터 서비스 제공이 완료되는 순간까지를 분석하는 "고객 여정customer journey"도 없었다. 광고를 보지 않으니 상호작용도 없고 손길이 미치지도 않는 사람에게 어떻게 마케팅을 할 수 있겠는가? 광고를 보지 않는 자신에게 자부심을 갖는 사람에게 말이다.

이 사례를 통해, 지휘 및 통제라는 마케팅의 근간이 우리 눈앞에서 무너져 내리는 게 보인다.

더 이상 거짓말은 없다.

더 이상 비밀은 없다.

더 이상 통제는 없다.

한 세기 이상, 우리는 광고 노출advertising impression의 축적을 통해 아이보리 같은 위대한 브랜드를 만들어왔다. 하지만 이번 마지막 반란에서 살아남고자 한다면 **기업과 브랜드는 인간 노출**human impression**의 축적을 통해 새로이 건설되어야만 한다.**

그것만이 우리가 유일하게 믿는 것이다. 중요한 것은 그것뿐이다.

이는 새로운 아이디어가 아니다. 사실은 마케팅에서 가장 오래된 아이디어다. 마음 깊은 곳으로부터, 우리는 비즈니스가 늘 감정, 그리고 관계에 관한 것임을 알고 있었다. 우리의 구입 행위는 자기가 알고, 좋아하고, 신뢰하는 사람을 통해 이루어진다. 우리는 단지 그 사실을 잊

인간적인 브랜드가 살아남는다

고 있었을 뿐이다. 광고와 홍보 활동과 소셜 미디어가 믿기 힘들 정도로 비용 효과성이 뛰어나고 그 역할을 잘 해냈기 때문에.

지금도 그런지는 모르겠지만.

우리가 알고 있다고
생각하는 세상 vs 실제 세상

바이어 페르소나 인스티튜트Buyer Persona Institute의 CEO 아델 레벨라Adele Revella는 수십여 개의 업계에 걸쳐 수천 건의 인터뷰를 검토했다. 이후 그녀는 내게 거의 모든 구매자의 여정에서 한 가지 특징을 찾을 수 있다면서 이렇게 말했다. "자신의 구매 결정에 어떤 마케팅 활동이 영향을 주었는지 기억하는 사람이 전무하다시피 합니다."

"정말 겁나는 소리죠. 저도 이런 얘기는 하고 싶지도 않습니다. 하지만 실제 구매자의 여정과는 하등 관련도 없는 걸 구매 여정이랍시고 그림으로 그려놓은 걸 볼 때마다 당혹스러워요. 현실에서 실제 판매는 전통적인 마케팅 프로그램 밖에서 벌어지는 일에 의해 이루어지고 있습니다. 동료의 추천이나 사용 후기 또는 자기가 신뢰하는 동료의 입소문 등이 구매에 영향을 준다는 겁니다. 가끔은 화상 토론회인 웨비나webinar나 화이트페이퍼whitepaper(특정 제품이나 서비스를 홍보하기 위해 작성하는 B2B 마케팅 문서-옮긴이) 또는 케이스 스터디case studies 같은 터치포인트touchpoint를 언급하는 사람도 있기는 하지만 대부분의 구매자는 판매 회사가 제공하는 콘텐츠를 신뢰할 수 없다고 말합니다.

영업 마케팅 전문가의 입장에서 볼 때, 우리 전문가들끼리만 얘기를 주고받다 보니 예전 생각에 갇혀서 새로운 정보를 받아들이지 못하고 있는 게 아닌가 하는 생각이 들어요. 실제 구매 여정은 고객의 손에 넘어갔는데 우리는 서로 마케팅 전문가라고 하는 사람들의 이론과 말만 보고 듣고 있다는 말이죠."

과거에는 깔끔하게 통했던 판매 깔때기가 이제는 혼란스러운 미로가 되었다.

맥킨지 McKinsey가 발표한 획기적인 연구[2]는 이 세 번째 반란에서 소비자의 행동이 마케팅 세계를 얼마나 뒤집어 놓았는지를 보여준다. 연구 결과에 따르면, 인터넷 후기와 소셜 미디어 대화 그리고 가족, 친구, 온라인 전문가의 추천과 같은 인간 주도적 마케팅이 소비자가 구매 평가 단계에서 브랜드를 경험하게 되는 순간인 터치포인트 중 3분의 2를 차지한다.

잠시 생각해 보자. 당신의 마케팅 중에 3분의 2는… 당신이 한 마케팅이 아니라는 것이다.

소비자 행동의 이 중대한 변화가 의미하는 바는, 기업이 밀어붙이기 식의 마케팅 커뮤니케이션에서 돌아서서 어떻게든 소비자 중심의, 아직 익숙하지 않은 이 3분의 2에 영향을 미칠 수 있는 방법을 배워야 한다는 것이다.

여기에 의외의 문제가 있다. 이 맥킨지 연구는 2009년에 발표되었다. 즉, 우리가 이러한 소비자 혁명의 불씨에 대해 이미 오래 전부터 알

인간적인 브랜드가 살아남는다

마케팅 효과

우리가 하는 일

소비자가 하는 일

고 있었다는 말이다. 그럼에도 내가 일하는 마케팅 조직은 여전히 TV 광고, 잠재 고객^{lead} 육성, 광고 회사가 관념적으로 만들어낸 목표 대상에게 메시지 보내기 등 과거의 방식에서 벗어나지 못하고 있다.

10년 후, 맥킨지는 첫 보고서를 업데이트했다. 30개 산업에 속하는 350개 브랜드에 걸쳐 12만 5,000명을 대상으로 조사한 결과, 그 어느 때보다 브랜드에 대한 충성도가 낮아졌다는 사실을 발견했다. 대상의 90%에서 고객 충성도를 전혀 찾을 수 없었다.[3]

눈앞에 증거가 있다. 보고서 결과가 사실을 말해주고 있다. 그럼에도 마케터들은 코앞에서 부글거리는 변혁의 냄새를 맡지 못하고 있다.

내가 링크트인^{LinkedIn}에 이런 대규모의 변화에 대한 글을 올렸더니 한 고위 임원이 내 글을 극구 부인하면서 이런 글을 올렸다. "마케팅은 마케팅이다. 우리에게 광고가 있는 한 그리고 우리가 메시지를 통제할 수 있는 한 우리는 괜찮을 것이다."

보다시피 마케팅, 광고, 홍보 전문가 중에는 달콤한 잠에 빠진 사람이 많다. 그리고 자기가 자고 있는 줄도 모른다.

물론 이해가 된다. 반란은 어려운 것이다. 잘나가고 있는데 반란을 일으키면 귀찮고 곤란하기만 하다. 더구나 현재의 소셜 미디어 환경에 반란은 어울리지 않는다.

자, 그렇다면 이렇게 하자. 영화 〈매트릭스The Matrix〉에서 반군 지도자 모피어스Morpheus가 양손에 각각 알약을 하나씩 얹은 채 네오Neo에게 내미는 그 유명한 장면을 돌이켜 보라. 그 장면을 설명하자면 이렇다.

"네가 파란 알약을 먹으면, 이야기는 끝나고 너는 잠에서 깨어나 네가 믿고 싶은 대로 믿게 돼. 하지만 네가 빨간 알약을 먹으면, 너는 이 이상한 나라에 머무르게 될거야. 그리고 내가 너에게 진실이 얼마나 깊이 숨겨져 있는지를 보여주지. 기억해, 나는 네게 진실을 제공할 뿐이야. 그 이상도 이하도 없어."

이 책은 당신의 빨간 알약이다.

책을 내려놓아도 된다. 그리고 "마케팅 메시지를 통제하고자" 노력하면서 모르는 게 약이라고 생각하면 그만이다.

하지만 빨간 알약을 먹고 반란에 참여한다면… 글쎄, 스릴 넘치는 여행에 함께하게 될 것이다. 진실은 낯설다. 진실을 알면 어색하고 속이 뒤틀릴 수도 있지만 진실이야말로 당신의 자유다.

우리는 구독 주도, 인간 주도, 감정 주도의 세상, 광고 없는 세상, 브랜드 충성도 없는 세상을 향해 끊임없이 나아가고 있다.

설사 고객들이 광고 없는 넷플릭스Netflix와 아마존을 더 이상 보지 않고, 광고 없는 아이튠즈iTunes와 스포티파이Spotify에서 음악을 더 이상

듣지 않고, 광고 없는 무료 뉴스 구독을 멈추고, 모바일 기기에서 광고 제거 프로그램을 삭제하고 당신의 광고를 본다고 한들, 고객은 어차피 당신의 광고를 믿지도 않는다. 소비자의 80%에 가까운 사람은 어떤 형태로든 기업 광고를 신뢰하지 않는다. 그리고 적어도 지난 10여 년 간 이 숫자는 증가 추세에 있다.

이 책을 계속 읽어가면서, 채널이니 전략이니 에이전시 관계를 포함해 당신이 좋은 제품과 서비스를 제공하면 고객 충성도가 회복되리라는 약속에 이르는 전통적인 마케팅의 근간이 와해되고 있다는 사실을 알게 될 것이다.

고객이 통제권을 쥐고 있다.

고객이 바로 마케팅 부서다.

결국 고객이 세 번째 반란에서 승리를 거둘 것이다. 지난 100년 동안 모든 전투에서 그랬듯이. 그것은 사실이고 내가 그 사실을 바꿀 수는 없는 노릇이다. 하지만 어쩌면 내가, 마케터인 당신을 바꿀 수 있을지는 모른다. 우리는 반드시 우리 시대의 혼란을 포용하며 고객과 연결할 수 있는 완전히 새로운 방법을 찾아야만 한다.

우리가 여기 존재하는 이유는 그 때문이다.

2장

결국 사람이 하는 일

"마케팅은 존재의 위기를 겪고 있다."

애슐리 프리드레인ASHLEY FRIEDLEIN, 이컨설턴시ECONSULTANCY

마케터가 모르는 소비자

나는 원래 어떤 계획이나 전략을 세우고 책을 쓰는 편은 아니다. 내가 이해하지 못하는 어떤 큰 물결에 직면해서 당혹감을 느낄 때 책을 써야겠다고 생각한다. 이번에도 어떤 상황을 마주친 후에 쓰게 되었다. 나의 마케팅 동료들이 꼼짝 못하는 상황을 보게 된 것이다.

사실 어디서나, 누구에게나 그리고 내가 아는 거의 모든 회사에서 벌어지고 있는 일이다.

매년, 나는 초대받은 CMO들만 모이는 회의 개최에 관련하고 있다. 초대받은 사람 중에는 비즈니스 유명 인사들이 포함되어 있는데, 이들은 긴급한 마케팅 주제에 관해 솔직한 대화를 나눈다.

지난번 회의에서도 탁자에 둘러앉아 우리 모두 자신이 겪고 있는 가장 큰 어려움에 대해 얘기하고 있었다. 한 사람 그리고 또 한 사람… 들어보니 우리 모두가 동일한 문제를 호소하고 있었다. "우리는 너무 뒤처지고 있어요, 모든 면에서 말이에요."

나는 큰 소리로 웃음을 터뜨릴 뻔했다. 그들은 풍부한 경험이 있는, 업계에서 대단히 존경 받는 임원들이고, 그중 몇몇은 세계적으로도 손꼽히는 기업의 소속이다. 이들은 무한한 자원을 갖추었고, 최고의 인재와 연줄을 대며 초일류 광고 회사를 활용할 수 있다. 그런데 그런 사람들이 하나같이 절망적인 소리를 하고 있었다. 내가 소규모 비즈니스에서, 비영리 단체에서, 대학에서, 예산 부족으로 힘들어하는 기업가들에게서 매일 듣는 소리와 다를 바 없는 고충을 털어놓고 있었단 말이다. 간단히 말해서, 모든 것이 예전처럼 돌아가지 않고 있다는 뜻이다.

문제는 여기에 있다. 대부분의 마케터는 앞서 말한 세 번째 반란의 영향력을 깨닫지 못하고 있다. 세상은 앞으로 나아가고, 그것도 훨씬 앞서가고 있는데 마케터는 그렇지 못하다. 하지만 마케터 자신은 앞서가고 있다고 생각한다. 왜냐하면, 인공지능, 블록체인, 마케팅 자동화, 콘텐츠 큐레이션 시스템, 소셜 미디어 워룸^{war room}, 가상현실, 검색 엔진 최적화, 음성 검색 등 비즈니스 환경을 바꾸는 온갖 기술 관련 회의에 참석하고 있으니까.

물론 이 모든 기술적 혁신이 우리 마케팅의 미래에 중요한 역할을 할 것은 맞다. 하지만 우리가 고객들의 변화를, 우리에게 이미 익숙한 전략을 구닥다리로 만들어버리는 소비자 반란을 간과한다면 제아무리 혁신적인 기술이라도 그 힘을 발휘하지 못할 것이다. 멋지고 매력적인 신기술도 제대로 된 전략이 받쳐주지 못하면 제 구실을 할 수 없다.

인간적인 브랜드가 살아남는다

게다가, 실제로 그런 기술이 주도하는 전략 자체가 잘못되었다는 것을 연구 결과가 말해주고 있다! 미국, 영국, 호주에서 조사한 바에 따르면[4], 마케터는 고객이라는 목표를 향해 헛발질을 해대고 있다.

- 기업은 전파하는 마케팅 메시지의 13%만이 잘못된 대상에게 전달된다고 생각하는 반면, 소비자는 기업에게서 받는 메시지의 85%가 스팸이라고 생각한다.
- 기업은 마케팅 메시지의 81%가 받는 사람에게 유의미하고 도움이 된다고 믿지만, 소비자의 84%는 마케팅 메시지가 아무런 쓸모도 없다고 생각한다!
- 기업은 소비자에게 늦게 반응하는 경우가 25% 정도 된다고 말하지만, 소비자는 늦게 반응하는 경우가 83%나 된다고 주장한다.
- 기업은 자사 홍보의 75%가 특정 목적과 대상에 따른 맞춤형이라고 믿는 반면, 소비자는 개인 맞춤형 정보가 17% 정도에 불과하다고 생각한다.

마케터와 소비자 양쪽이 주장하는 수치 모두, 어느 정도 과장된 부분이 있다 치더라도 여전히 엄청난 차이가 있다. 자신이 하는 일에 대한 마케터의 인식과 소비자의 현실 사이에 놀라울 정도로 부정적인 차이가 있다.

달리 말하자면, 전 세계 마케터들은 지금 자기가 어디로 가야 할지조차 모르겠다고 말하고 있고, 그런 마케터를 향해 소비자는 이렇게 말하고 있는 것이다. "그래, 당신들 말이 맞아. 당신들은 길을 잃었어."

"인구의 반 이상은 마케팅이 내세우는 주장을 믿지 않는다는 연구 결과가 있습니다."⁵ 애플Apple의 마케팅 책임자 아브타 램 싱Avtar Ram Singh은 이렇게 말한다.

"마케터는 자기가 우수함을 추구하고 투명성을 중요하게 생각하며 문제 해결에 앞장선다고 말하면서 광고를 통해 엄청난 약속을 내세우지만, 실제 제품 또는 서비스 경험을 보면 약속이 거의 지켜지지 않죠. 이건 이해에 있어서 간극이 존재하는 정도가 아닙니다. 마케팅 산업의 붕괴가 발생한 겁니다. 마케터 입장에서 가장 답답하게 느끼는 것 중 하나가 이런 거죠."

무슨 일이 벌어지고 있는 걸까? 왜 마케팅은 이토록 혼란스럽고 비효율적이 되었을까? 마케팅 연구와 대시보드 화면을 통해서 현실이 뻔히 보일 텐데 왜 우리는 눈과 귀를 닫고 있는 것일까?

전 세계에 퍼져 있는 마케팅 동료들과 이야기를 나눠보니, 우리가 제자리에서 벗어나지 못하고 뒤처지고 있는 이유에 대해 다섯 가지 상황이 떠올랐다.

1. 숨 막히는 속도로 변하는 기술

변화의 속도 앞에서 무력감을 느끼면서 어느 방향으로 가야하는지, 효과는 있는 건지, 심지어 자신이 과연 리더로서 자격이 있는지, 모든 것이 불확실해진다. 30년 넘게 마케팅 분야에서 일했던 내가 보기엔 과거 20년 동안의 변화보다 지난 2년간 더 큰 변화가 일어난 게 틀림없다.

마케팅 컨설턴트 폴 서튼Paul Sutton은 내게 이런 말을 했다. "나는 디지털 미디어 관련 대기업에 조언해 주는 일을 합니다. 회의를 열기도 하고요. 블로그도 하고 팟캐스트도 합니다. 미디어 쪽에서는 소위 전문가 소리를 듣는다는 말이죠. 그럼에도 제가 모르는 게 너무 많다는 사실을 깨달을 때마다 솔직히 두려움을 느낍니다.

디지털 커뮤니케이션 세상을 둘러보면 내 자신이 전조등 불빛 앞에서 갑자기 시력을 잃고 옴짝달싹 못 하는 사슴 같다는 생각이 듭니다. 인공지능, 자동화를 비롯해 우리에게 영향을 끼치는 여러 기술에 주눅이 들어요. 그런데 제가 두려워하는 이런 것들을 아예 감지조차 하지 못하는 마케터가 대부분이죠. 제 생각엔, 두려움을 느낀다는 건 좋은 징조입니다. 적어도 내가 무얼 모르는지 알고 있다는 뜻이니까요."

또한 마케터들은 소비자 접촉 데이터, 웹사이트 행동 데이터, 구매 데이터, 구매 후 경험 데이터 등 데이터의 홍수에 빠져 산다. 마케팅 리더의 60%는 기술의 과부하를 따라잡을 수 없을 것 같다고 생각한다. 자신이 업무에 적절한 기술을 갖추고 있다고 확신하는 리더는 전체 중에서 16%에 불과하다.[6]

앞으로 가장 거대한 변화가 다가올 것이다. 구글Google 공동 설립자 세르게이 브린Sergey Brin은 인공지능의 갑작스러운 유행 또는 변성이 사상 초유의 변화를 촉진시키는 "기술 르네상스technology renaissance"를[7] 창출하고 있다고 하면서 이렇게 덧붙였다. "인공지능의 새로운 도약은 내 일생에서 가장 중요한 사건이 될 것이다. 한 달이 멀다 하고 놀라운 신형 애플리케이션과 혁신적인 신기술이 나온다. 이러한 강력한 도구는 새로운 질문과 책임 또한 동반한다."

섬뜩한 생각이 든다. 기술 변화는 오늘보다 내일, 내일보다 모레가 지날수록 점점 더 빨리, 당신이 여태껏 경험해 보지 못한 속도로 빨라질 것이다! 속도는 점점 빠르기를 더해가며 압박을 가하고 있다. 이제 우리는 자신만 기회를 놓칠지 모른다는 불안감뿐만 아니라 기회가 있어도 뒤처질 수 있다는 두려움을 상대하고 있다.

2. 기술과 자동화에 대한 지나친 의존

오늘날 마케팅은 IT 부서나 다름없이 되어버렸다. 고객 응대와 관련된 의사 결정은 통계학자와 데이터 과학자가 효율성을 고려해서, 그리고 어쩌면 잠재 고객 수까지 높일 수 있는 방식을 고려해서 내리고 있다. 하지만 이런 방식은 마케터를 고객 중심에서 멀어지게 한다. CMO가 IT 부서보다 더 많은 기술 관련 예산을 관리하는 게 드문 일이 아니지만, 실제로 그 많은 돈을 제대로 활용하는 사람이 몇 명이나 될까?

작년에 있었던 일이다. 내 자동차 리스의 만료 기간이 다가오고 있었다. 나는 지역 BMW 대리점에서 일하는 서로 다른 4명의 직원으로부터 자동 응답 메일을 받았다. 모두 새로운 계약을 따내기 위해 나에게 특별한 조건을 제안했다. 나는 대리점에 전화를 걸어 이 혼란스러운 상황에서 누구와 대화를 나누어야 하는지 물었고, "인터넷 매니저"라는 직함을 가진 사람은 제이슨이라는 영업 직원과 연락을 취해보라고 말해주었다.

나는 제이슨에게 메일을 보냈고 화요일 오전 9시에 만나자는 답변을 받았다. 내게는 그 달에 유일하게 비는 시간이었다. 화요일 오전, 대리점에 찾아갔지만 제이슨은 아직 출근 전이었다. 누군가가 내게 앉아서 기다리라고 했다. 그렇게 30분을 기다리던 나는 제이슨이 아직 출근 전인지 물었고, 황당하게도 그날은 제이슨이 쉬는 날이라는 대답이 돌아왔다. "어떻게 그럴 수가 있죠?" 내가 물었다. "바로 어젯밤에 이메일을 보내서 오늘 만나기로 했단 말입니다."

"아, 모든 메시지가 자동으로 전송되거든요." 접수 담당자가 말을 이었다. "제이슨은 메일이 발송됐는지도 모를 거예요."

마침내 영업 관리자를 만났을 때, 그는 내가 그날 오기로 했다는 것도 몰랐고, 내가 가져간 특별 리스 제공 내용을 본 적도 없었다. 설상가상으로 내가 리스하기로 했던 차량은 있지도 않았다. 상황이 이쯤 되자 나도 짜증이 나기 시작했다. 지나치게 자동화된 마케팅 프로세스가 오히려 내 시간을 잡아먹고 불만 수치만 높였다.

"영업 사원이 자기 이메일 정도는 직접 주고받으면 안 되나요?" 내가 관리자에게 물었다. "영업 사원이 하루에 잡는 약속 건수가 그렇게 많습니까?"

"아마도 2건 내지 그 이하죠." 관리자가 솔직하게 대답했다.

이게 삐걱거리며 돌아가는 마케팅 자동화의 현실이다. 자동화라는 편한 방식을 택함으로써 우리 지역의 BMW 대리점은 나처럼 열성적이고 헌신적인 고객을 분노에 어쩔 줄 모르는 고객으로 만들어버렸다.

우리는 기술에 지나치게 의존하면서 우리에게서 제품을 구입하는 대상이 스프레드시트에 표시된 점이나 수치가 아니라 사람이라는 사실을 잊어버리고 말았다. 기술은 매력적이다. 하지만 기술은 우리를 게으른 마케터로 만들고, 게으른 마케터는 고객이 시장을 통제하고 있다는 사실을 보지 못한다.

3. 고착화된 마케팅 부서

나는 〈포춘Fortune〉 선정 100대 기업 중 한 곳과 줄곧 일해오고 있는데 그 기업은 자사의 다양한 소셜 미디어 채널에 적합한 콘텐츠를 제작하기 위해 2010년에 부서를 새로이 만들었다.

이후 수년 동안 허구한 날, 그 부서 직원들은 페이스북, 인스타그램Instagram, 트위터에 매번 단조롭고 특징도 없는 스톡사진stock-photo 콘텐츠를 올리고 있다. 한편, 직원들은 그런 게 아무런 도움도 되지 않는다며 불평한다. 회사 간부 중에서 실제로 콘텐츠가 효과가 있는지 없는지 알아보겠다는 말이라도 하는 사람이 한 명도 없다. 간부가 그 자리에 있는 이유는 자기 일을 하기 위해서고, 그들은 실제로 자기 일을 한다고 한다. 효과가 없는 일인데도 계속하니까 문제이긴 하지만.

자신의 사무실에 갇혀 있는 간부들은 반란을 보지 못한다.

현재 이런 상황이 벌어지지 않는 곳이 없다!

우리가 전문가로서 경력을 쌓아오는 내내, 교육 수업에 참석하며 배운 것은 이런 것이었다. "팔고, 팔고, 팔아라. 언제나 판매를 성사시키도록 하라."

그동안 우리는 물려받은 유산을 기초로, 고객이 우리에게 충성심을 보이고 싶어 한다는 기본적인 아이디어를 바탕으로 멋진 브랜드들을 만들어냈다.

인간적인 브랜드가 살아남는다

저비용으로 "도달^{reach}"할 수 있는 효율성 좋은 마케팅 기술을 집약해 사용하면서 임금 인상과 승진을 얻었다.

마케팅 팀은 법무부서의 비위를 맞추기 위해 수십 년 동안 물려 내려오는 "규칙"을 따르고자 열심히 일했다. 그것만 잘해도 성공의 징표로 받아들이는 회사가 많다.

이러한 마케팅 전술에 갇혀 벗어나지 못하게 된 이유로는 시대에 뒤떨어진 에이전시 관계, 조직의 저항, 문화적 완고함, 숙련된 리더십의 부족, 무자비한 관료주의… 또는 이 모든 요인의 조합을 들 수 있다.

검색 엔진 마케팅 업체 SEM러시^{SEMrush}의 글로벌 마케팅 책임자 올가 안드리엔코$^{Olga\ Andrienko}$는 "마케터들이 고객 여정에서 자신만의 특정 역할에 매우 집중하게 됐다"고 말했다. "예를 들어, 마케터는 온라인 광고를 최적화하거나 특정 유형의 콘텐츠를 만드는 데 능숙할 수 있습니다. 하지만 세상을 전체적으로 보지 못하고 소비자를 정확하게 보지 않아요. 자기가 관리하는 한 가지 채널을 최적화하는 문제에 빠져서 마음이 닫혀 있는 겁니다."

닐슨^{Nielsen}에서 발표한 보고서는 이러한 고착화 상태를 계량화해서 보여준다.[8] 닐슨은 연간 마케팅 지출이 최소 100만 달러 이상인 브랜드를 대상으로 한 조사에서, 마케팅 예산을 수립할 때 가장 인기 있는 방법이 전년도에 지출한 금액을 약간 비틀어 수정하는 것이라고 답했다.

예전에 통했던 방식을 살짝 바꾼다고 해서 소비자 혁명에 보조를 맞출 수는 없는 노릇이다.

4. 익숙한 측정 방법의 굴레

마케팅의 3분의 2를 고객이 주도하고 있다는 사실을 이해하고, 그에 맞춰 상품과 서비스를 제공한다는 것은 익숙하지 않은 일이다. 그와 함께, 특히 그동안 널리 사용되던 측정 기준 그리고 부서별로 설치하던 대시보드를 벗어나 다른 방식의 마케팅 측정 수단을 사용하게 되면서 불안감이 따르게 된다.

테네시 대학교University of Tennessee의 경영분석 및 통계학과 부학과장 줄리 페라라Julie Ferrara는 "전통적인 마케팅과 새로운 고객 여정 사이에 일부 중복되는 부분이 있다"고 말한다. "고객은 직접 자신의 구매 여정을 선택하고, 전통적인 광고와 비즈니스 콘텐츠 등 다양한 곳에서 정보를 얻습니다. 따라서 우리가 지금 하고 있는 일을 굳이 몽땅 버릴 필요는 없지만, 기존 마케팅 채널의 역할을 다시 생각해 보고 새로운 소비자 환경에 맞게 최적화해야 하죠. 그렇다면 아직 측정 과정이 확립되지 않은 새로운 마케팅 전술 시도에 따르는 위험을 좀 더 편안한 마음으로 감수하는 게 좋아요. 이건 혁명입니다."

오늘날 성공하고자 한다면, 기업들은 비록 아직 측정 방법이 명확하지는 않더라도 "3분의 2" 안에서 실험과 반복을 통한 마케팅에 점점 더 편안해져야만 한다. 그러기 위해서는 마음가짐의 변화가 필요하며, 이에 대해서는 11장에서 더 자세히 설명할 것이다.

5. 소비자 행동을 극적으로 변화시키는 기술

세 번의 마케팅 반란은 마케팅의 거짓말, 비밀, 통제를 종식시켰다.

인간적인 브랜드가 살아남는다

1950년대 (그리고 그 투박했던 레이저본 TV 리모컨!) 이후, 소비자에게 능력을 더해준 것은 기술이었다. 오늘날은 제품 발견부터 구입, 배송 방식까지 완전히 바뀌었다. 강력한 힘을 얻은 소비자들은 역사상 그 어느 때보다도 충성도가 낮고, 정보가 풍부하며, 기업과 브랜드에 대한 신뢰도는 낮다.

기술은 또한 우리가 자신에 대해 더 많은 것을 발견하도록 도와주고 있다.

우리의 DNA에 배어 있는 인간 본성이 (과거에는 상상조차 할 수 없었던 엄청난 영향력을 지닌 완전히 새로운 경험들을 포함해서) 새로운 기술과 만나면서, 우리는 잠재되어 있는 인류의 새로운 면들을 끊임없이 밝혀내고 있다. 우리는 자신에 대해 새로운 것을 배울 뿐만 아니라 기술을 사용하여 그러한 경향을 (좋은 혹은 나쁜 방향으로) 조작하는 방법도 배우고 있다. 인간과 기계의 관계가 더욱 긴밀해지면서, 지금부터 5년 후에는 인간의 행동을 바라보는 우리의 시각도 훨씬 달라질 것이다.

비즈니스 리더들이 갈피를 못 잡고 마비 상태에 빠지는 주요 원인은 기술에 골몰하고 혹시 뒤처지지 않을까 하는 두려움에 사로잡히기 때문이다. 하지만 그러기보다는, 자신의 전략을 쓸모없게 만들고 있는 새로운 고객 현실에 파고들 필요가 있다. 간단히 말해서, 지금은 본말이 전도되었다.

올가 안드리엔코는 "마케팅 분야에서는 경험이 오히려 부담"이라고 하면서 이렇게 말했다. "다른 분야에서는, 환경이 그렇게 많이 바뀌지 않았습니다. 영업 분야를 예로 들어보죠. 콜드콜cold call 방식으로, 일방적으로 전화를 하고 감정적 호소를 곁들여서 판매를 권유하고 판매가 이루어집니다. 그러면 끝나는 겁니다. 오래전부터 그렇게 해왔어요. 하지만 마케팅에서는, 급속한 변화를 수용하면서 끊임없이 자신의 비전을 다듬지 않는다면 완전히 실패할 겁니다. 마케팅에서는 10년 전에 성공했다고 해서 지금도 성공할 거라는 장담을 하기는 어렵습니다."

1장에서, 마케팅의 3분의 2는 우리가 하는 마케팅이 아니라 고객이 하는 것이라는 사실을 알게 되었다. 너무도 많은 마케터가 마케팅이라는 파이에서 이렇게 큰 조각(현 상태를 뒤집을 수 있는 활동)에 관심을 기울이기보다는, 현재의 상황을 최적화하면서 친숙하지만 구식이 되어버린 과거의 전술에 재투자하는 데 초점을 맞추고 있다.

나는 지난 2년 동안 이 문제에 집착했고, 이 광기의 세상에서 기업 지도자들에게 희망을 줄 수 있는 틀을 개발하고자 힘썼다.

그리고 마침내, 나는 세계 최고 부자를 통해 희망의 실마리를 찾았다. 실제로, 우리가 원하는 답을 그가 쥐고 있을 수도 있다.

베이조스처럼

모든 산업 중에서도 소매업은 가장 끔찍한 혼란을 겪고 있다. 구체적으로 말하자면, 아마존이 상거래와 고객 경험 그리고 소비자 참여의 규칙을 재창조하고 있다.

얼핏 보면 아마존은 파괴적 기술로 혁신을 이끄는 대표적인 사례처럼 보인다. 하지만 사실, 아마존의 실질적인 혁신은 기술에 있는 게 아니라, 제프 베이조스^{Jeff Bezos}(아마존 설립자이자 세계 최고 부호)가 와해되지 않을 것들에 집중하고 있다는 사실에 있다.

우리 눈에 보이는 것은 아마존의 전자 상거래, 공급망, 유통에 있어서의 혁신이지만, 실제 베이조스 전략의 핵심을 깊이 들여다보면 근본적으로 다른 무언가를 알 수 있다.[9] 베이조스는 인터뷰에서 이런 말을 했다.

"나는 '향후 10년 안에 무엇이 바뀔 것인가?'라는 질문을 자주 받습니다. 물론 매우 흥미로운 질문입니다. 반면 '앞으로 10년 안에 무엇이 변하지 않을 것인가?'라는 질문은 전혀 들어보지 못했다고 해도 과언이 아닙니다. 내 말은, 이 2개의 질문 중에서 두 번째 질문이 더 중요하다는 겁니다. 왜냐하면 사업 전략은 시간이 지나도 바뀌거나 달라지지 않는 것을 중심으로 세울 수 있기 때문이죠.

소매업에 종사하는 우리는 고객들이 낮은 가격을 원한다는 사실을 알고 있고, 앞으로 10년 후에도 그 사실이 달라지지 않을 거라는 걸 알고 있습니다. 고객은 빠른 배송을 원합니다. 고객은 다양하게 갖춰놓은 제품을 원합니다. 고객이 내게 '베이조스 씨, 나는 아마존을 사랑해요. 단지 가격이 조금 더 높았으면 좋겠어요.'라거나 '나는 아마존이 너무 좋아요. 단지 배송을 좀 더 천천히 해줬으면 좋겠어요.'라고 요구하는 미래는 앞으로도 오지 않을 겁니다. 따라서 오늘날 우리가 이러한 고객의 니즈를 충족시키기 위해 쏟는 에너지가 앞으로 10년 후에도 여전히 고객들이 만족할 만한 이익을 가져다 줄 것이라는 사실을 우리는 알고 있죠.

오랜 시간이 흘러도 변하지 않는 무언가를 알고 있다면 거기에는 많은 에너지를 투자해도 된다는 뜻이고요."

이렇듯 베이조스는 최신 트렌드에 초점을 맞추거나 새로운 비즈니스 모델을 위해 신흥 기술을 활용하기보다 사람들이 이미 사랑하고 원하는 것을 개선하는 데 중점을 둔다.

가장 파괴적인 회사인 아마존은 우주 시대의 드론과 알고리즘이 아니라 낮은 가격, 빠른 배송, 다양한 상품 등 사람이 가지고 있는 변함없는 욕구를 바탕으로 만들어졌다.

기술이 이러한 인간의 니즈를 만들어낸 것이 아니다. 정반대다. 이러한 니즈에 부응하고자 기술이 만들어진 것이다.

베이조스가 추구하는 방식은 흔들리는 마케팅 세상에 다가갈 수 있는 멋들어지고 명쾌한 해결책이 될 수 있을 것처럼 보인다. 끊임없는 기술 변화에 현기증을 느끼며 헤매지 말자. 그 대신에, 달라지지 않을 거라고 이미 알고 있는 것, 즉 변함없는 인간의 속성 위에 비즈니스 성공의 기반을 구축한 다음에, 이러한 변함없는 요구를 충족시킬 수 있는 기술을 어떻게 만들 수 있는지 알아내면 어떨까?

소비자들은 100년 동안 우리의 거짓말, 비밀, 통제에 반항해 왔다. 왜냐하면 그들이 원하는 것, 소비자가 항상 원해왔던 것을 우리가 주지 않았기 때문이다.

가장 자동화된 회사라고 해서 승리하지는 못할 것이다. 최첨단 기술이 승리를 안겨주지는 않을 것이다. 가장 치밀하게 계획된 판매 깔때기로도 승리를 자신할 수는 없다.

승리는 가장 인간적인 회사가 차지할 것이다.

이제는 그 방법에 대해 이야기하겠다.

마케팅, 가장 인간적인 것들의 교차점

내가 지금 당신을 위해 이 책을 쓰고 있는 이유는 마케팅 관련 작가이자 교육자로서 개척자 역할을 해온 필립 코틀러^{Philip Kotler} 그리고 내 예전 상사였던 짐 페리^{Jim Ferry} 때문이다. 이 두 사람의 이야기에는 연관성이 있고, 나는 거기서 얻은 지식을 통해 이 책에서 제안하는 접근 방식을 생각해 내게 되었다.

나는 학부에서 신문방송학을 전공했지만 나중에는 마케팅 수업도 몇 과목 들었다. 그러면서 내게 많은 영향을 준, 코틀러 박사의 교재 《마케팅 원론^{Principles of Marketing}》를 접하게 되었다. 그리고 그 책에 도취되었다.

내가 그 책에 매료된 이유는 마케팅이 심리학, 사회학, 인류학의 혼합이라는 코틀러 박사의 설명 때문이었다.

이보다 멋진 조합이 있을 수 있을까? 마케팅의 실행이 가장 인간적인 것들의 교차점이라니.

그 책에 마음을 사로잡힌 나는 전공을 바꿀까도 고민했지만 당시 대학교를 1년 더 다닐 형편이 안 될 정도로 돈이 없었다. 그래서 신문방

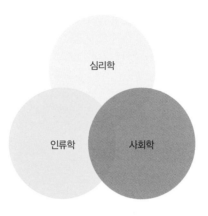

코틀러 박사가 설명한 마케팅

심리학

인류학

사회학

송학 전공으로 학부를 마치고 기업 홍보팀에 들어갔다. 하지만 마케팅 그리고 코틀러 박사에 대한 생각은 한시도 마음을 떠나지 않았다.

기술보다 고객

입사 후 몇 년이 지나서, 나는 회사에서 가장 규모가 크고 많은 수익을 내는 곳의 홍보팀 관리자로 승진했다. 인디애나주에 위치한 공장에서는 포장업계에서 사용하는, 수백만 파운드의 고광택 소재를 생산했다. 한 지붕 아래 200에이커의 면적을 차지한 그 공장은 그 자체로 반짝이는 하나의 도시이자 온갖 최신 제조 기술을 뽐내는 전시장이나 다름없었다.

처음 현장을 둘러본 나는 공장 내에서 진행되는 대규모 공사 현장에

깜짝 놀랐다. 회사에서는 사내 연구실에서 개발한 환상적인 신기술을 활용해서 완전히 새로운 제품을 생산할 수 있는 5천만 달러 규모의 시설을 건설하고 있었다.

나는 해당 제품 관련 아이디어가 마케팅 매니저인 짐 페리에게서 나왔다는 사실을 알게 되었다. 짐은 내가 알고 있는 가장 직설적이고 진보적인 마케팅 리더 중 한 명이다. 그는 고객의 요구에 집착했다. 고객의 생산성과 품질 그리고 비용 경쟁력을 높일 수 있는 코팅 기술을 찾아내기 위해 수백만 달러가 드는 연구 개발을 주장했다.

회사는 짐과 그의 아이디어를 믿고 일을 밀어붙였다. 나는 공사 현장을 살펴보면서, 건물 3층 높이에서 환한 빛을 비추는 전등 아래 웅웅거리며 모습을 드러내는 미래형 설비에 경탄을 금할 수 없었다. 그 설비는 몇 주 안에 준비를 마쳐, 200명의 고임금 기술자가 새로이 채용될 것이다.

짐의 아이디어는 회사를 위해 새로운 수익을, 고객들을 위해 주목할 만한 새로운 가치를, 지역 경제를 위해 새로운 일자리를 창출하고 있었다.

나는 짐과 그의 팀이 고객이 원하는 비즈니스 목표에 부응하기 위해 어떤 식으로 기술을 사용했는지 보았다. 회사는 구체적인 고객 요구에 부응하는 기술을 우선시하고, 그 기술에 투자하고 있었다.

1년이 지나지 않아, 나는 로스앤젤레스에서 사업 개발 담당으로 승진하면서 마침내 마케팅 경력을 쌓기 위한 길에 발을 들이게 되었다! 운 좋게도, 짐 밑에서 일하게 되면서 서부 해안에 있는 대형 소비재 회사들에게 그의 포장 아이디어를 상품화할 수 있도록 도와주는 일을 맡았다. 나는 비즈니스 세계에서는 아직 어린 풋내기였으므로 짐이 갖춘 지혜를 스펀지처럼 빨아들였다.

그러던 어느 날 내게 기발한 생각이 떠올랐다. 공장에서 나오는 고철을 중고 시장에 되파는 것이었다. 때로는 공장 노동자들의 실수로 품질 기준에 미치지 못하는 소재가 나오는데 이를 다시 녹이는 대신에 품질이 떨어지는 제품이라도 원하는 사람에게 팔면 되지 않겠는가?

짐은 화를 내지는 않았지만 단호한 태도로 말했다. "아니, 절대 그럴 수는 없네. 우리는 고철을 팔지 않아. 우리는 이 업계에서 가장 좋은 제품을 팔고 있어. 만약 우리가 고철을 판다는 걸 제조 부서에서 알게 된다면, 시간이 지나면서 그 직원들도 마음이 해이해질 거야. 그렇게 되면 결국에는 우리의 고객과 그들의 만족도에 영향을 미치게 되겠지. 네 아이디어는 좋지만, 마케팅이란 어떤 대가를 치르더라도 브랜드와 우리의 고객을 보호해야 하는 부서야. 우리가 하는 모든 일은 하나의 목표, 즉 고객 만족을 목표로 해야 해. 설사 단기적으로 돈이 들더라도."

짐을 위대하게 만들고 우리 회사를 업계에서 최고의 자리에 올려놓은 것은 이렇게 확고한 리더십과 고객을 완강하게 보호하는 자세 덕분이었다. 짐은 기술적인 유행이나 단기적으로 현금을 창출할 수 있는 기회에 휘둘리지 않았다. 수익성을 좇을 수 있는 기회가 있다 해도 우리 고객에게 피해를 주면서까지 그 기회를 잡지는 않겠다고 했다. 그는 우리가 한 모든 것 그리고 하지 않는 모든 것을 통해서, 우리 브랜드가 내세운 약속을 반드시 지키겠다고 다짐했고, 그 약속을 지켰다.

변하지 않는 인간의 보편적 속성

오늘날 비즈니스 리더의 자리에 오를 수 있도록 내게 도움을 준 가르침이 몇 가지 있다. 이것들은 이 책의 근간에 깔린 내 철학적 사고의 바탕이 되어주기도 했다. 우리의 고객과 기술이 아무리 바뀐다 해도 **"마케팅은 가장 인간적인 것"이라는 아이디어는 시간과 공간을 초월한다는 것이다.**

나는 오늘날 목격하고 있는 큰 문제, 즉 마케터들이 힘을 쓰지 못하고 무능해지며 점점 신용을 잃어가는 상황에 대해 생각하기 시작했다. 소비자가 통제하는 세상에서, 이제 우리의 직업은 사람들의 관심에서 멀어지는 위험에 처해 있는 걸까, 아니면 이러다가 완전히 사라지는 것은 아닐까?

아니, 그렇게 될 필요는 없다.

어떻게든 우리는 변하지 않는 인간의 보편적 속성에 다시 연결해서 이 반란의 시기에 그 속성들이 우리 전략을 밀고 나가도록 해야 한다. 필립 코틀러와 짐 페리가 전해준 교훈은 휴머니즘적 마케팅 전략을 위한 좋은 토대를 제공한다.

- 마케터는 고객을 괴롭히기 위해서가 아니라, 고객에게 기여하기 위해 기술을 활용해야 한다.
- 마케터의 원칙은 기회주의적인 기술력이 아니라, 변하지 않는 인간의 보편적 속성에 기반을 두어야 한다.

- 마케터는 이러한 이상적인 목표 또는 원리를, 심지어 조직 내 다른 사람들이 이해하지 못하거나 동의하지 않을 때에도 적용하려 애쓰는 용감한 리더가 되어야 한다.
- 마케터는 단기적 이익을 희생하는 한이 있더라도 자기 브랜드와 고객을 보호하는 사람이다.

오늘날 비즈니스 세계의 압박에 직면한 우리가 어떻게 하면 이런 아이디어를 적용할 수 있을 것인가? 어디서부터 시작해야 할까?

마케팅 에이전시, 스타트업을 비롯한 델^{Dell}, 화이자^{Pfizer}, 아디다스^{Adidas}, 구글 등 기업의 선구자적인 유능한 지도자 수십 명을 수백 시간 동안 연구하고 인터뷰한 끝에, 나는 가까운 미래에 마케팅 리더십을 이끌어야 할 대단히 중요한 아이디어를 발견했다.

앞으로 이 책에서 우리가 알아볼, 변하지 않는 인간의 보편적 속성 다섯 가지를 소개하겠다.

사람은 누구나 이런 걸 원한다.

- **사랑받는다는 느낌**: 충성심은 아직 죽지 않았다. 단지 현재의 마케팅이 기울이는 노력으로는 불러내지 못하고 있을 뿐이다. 덧붙이자면, 한 번의 포옹이 모든 걸 바꿀 수 있다.
- **소속감**: 당신은 교회에 소속되어 있을 수도 있고, 스포츠 팀에 소속되어 있을 수도 있다. 그렇다면 당신은 브랜드에 소속될 수 있는가? 노트북에 붙은 스티커를 통해 답을 알아보려 한다.

- **자신의 이익 보호**: 연구에 따르면, 소비자는 당신이 소비자에게 그리고 지역 사회에 제공하는 가치의 증거를 보고 싶어 한다. 더 이상 그 지역"에서" 활동하는 사람이 될 수는 없다. 그 지역"의" 사람이 되어야만 한다.
- **의미**: 우리는 마케팅의 "4P"와 함께 컸다. 하지만 목적의식 purpose이라는 다섯 번째 P가 있을지도 모른다. 마케터가 경쟁력을 유지하기 위해 정치적 입장을 취한다면 무슨 일이 벌어질까?
- **존중**: 공정한 가치의 교환이 이루어진다면 소비자는 당신을 따라올 것이다. 하지만 기술이 우리의 전략을 장악하고 있는 세상에서, 그게 무엇을 의미하는지 먼저 생각해 보아야만 한다. 우리는 어떻게 고객을 진심으로 존중하는 방향으로 기술을 사용할 것인가?

마케팅과 인간의 다섯 가지 보편적 속성

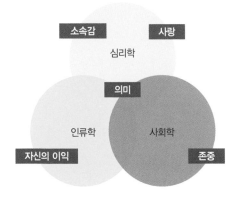

코틀러 박사는 초지일관 옳은 말을 하고 있었다. 수십 년 전에 자신이 쓴 책을 통해 내게 가르쳤던 내용과 위의 다섯 가지 속성은 궤를 같이하고 있다. 마케팅은 정말 사람에서 시작해서 사람으로 끝나는 가장 인간적인 것이다.

진실, 즉 우리의 질문에 대한 답은 내내 우리 앞에 있었다. 50년 전에 마케팅 현자가 쓴 교과서에서부터 말이다.

더글라스 버넷Douglas Burdett의 '마케팅 북 팟캐스트The Marketing Book Podcast' 100회 방송에서, 현재 87세의 전설적 인물인 코틀러 박사는 세 번째 반란이 이해가 된다는 뜻을 내비치며 인터뷰에서 이렇게 말했다.

"현재와 같은 첨단 기술의 세상에서 소비자들이 갖지 못하는 것이 인간적인 접촉입니다. 소비자들은 진정한 관계에서 오는 만족감을 그리워하고 있어요.

상점에서 어떤 점원이 나라는 존재에 아예 무관심한 태도를 보이거나 아니면 레스토랑에서 식사를 하는데 모든 것이, 심지어 직원의 미소마저 기계적이라는 느낌이 든다면, 나는 그곳에 별로 친밀감을 느끼지 못합니다. 거기선 감정을 찾을 수 없으니까요.

옛날에는 브랜드가 사람들의 니즈에 대해 완벽한 해결책 역할을 한다고 했습니다. 그런데 그렇게 주장하다 보니, 실망하는 사람들이 생겨나고 말았죠. 브랜드가 환상을 팔았던 겁니다. 우리는 '이 차를 타면 당신은 이성에게 엄청나게 매력적인 사람으로 보일 것이다. 그러니 이 차를 사야만 한다'는 식의 메시지를 보냈어요. 마케팅이 과한 약속을 내걸었던 겁니다.

인간적인 브랜드가 살아남는다

우리는 일단 팔면 그걸로 끝이고, 판매 이후에 사람들이 어떻게 느끼고 생각할지에 대해서는 걱정할 필요가 없다고 믿었습니다. 그런데 그게 실수였죠. 지금처럼 모든 것이 연결된 세계에서는 소비자가 브랜드의 가장 중요한 지지자라는 사실을 무시할 수 없습니다.

현재 우리 세상은 진정한 친밀감과 경험에 목말라 있습니다. **브랜드는 좀 더 인간적이고 진실될 필요가 있습니다.** 완벽해지려는 노력은 그만두어야 합니다. 인간 중심적인 브랜드는 고객을 친구처럼 대하고, 고객의 생활 방식에서 필수적인 부분이 되어야 하는 겁니다. 브랜드가 인간에 더 가까워져야 합니다. 다가가기 쉬워야 하고 호감이 가야 하고요. 때로는 취약한 모습도 보여야 합니다."

21살이었던 내가 마케터가 될 수 있도록 영감을 주었던, 인격과 지식을 겸비한 그분은 여전히 나에게 그리고 우리에게 길을 보여주고 있다.

우리 고객들은 인간관계를 갈망하고 있고, 통제권도 쥐고 있다. 우리에겐 별다른 선택의 여지가 없다. 변하지 않는 인간적 욕구에 초점을 맞추고, 전략이 그에 따르도록 해야만 한다.

2부

인간의 변치 않는
속성

3장

충성심의 종말
그리고 사랑

"불신이 입장하면 사랑은 퇴장한다."

아일랜드 속담

나는 새로운 프로젝트를 맡아 한참 연구 · 조사 작업을 하던 중 다국적 경영 컨설팅 업체 액센추어^Accenture가 내놓은 보고서에서 다음과 같은 내용을 보게 되었다.

"우리가 조사한 바에 따르면, 소비자의 충성심을 얻기 위한 기업의 노력에 대해 소비자가 부정적인 반응을 보일 가능성이 점점 더 높아지고 있다."

잠깐만. 충성도에 역풍이 불고 있다고? 하지만 마케팅 전문가로서 내가 지난 30년 동안 하루도 안 빠지고 해온 일이 그건데! 나는 내 고객들이 충성심을 보이길 원한다. 그게 내 일이니까!

그렇다고 해도 역풍의 추세를 부인할 수는 없는 노릇이다.

- 맥킨지는 "여러 브랜드에서 소비자의 유대가 약해지고 있다는 증거가 드러나고 있다. 신기술의 등장과 선택의 폭 확대는 고객 여정의 전반에 걸쳐 소비자의 사고와 행동을 바꾸고 있다. 우리가 놀랐던 이유는 충성도가 얼마나 헛된 것인지 알게 되었을 뿐만 아니라 소비자가 제품 비교를 위해 여기저기 알아보기로 마음먹으면서 매우 자주 브랜드를 바꾸고 있다는 사실이었다. 이제 고객의 충성도를 높이기 위해 너무 많은 것을 투자하기에는 위험이 크다."[10]고 말한다.

- WGSN Worth Global Style Network이 조사한 결과, "우리의 데이터는 브랜드 선호도 또는 친밀도가 더 이상 빈번한 구매를 촉진시키는 직접적인 조력자 역할을 하지 않는다는 사실을 보여준다 (…) 소매업자들은 과거의 유산에만 의존해서는 더 이상 소비자로 하여금 쇼핑 바구니에 자사 제품을 담도록 만들 수 없다."[11]는 결론을 도출했다.

- 전략기업 클리어 Clear의 론다 하이엇 Rhonda Hiatt에 따르면, 소비자의 50%는 브랜드가 내거는 약속을 액면 그대로 받아들이지 않고 있으며, 32%는 브랜드에 대한 불신이 커지고 있다고 밝혔다.[12]

- (…) 그리고 이런 상황은 악화일로를 걸을 듯하다. 밀레니얼 세대 중에서도 Z세대의 브랜드 충성도와 신뢰도는 훨씬 더 낮다.[13]

맥이 탁 풀리는 소리다.

브랜드 충성도를 중심으로 관계를 이어오던 비즈니스와 소비자의 결별은 이제 불가피해 보인다.

그렇다면 어떻게 되는 걸까? 맥킨지의 우울한 보고서에는 이런 내

인간적인 브랜드가 살아남는다

용이 있다. "소비자들은 감정적인 애착을 느끼지 못하는 브랜드의 제품을 폐기하고 있다." 이 글은 우리에게 통제권을 줄 수 있는 무언가를 찾을 수 있는 중요한 단서를 제공한다.

어떻게 하면 우리가 감정적 애착을 되찾을 수 있단 말인가? 방법을 살펴보도록 하자.

사랑이 여기서 왜 나와?

호텔 예약과 관련해서, 나는 충성도 같은 걸 전혀 느끼지 못한다. 하얏트 Hyatt, 메리어트 Marriott, 힐튼 Hilton 등 모든 호텔이 내게는 다 같은 호텔일 뿐이다. 모양도 똑같고, 내는 돈도 똑같으며, 심지어 냄새도 똑같다. 나는 그저 강연이나 컨설팅을 하는 장소에서 가까운 호텔을 찾을 수 있기를 바랄 뿐이다.

하지만 럿거스 대학교 Rutgers University 강의를 위해 뉴저지 뉴브런즈윅에 갈 때만은 예외다. 그때는 언제나 하얏트에 묵는다. 안내 데스크에서 일하는 직원이 나를 알기 때문이다. 짧게 자른 은발에 함박웃음을 짓는 그녀의 이름은 테리 올리베라 Terry Olivera 인데, 테리는 호텔 안으로 들어오는 나를 볼 때마다 "안녕하세요, 셰퍼 씨!"라고 외치며 인사한다.

작년의 마지막 출장은 고생길의 연속이었다. 크리스마스를 얼마 남겨놓지 않은 12월의 어느 날이었는데 눈보라 때문에 시간이 몹시 지체된 상황이었다. 비행기에서는 옆자리에 아픈 아이가 앉아 소리를 질러댔고, 뉴브런즈윅으로 가는 기차는 뼈까지 파고드는 추위 때문에 지연되었다. 겨우 기차역을 나와 호텔을 향해 어기적거리며 걸어가는데 눈이 녹으면서 질퍽해진 흙 때문에 신발이 금방 더러워지고 말았다. 나는 추위에 떨었고 배도 고팠으며 기진맥진한 상태였다.

호텔 로비에 들어서는 나를 본 테리는 그날 내가 얼마나 고생을 했는지 한눈에 알아보았다. 그날 일을 마치고 들어온 호텔 방에는 과일과 치즈 그리고 와인 한 병이 나를 기다리고 있었다. 힘내라는 글귀가 적힌 테리의 손 편지와 함께. 그날 일정이 꼬이는 바람에 저녁까지 아무것도 먹지 못한 내게는 저녁 식사나 다름없었다. 얼마나 고맙던지!

다음 날 아침, 체크아웃하고 호텔을 나서려고 하는데 테리가 프런트에서 나오더니 작별 인사를 하며 나를 안아주었다. 내게는 너무나도 고마운 포옹이었다.

테리가 보여준 진정한 인정미에 너무 감동한 나머지 나는 블로그에 "사람이 아닌 브랜드가 어떻게 나를 포옹해 주었는가"라는 제목으로 글을 올렸다. 어느 호텔에 묵으나 수준이 다 거기서 거기인 이 세상에서 인간관계의 진면목을 보여주는 그 하나의 행동은 내게 안도감을 느끼게 해주었고, 나는 그 사실을 세상에 알리고 싶었다.

글은 순식간에 퍼져나갔다. 심지어 하얏트 본사에서는 기업 공식 사이트의 눈에 띄는 곳에 그 글을 올려놓았다. 다음 날, 테리는 집에서 전화 한 통을 받았다. 즉시 (정장 차림으로) 출근하라는 전화였다. 호텔에서는 미리 기다리고 있던 하얏트의 사장이 테리를 반겨주면서 그녀의 공로를 치하했다. 몇 달 후, 테리는 올해의 최우수 직원으로 임명되었

인간적인 브랜드가 살아남는다

다. 그리고 현재 하얏트에서는 신입 사원 교육 과정에서 내 글을 사례 연구 교재로 활용하고 있다.

내 말의 요지는 이렇다. 어떤 로고나 노래 또는 브랜드의 일부를 사랑할 수는 없다. **하지만 어떤 사람을 사랑할 수는 있다.** 이 말이 브랜드 충성도가 사라진 세상에서 브랜드의 위상을 찾을 수 있는 단서를 제공한다.

브랜드도 사람이다

일부 브랜드는 사람이 되었거나 아니면 인간적인 특성을 발전시켰다. 왜냐하면 기업에서 수십 년에 걸쳐 수백만 달러를 쏟아 부으면서 사람들로 하여금 귀여운 광대나 도마뱀처럼 인간이 아닌 대상에 비논리적 애착을 느끼도록 만들었기 때문이다.

- 로날드 맥도날드 Ronald McDonald 는 햄버거 패스트푸드 체인을 사랑스럽게 인격화한 대상이다.
- 미국의 보험 회사 게이코 GEICO 는 귀여운 도마뱀을 광고에 등장시켜, 자사 제품이 사람들의 기억에 남게끔 한다.
- 폴란드에서 진행한 강연에서, 관중들에게 "코카콜라 Coca-Cola"를 떠올리면 무엇이 연상되느냐고 물었다. 그러자 누군가가 "북극곰"이라고 소리쳤다. 심지어 사람들은 북극곰이 코카콜라를 마신다고 생각했다.

연구 결과에 따르면, 사람들은 친구와 애착 관계를 형성하는 것과 동일한 방식으로 브랜드와 애착 관계를 형성한다. 크리스 말론Chris Malone과 수잔 T. 피스크Susan T. Fiske는 저서《휴먼 브랜드The Human Brand》에서 이렇게 썼다. "브랜드는 사람이기도 하다. 모든 브랜드를 우리가 만질 수 있고 이야기를 주고받을 수 있으며 서로 이해와 공감을 나눌 수 있는, 말 그대로 신체라고 생각해 보라. 그러면 브랜드도 여느 사람과 마찬가지로 의도와 자의를 지니고 행동한다고 받아들이게 된다."

프린스턴 대학교Princeton University가 내놓은 연구에 따르면, 인간은 '따뜻함'과 '기능'이라는 두 가지 주요 요소를 기반으로 서로를 판단한다. 브랜드를 판단할 때도 마찬가지다. 실제로 이 두 가지 요소가 구매 의도, 충성도, 브랜드 추천 가능성의 약 50%를 차지한다는 사실에서 알 수 있다.

따뜻함과 기능의 관점에서 가장 높은 점수를 얻은 브랜드는 존슨앤드존슨Johnson & Johnson, 허쉬Hershey's, 코카콜라다. 북극곰이 제 역할을 해내고 있다는 말이다!

우리 인간의 정신 체계는 브랜드를 사람의 대리인으로, 로고를 얼굴의 대체물로 인식하며 기업을 사회 집단에 준하는 대상으로 받아들인다. 이에 따라 우리는 실제 인간과 교류하며 진화한 방식대로 기업과도 교류하기를 기대한다.

슬픈 소식이라면, 마케터 대부분에게는 자기 브랜드를 따뜻함과 기능성을 갖춘 인격이 있는 대상으로 만들기 위해 투자할 수백만 달러의 돈도, 수십 년의 시간도 없다는 사실이다.

반면에 희소식이라면, 소비자들이 브랜드에 기대하는 것은 일반적인 기업에서 보통의 예산으로 만들어낼 수 있는, 믿을 만하면서 인격적인 무언가라는 사실이다. **우리는 그저 자신의 모습을 보여주면 되는 것이다.**

나의 팬 중 한 명이 내 블로그에 이런 글을 올렸다. "저는 홍보 전문가인데 아직도 브랜드 관계brand relationship(사람 간에 행해지는 것처럼 소비자와 브랜드 간에 이루어지는 반복적인 상호작용-옮긴이)라는 개념을 이해하지 못하겠어요. 제가 아는 한, 관계라는 것은 제게 말을 거는 진짜 사람하고나 가능한 것입니다. 저는 몇 가지 브랜드를 정말 좋아하는데, 그 브랜드를 대표하는 사람 어느 누구도 제게 연락하질 않네요. 저는 그 브랜드들이 너무 좋아서 지지자로 나설 의향까지 있습니다. 하지만 회사들은 제게 푸시 마케팅 방식으로 이메일이나 보낼 뿐, 손을 뻗어 연락을 취하는 곳은 단 한 곳도 없습니다. 그런데도 정말 브랜드 관계라는 게 존재하나요?"

그의 말대로 브랜드보다는 사람과 관계를 맺기가 훨씬 더 쉽다. 사람들로 하여금 당신의 회사를 사랑하도록 만들기가 힘들다면, 회사가 아니라 당신의 사람들을 사랑하도록 만드는 게 훨씬 더 쉬울 수 있다. 아무리 광고 노출이 많아도 나를 하얏트에 묵게 만들 수는 없다. 내가 하얏트에 머무르는 이유는 '인간 노출' 때문이다. 내가 뉴브런즈윅에 갈 때 하얏트에 머무르는 이유는 라리탄 강가에 세워진 거대한 콘크리트 건물에 정서적 연관성을 느껴서가 아니라 하얏트의 직원인 테리와 정서적으로 통하기 때문이다. 현재 우리는 페이스북 친구로 지낸다.

아론 카마이클Aaron Carmichael은 애틀랜타에서 떠오르는 마케팅 스타다. 그는 사람이 곧 브랜드라며 이렇게 말했다. "저는 설립자의 가치가 살아 있는 회사에 믿음이 갑니다. 제가 좋아하는 브랜드는 무언가를 지지하거나 옹호하는 브랜드이고, 저는 그 브랜드의 약속이 지켜지는지 확인합니다. 친구한테 하듯이 말이죠. 만약 제 친구가 어떤 식으로든 제게 무례하거나 잘못된 행동을 한다면, 제가 친구된 도리로서 그 친구가 행동을 바로잡기를 기대하는 것과 같은 겁니다."

그는 덧붙여 이렇게 말했다. "저는 브랜드에 대한 충성도는 별로 없습니다. 사람에 대한 의리가 있을 뿐이죠."

이것이 세 번째 반란의 근본에 깔린 정서다. 하지만 이것이 우리 회사에는 어떤 영향을 미칠까? 광고 노출이 아니라 인간 노출을 중심으로 마케팅 전략을 짜는 것이 가능한가? 이를 위해서는 당연히 새로운 사고방식이 필요한데… 지금 그런 일이 일어나고 있다.

인간 노출 확대하기

아디다스의 새로운 사업 부문에서 활용할 디지털 마케팅 전략을 세우고 있을 때였다. 아디다스는 이 특정 스포츠용품 분야에서 후발 주자였고, 나는 아디다스가 신속히 선두를 따라잡을 수 있는 전략을 제공해야 했다. 내가 맡았던 일 중에서도 가장 힘든 축에 속하는 작업이었다. 왜냐하면 이미 경쟁사들은 3년 정도 앞서 디지털 마케팅을 시작했고 시장에서 확실히 자리를 잡은 상태였기 때문이다.

운동에 열정이 있는 사람들은 자신의 영웅을 우러러본다. 자신의 영웅이 즐겨 쓰는 장비를 사용하고, 그들의 영상을 보며, 그들의 움직임을 따라 한다. 내가 맡은 프로젝트에서도 그런 점을 활용해 좁은 틈을 비집고 들어가야 했다. 아디다스와 경쟁사 모두 대중의 사랑을 받는 여러 스타급 선수들과 계약을 맺어 회사의 브랜드를 대표하도록 했다. 그런데 소셜 미디어 영향력 측면에서 계약을 맺은 선수들의 점수를 하나하나 매겨보다가 충격적인 사실을 발견했다. 경쟁사의 선수들이 월등히 높은 점수를 차지하고 있었는데, 실제로 인스타그램, 스냅챗^{Sanpchat}, 유튜브에서 인간적인 방식으로 브랜드에 관한 이야기를 전하는 데 매우 뛰어났다. 그에 비교하면, 아디다스와 계약을 맺은 선수들의 점수는 현저히 낮았다.

하지만 단 한 사람은 예외였다.

아디다스 클라이밍 팀 소속인 샤샤 디줄리안^{Sasha DiGiulian}의 소셜 미디어 파급력 점수는 경쟁사 소속 선수들의 점수를 뛰어넘어 하늘을 치솟을 정도로 높았다! 어떻게 된 일일까? 알고 보니, 경쟁사 소속 선수들은 모두 소셜 미디어와 개인 브랜드 구축에 관해 정식 교육을 받고 있었다. 반면, 아디다스에서는 선수들에게 이러한 교육을 실시하지 않는데, 레드불Red Bull과도 계약을 맺고 있던 샤샤는 그곳에서 소셜 미디어에서의 존재감을 풍부하고 효과적으로 키우는 방법을 배웠던 것이다.

문제는 쉽게 해결되었다. 아디다스 소속의 선수들이 교육 과정을 거치고 지도를 받는 동안 경쟁사 소속 선수의 점수를 따라잡을 수 있었다. 일부 선수는 경쟁사의 소속 선수보다 높은 점수를 기록하기도 했다.

우리가 만약 기업적 측면에서 선수를 특정 스타일의 틀에 맞추려 했다면 대실패를 겪었을 것이다. 그러나 우리는 그저 선수들로 하여금 자신의 멋진 모습을 온라인에서도 효과적으로 보여줄 수 있도록 도왔을 뿐이다. 자신의 원대한 의도를 표현하고, 꾸준한 태도를 유지하며 사람들에게 다가가는 방법을 보여주었을 뿐이다. 이러한 방식은 결과적으로 모두에게 도움이 되었다.

홍보가 아니라 자발적 참여

우리가 이 모델을 우리의 비즈니스에 적용한다면 어떨까? 오늘날에는 효과적인 소셜 미디어 존재감 내지 영향력을 지니는 것도 삶의 기술이다. 더 많은 직원들이 (아디다스 선수들처럼) 그 기술에 대해 훈련을 받는다면 우리 각자의 비즈니스도 더 나아지지 않을까? 선수들이 그랬듯 직원들도 당연히 일상에서 우리의 이야기를 자랑스럽게 전하고 싶어 하지 않을까?

(맥킨지를 비롯해 여러 연구 조사에서 나타났듯이) 만약 고객들이 브랜드와의 정서적 연계가 부족해 충성도가 떨어지는 것이라면 브랜드를 가장 사랑하는 사람들, 즉 직원들의 열정을 불러일으키고 격려함으로써 유대감을 구축할 수 있지 않을까? 그것이야말로 오늘날 우리가 성공하는 데 필요한 인간 노출을 확장하는 논리적인 방법이 아닐까?

〈포춘〉 선정 100대 기업의 한 직원에게서 대표적인 답을 들을 수 있다.

"우리 회사를 대표할 수 있는 가장 효과적인 방법은 자신이 직장에서 하고 있는 일을 이야기하는 겁니다. 예전에 다니던 회사에서는 제가 장비를 많이 팔았는데, 그건 그냥 사람들이 그 장비에 관심이 있었기 때문입니다. 그 후 다른 회사에 들어갔는데, 그곳에서는 직원들에게 게임처럼 구성된 직원 홍보 프로그램에 참여해야 한다고 하더군요.

그런데 그런 홍보 프로그램은 실제 인간관계와 거리가 먼, 현실과 동떨어진 마케팅 프로그램이에요. 직원들은 회사에서 제공하는 콘텐츠를 아무 생각 없이 공유하기만 하면 됩니다. 무작정 콘텐츠를 뿌리기만 하면 많은 점수를 받을 수 있거든요. 그 회사는 도달과 노출에 초점을 맞추고 있는데, 이게 오히려 잘못된 행동을 부추긴다는 말입니다. 그런 직원 홍보 프로그램은 차라리 아무 것도 하지 않는 것보다 브랜드에 더 위험한 영향을 끼칩니다."

링크트인의 발표에 따르면, 평균적으로 회사 관련 콘텐츠를 다른 사람들과 나누는 직원은 3%에 불과하다. 하지만 그 3%의 직원들이 콘텐츠 전체의 좋아요, 공유, 댓글의 30%를 책임지고 있다.

만약 우리가 그 3%에 해당하는 직원들의 기량과 개인 브랜드를 향상해 진정한 가치를 제공하는 동시에, 회사 브랜드 역시 신장하는 색다른 접근 방식을 취한다면 어떨까?

개인 브랜드를 기업의 브랜드로

내 클라이언트인 실리콘밸리의 기술 관련 대기업이 바로 이런 방식을 선택했다. 그 기업은 혁신을 이루고 성과를 거두었지만, 페이스북과 애플 등 소위 멋진 회사들에 가려 빛을 보지 못해 우려하고 있었다. 그 기업은 신나게 일할 수 있는 곳이었지만 그걸 사람들에게 어떻게 알릴 수 있단 말인가?

기업에서는 광고나 홍보를 통해서는 자사의 "멋진 면"을 알릴 수 없다고 판단했다. 그곳이 얼마나 멋진지는 회사를 직접적으로 알고 있는 사람들, 즉 직원들을 통해야만 알릴 수 있었다. 자신의 직장이 얼마나 멋진 곳인지에 대한 이야기를 들려주는 직원은 기업 홍보보다 훨씬 더 큰 효력을 발휘하고 신뢰를 얻을 수 있다.

"개인 브랜드Personal brand"는 경영계의 대가 톰 피터스Tom Peters가 월간지 〈패스트 컴퍼니Fast Company〉에서 "당신이 곧 브랜드The Brand Called You"라는 제목의 글을 올리면서 처음으로 소개한 개념이다. 이때가

인간적인 브랜드가 살아남는다

1997년이었는데, 당시에는 라이프스타일 브랜딩이라는 개념이 등장하기 시작하고 있었다. 피터스는 이렇게 썼다. "모든 종류의 제품은 자기가 속해 있는 좁은 범주의 경계를 뛰어넘어 많은 사람의 입에 오르내리는 브랜드가 되는 방법을 알아내려 하고 있다."

피터스는 인간 역시 자신을 스스로 고유한 제품으로 여길 것이라는 걸 정확하게 예측했다. 인터넷은 우리를 뒤로 밀어 놓고 아바타를 앞세워서 모두 똑같이 만들어버렸지만 우리는 그 틀을 깨고 벗어나 자신을 차별화하는 방법을 모색하게 될 것이다.

비즈니스 전문가에게 그리고 점차적으로 모든 기업 브랜드에게는 인터넷에서 자기만의 고유한 목소리를 찾아내고, 경쟁력을 이끌어낼 수 있는 권위, 존재감, 명성을 창출하기 위해 고유한 목소리를 사용하는 "개인 브랜딩 Personal branding"이 중요한 것이다.

기업의 명성을 향상시키기 위해, 나의 고객사는 직원들의 자발적인 신청을 받아 개인 브랜딩 과정에 참여하도록 했다. 그 개인 브랜딩 과정은 내가 저서 《노운》을 통해 체계화한 프로그램이다.

① 자신이 어떻게 알려지길 원하는지, 정확한 자리를 찾기
② 자신의 이야기를 전할 수 있는 확실한 공간을 규정하기
③ 자신의 이야기를 전달할 수 있는 효과적인 콘텐츠 개발하기
④ 행동에 옮길 수 있는 독자층 구축하기

교육을 위해 처음 만난 자리에서, 우리는 한 젊은 여성 직원이 자사

제품을 사용해 본 고객들이 올린 긍정적인 사용 후기를 이미 블로그에 공유하고 있다는 사실을 알게 되었다. 하지만 회사에서는 그 사실을 아무도 모르고 있었다.

텔레비전 광고나 경기장의 전광판 홍보 또는 회사 블로그 게재와 비교해서, 그 여성의 블로그가 얼마나 더 큰 신뢰감을 줄지 한번 생각해 보라. 만약 회사에서 그녀의 블로그를 지원하고 훈련시키는 등 콘텐츠가 온라인상에서 퍼져나갈 수 있도록 도움을 제공한다면, 얼마나 널리 퍼질 수 있을까?

우리는 자신만의 개인 브랜드를 구축하는 데 관심을 보이는 직원들을 훈련하고 양성하기 시작했다. 언젠가 자기 책을 쓰고 싶어서 혹은 강연 분야에 뛰어들고 싶어서 또는 승진하고 싶어서 등 개인 브랜드를 만들고 싶어 하는 이유도 다양했다. 이유가 뭐든 상관없다. 당연히 직원 입장에서는 자신의 관심 분야에 따라 흥미를 느끼고 동기를 부여받는 게 맞다. 하지만 우리 입장에서는 자기 브랜드를 구축하게 된 직원들이 회사에 관해 긍정적인 이야기를 퍼뜨려 줄 거라 확신했고, 실제로 직원들은 그렇게 해주었다.

회사에서는 아무 조건 없이 직원 개인의 블로그에도 자금을 지원했다. 모든 직원이 성공했다고 할 수는 없지만 (개인 브랜드를 구축하기까지는 오랜 시간이 걸린다) 몇몇은 상당히 큰 성공을 거두었다. 어떤 회사의 리더가 올린 글은 〈하버드 비즈니스 리뷰Harvard Business Review〉에 실렸다. 어떤 여성은 블로그에 쌓인 기록 덕분에 많은 사람이 모이는 산업 콘퍼런스에 초대되어 강연을 하기도 했다.

이런 활동이 B2B 브랜드에 도움이 될까? 개인 브랜드의 확장이 회사가 더 많은 제품을 파는 데 도움을 줄까?

그 회사는 그렇게 믿었고, 나 역시 그렇게 믿었다. 만약 우리 직원이 올린 글이 〈하버드 비즈니스 리뷰〉에 실리고 무대에 올라 1,000명의 잠재 고객 앞에서 강연을 한다면, 그런데 경쟁사는 그렇게 하지 않는다면, 우리는 결국 성공할 것이다. 우리의 메시지가 사람들에게 전해질 것이며, 우리가 축적한 인간적 노출은 그 어떤 광고나 홍보보다 더욱 강력하고 효과적이며 오래 지속될 것이다.

이처럼 직원이 "알려지도록" 하는 방식의 활용은 미국의 대표적인 소매업체 메이시스 백화점 Macy's에서도 찾을 수 있다.[14] 메이시스가 이 방식을 택한 이유는 단순하다. 많은 돈을 주고 광고 모델을 쓰거나 믿음이 가지 않는 (그리고 심지어 비윤리적이기까지 한) 소셜 인플루언서를 활용하는 데 지쳤기 때문이다.

메이시스는 스타일 크루 Style Crew라는 프로젝트를 통해 자사 직원이 온라인 브랜드 홍보 대사로 활동할 수 있도록 직원을 교육해서 인플루언서로 키워냈다. 직원이 인플루언서가 되도록 지원함으로써, 회사는 도달 범위를 보다 효과적으로 측정하고, 법적 준수 여부를 확인하며, 유명인이 저지를 수 있는 부적절한 발언이나 행위에 대비할 수 있게 되었다.

신시내티에 있는 메이시스 본사 총무과에 근무하는 캔디스 브라이언트 Candace Bryant 는 진정한 소셜 미디어 스타로 탈바꿈했다. 따뜻하고 카리스마 있는 브라이언트는 동료들의 얼굴이나 옷차림을 꾸며주면서 모두에게 자신을 위한 시간을 보낼 자격이 있다는 말을 전한다. 직접 찍은 영상에서는 자기 자신을 비하하던 사고방식을 극복하고 자신감을 키우기까지의 사정을 얘기하는 동료의 말을 들어주며 대화를 나누기도 한다.

이처럼 진정성이 담긴 직원 제작 콘텐츠employee-generated content, EGC는 진정한 정서적 연결로 이어질 수 있는, 인간적인 면의 노출을 확장시킬 수 있는 대안이 될 수 있는데도 그 중요성이 간과되고 있다. 또 다른 대안으로 어떤 것들이 있을지 살펴보도록 하자.

지속적인 고려 대상이 된다

기업에서 10년 넘게 고위 영업직을 담당했던 나는, 유명 컨설팅 회사가 발표한 보고서[15]의 제안을 보고 의자에서 떨어질 뻔했다.

"판매 계약과 충성도를 높이기 위해 지출하는 돈을 줄여라. 많은 마케터가 판매 장려금과 충성도에 대한 보상을 강조하지만, 그러한 방식으로는 미래 소비자의 고려 대상에도 들지 못하고 수익률도 감소한다."

설마설마하긴 했지만, 우리가 수 세기 동안 효과를 믿어 의심치 않았던 영업과 충성도에 들이는 노력을 줄이라니!

인간적인 브랜드가 살아남는다

증발하는 고객 충성도

충성심

비교구매 고객

   그런데 수치를 보면 이 말이 이해가 되기 시작한다. 이 연구에 따르면, 광범위한 산업 분야에서 평균적으로 소비자의 13%만이 브랜드에 충성할 뿐이다. 신발, 화장품, 금융 서비스와 같은 일부 범주에서의 수치는 이보다 더 낮으며, 자동차나 보험처럼 극히 소수의 산업에서는 더 높다. 하지만 평균적으로 보면, 전체 소비자의 87%가 한 브랜드에 충성하기보다는 비교 구매를 하고 있으며, 이는 10년 전과 비교하면 엄청난 변화다.

   우리는 사업을 판매 깔때기의 관점에서 생각해 왔다. 그러나 이제는 "지속적인 고려"의 순환으로 묘사하는 것이 더 적절하다. 끊임없이 이어지는 사람들 간의 대화를 떠올리면 이해가 쉽다.

   충성도가 거의 없는 세상에서는, 비교 쇼핑을 하는 고객이 우리 제품을 **고려 대상으로 여길 수 있도록** 하는 것이 중요하다. 이를 위해 브랜드 및 제품을 지속적으로 인식할 수 있는 기회를 만드는 데 초점을 맞출 필요가 있으며, 특히 고객들 스스로가 그런 인식을 조성할 수 있도록 도와야 한다.

우리는 소비자 여정을 소유하지 않는다. **소비자 여정은 소비자가 소유한다. 우리에게 주어진 새로운 마케팅 임무는 고객들이 우리 브랜드 또는 제품의 이야기를 대화의 소용돌이 속으로 끌고 갈 수 있도록 돕는 것이다.**

구글은 수천 개의 소비자 여정과 관련해서 검색 데이터를 분석한 후, 동일한 여정이 하나도 없었다는 사실을 확인하고, 이제 판매 깔때기는 더 이상 작동하지 않는다는 결론을 내렸다.[16] 실제로 같은 업종에서도 고객 여정은 저마다 다른 형태를 취한다. 사람들은 더 이상 인식에서 고려 그리고 구매까지 일률적으로 이어지는 경로를 택하지 않는다. 사람마다 독특하고 예측할 수 없는 방식으로 자신의 고려 범위를 좁혔다가 넓혔다가 한다.

내가 운영하는 소규모 사업도 예외는 아니다. 지난 몇 달 동안, 내게 연락한 모든 사람들에게 어떻게 나를 찾게 되었는지 물었다. 고객들의 대답은 전부 달랐다! 이렇게 소규모로 운영하는 내 입장에서도 과연 고객과 접촉할 수 있는 그 많은 터치포인트를 관리하면서 고객의 결정에 영향을 미칠 수 있을지 의문이 든다.

당연히, 그 많은 터치포인트를 모두 관리할 수는 없다. 내가 할 수 있는 유일한 방법은, 내 브랜드를 구매 고려 대상에서 제거하지 않고 유지해 주는 고객들이 입소문을 낼 수 있도록 장려하는 것뿐이다.

인간적인 브랜드가 살아남는다

충성심이 사라진 세상에서 승리하기

소비자의 고려 대상에 머무르기 위해 생각해 볼 수 있는 흥미로운 방법은 **"시장을 대화"로 바라보는 것이다.**

시장을 대화로 보아야 한다는 이 예리한 주장은 1999년에 인터넷 비즈니스 전문가들이 공동으로 작성한 〈클루트레인 선언문Cluetrain Manifesto〉에서 소개되었다. 〈클루트레인 선언문〉에서 내세우는 95개의 강령은 내가 세 번째 반란의 현상을 정확하게 예측하고 있다. 그 선언문은 온라인상에서 이루어지는 소비자 간의 대화로 인해 전통적인 마케팅 기법은 쓸모가 없어질 것이라고 예측했다.

후에 책으로 출간되어 베스트셀러가 된 이 선언문은 브랜드에 대해 온라인에서 이뤄지는 사람들의 대화가 "자연스럽고 개방적이고 정직하며 단도직입적이고 재미있으며 종종 충격적"이라고 결론지었다. 인간의 목소리는 설명이든 불평이든, 농담이든 진지한 대화이든, 진심을 담고 있다는 데 의심의 여지가 없다. 인간의 목소리는 날조될 수 없다. 반면에, 회사들은 사명 선언문mission statement, 마케팅 브로슈어brochure 제작, 그리고 소비자의 전화가 회사의 소중한 자산이 된다고 말은 하지만 실제로는 통화음만 들리는 전화 응답을 비롯해서 듣기만 좋은 말, 유머도 없는 단조로운 대화만을 계속하는 경우가 대부분이다. 회사가 하는 소리는 늘 똑같은 어조에, 언제나 그렇듯 거짓말이다. 그물망처럼 연결된 오늘날의 시장이 사람답게 말하지 못하는 기업, 어쩌면 그렇게 말하기를 원치 않는 기업을 존중하지 않는 것은 당연한 일이다.

"사람의 목소리로 말하는 법을 배운다는 말은 속임수를 쓴다는 말이 아니며, 기업은 더 이상은 '고객에게 귀 기울이고 있다'는 그럴듯한 말로 기업도 사람이라며 우리를 설득할 수 없을 것이다. 사람들이 자율적으로 기업을 대신해 진심을 얘기할 수 있는 힘이 생길 때에만 기업도 인간적인 목소리를 내게 될 것이다."

이제 우리는 이런 현상이 벌어지고 있는 것을 본다. 연구에 따르면, 사람들이 소비자가 (진정한 목소리로) 만든 콘텐츠에 참여하는 비율이 동일한 제품에 대해 기업이 게시한 콘텐츠에 참여하는 비율보다 600~700% 더 많다. 사람은 사람을 믿는다.

이 혼란스러운 신세계에서도 희망은 있다. 옛날에는 우편물 수신자 명단을 돈으로 사고, 이메일 리스트를 작성하고, 전화번호를 구입해서 그중에서 구매 잠재력을 갖춘 사람을 골라내곤 했다. 하지만 이제는 사람이 만들어내는 마케팅에 집중하라. 사람이 하는 마케팅에 초점을 맞추면 당신이 원하는 광고 대상자 중에서도 중요한 대상자와 연결되는 새로운 세상이 열릴 것이다. 그리고 그 중요한 고객 중에는 당신의 제품과 서비스를 이전에 경험해 본 적 없는 사람도 많이 포함되어 있을 것이다.

충성도가 떨어지는 시장에 적응하기 위한 세 가지 기본 전략이 있다.

① 진정한 충성 고객인 13%의 고객을 각별히 보살핀다.

그들이 브랜드의 추천 엔진이 될 수 있도록 그들에게 필요한 것을 제공하자. 소비자가 원하지도 않는 이메일이나 복잡한 충성도 유지 프로그램을 무작

인간적인 브랜드가 살아남는다

정 쏟아 붓지 말고, 당신의 최고 고객들에게 애정이 어린 보상을 하자. 당신은 그들의 이름을 알고 있는가?

② 당신을 최고의 브랜드로 생각하게 만드는 마케팅을 우선한다.

소비자가 구매를 고려할 때, 당신의 브랜드를 늘 먼저 생각할 수 있도록 여러 마케팅 노력의 우선순위를 정하는 것이 좋다. 처음부터 소비자의 고려 대상에 들어가는 브랜드는 의사 결정 여정의 후반부에서 고려 대상에 들어가는 브랜드보다 구매 가능성이 두 배 이상 높다.

③ 소비자가 만드는 콘텐츠에 집중한다.

판매 후 발생하는 추천, 대화, 소셜 미디어 게시물, 추천, 리뷰 등 소비자 생성 마케팅에 초점을 맞추자. 맥킨지 연구에 따르면, 소비자들이 이끄는 대화는 당신의 브랜드와 감정적인 관계를 형성할 수도, 파괴할 수도 있으며, 매출의 3분의 2를 견인한다.

우리는 어떻게 이러한 힘을 이용해서 고려 대상에 들 것인가? 이 책의 나머지 부분을 살펴가면서, 8장에서 소개하는 매우 구체적인 전략을 포함하여 어떤 선택들이 가능한지 살펴볼 것이다. 하지만 먼저, 인간 노출이 어떻게 거의 모든 비즈니스에서 효과를 발휘하는지에 대한, 내가 아주 좋아하는 이야기 중 하나를 당신에게 들려주고자 한다.

따분한 제품이 사랑받는 방법

이번 장은 자신이 전혀 매력적이지 않고 따분하기만 한 제품을 팔고 있다고 생각하는 사람들에게 용기를 주는 이야기를 들려주면서 마무리하겠다. 예를 들어, 주사전자현미경을 파는 사람이라면 어떨까? 내셔널 지오그래픽 National Geographic 에 보면 무섭게 생긴 벌레의 얼굴이나 꽃가루 등 특이한 물체를 대상으로, 육안으로는 식별이 불가능한 미세한 모습을 근접 촬영한 멋진 사진들이 나온다. 이런 사진 촬영을 비롯해서 과학 및 의학 용도로 사용하는 기기가 바로 주사전자현미경이다.

나의 개인적인 매력도 기준에서 본다면, 이 거대한 현미경은 절대 높은 점수를 받을 수 없는 제품이다. 그럼에도 GE의 생명공학 GE Life-Sciences 부서에서는 고객을 브랜드 스토리의 영웅으로 등장시켜, 사랑에 가까운 감성적인 연결 관계를 구축함으로써 B2B 마케팅의 놀라운 성공 사례를 만들어냈다.

GE는 사진 콘테스트를 개최하면서 GE의 고객인 전 세계 과학자들에게 자사의 현미경으로 찍은 사진 중에서 마음에 드는 사진을 보내달라고 요청했다. 그리고 얼마 후, 마치 작은 예술 작품과도 같은 수십 개의 출품작이 도착했다.

회사는 그중에서 가장 뛰어난 사진들을 선정했고, 수상자들을 축하하기 위해 뉴욕에 있는 본사로 초대했다. 그런데 시상식에 참석한 과학자들을 기다리는 것은 만찬과 상패뿐만이 아니었다.

카메라가 돌아가는 가운데, GE팀은 과학자들을 타임스스퀘어로 데려가더니 고개를 들어 위를 보라고 했다. 그곳에는 건물 몇 층 높이의 웅장한 전광판이 설치되어 있었는데, 전광판에서 과학자들이 찍은 사

인간적인 브랜드가 살아남는다

진이 나오고 있었던 것이다! 반응은 놀라웠다. 자신이 찍은 사진을 전 세계가 볼 수 있도록 준비해 준 회사의 노고에 고객들은 눈물을 흘렸다. 놀라움과 감격에 말문이 막혔다.

단 한 순간에 평범한 사람이 대단한 사람이 되고, 따분함이 커다란 즐거움이 되는 아름다운 스토리였다.

내가 이 사례를 좋아하는 이유는 다음과 같다.

- 이 사례는 사람이 만든 이야기에 바탕을 두고 있다. 고객인 과학자들이 이 야기를 만들어냈다.
- 이 프로젝트는 사람들의 상호 연계를 믿었고 결국 놀라운 반응, 감정적인 반응을 일으켰다. 나는 5년이 지난 지금도 당시의 감흥을 잊지 못할 정도다. GE는 고객들로 하여금 기쁨의 눈물을 흘리게 했다.
- 이 회사는 잊을 수 없는 경험을 선사하고 사람들을 기림으로써 제품을 판매한다. 그날, 과학자들이 밤하늘을 응시하면서 무슨 생각을 하고 있었는지 상상이 간다. "누군가 내게 관심을 보이고 있구나." 생각했을 것이다.
- 회사는 따분할 수도 있는 B2B 제품을 창의적인 스토리텔링 방식을 적용해 부각시켰다. 과학자와 기술자 역시 사람이다. 그 인간적인 면을 보여주어 연결 관계가 일어나도록 하자.

이 마케팅 프로젝트는 성과가 있었을까?

이 훌륭한 사례에서는 한 가지, 성과 측정이 빠져 있다.

그 영상을 활용해 현미경을 한 대라도 팔 수 있었는지는 나도 알 수가 없다. 하지만 장기적인 관점에서 보면, 회사는 아마도 현미경을 몇 대 파는 것보다 더 높은 목표를 달성했을 수도 있다. 오늘날 우리가 마케팅에서 기대할 수 있는 최선의 결과는 사람들을 인식, 신뢰, 대화, 그리고 시간이 지남에 따라 구매 고려 대상으로 귀결되는 감정에 연결시키는 것이다. 고객을 통해 우리의 이야기에 날개를 다는 것을 목표로 한다.

그날, GE의 고객들은 기뻐서 눈물을 흘리고 있었다. 장담하건대, 회사의 비즈니스 리더들은 타임스스퀘어에서의 그날 저녁을 절대 잊지 못할 것이다. 만약 그 자리에 있었던 고객들을 지금 만나 물어본다면, 아마도 많은 사람이 그 순간의 느낌을 "사랑"이라는 단어로 묘사할 거라는 생각이 든다. 이들은 모두가 하나 되는 남다른 경험을 통해 기업에 소속되어 있다는 느낌을 받았다. GE가 이러한 노력을 측정해서 현미경 판매로 연결시켰다고 장담할 수는 없지만, 자사 제품을 오랜 기간 동안 고객들의 고려 사이클에 머무르도록 만들었다는 사실에는 의심의 여지가 없다.

임무를 달성한 것이다.

당신이 속한 업계를 핑계로 삼지 마라. 당신이 은행, 금융 혹은 엔지니어링 분야에서 일한다고 해서 지루하거나 따분해야 할 필요는 없다. 엔지니어와 은행가도 흥미롭고 재미있는 콘텐츠와 경험을 좋아한다. 직업을 불문하고, 따분하지 않은 무언가가 있는데 일부러 따분함을 선택하는 사람은 아무도 없다.

내 말의 요지는 소비자의 변화를 진압하기 위해 싸우지 말자는 것이

인간적인 브랜드가 살아남는다

다. 우리 마케팅 활동의 대부분을 고객이 하고 있는 세상에 적응하려면 지금 당장 무엇을 해야 하겠는가? 소비자와의 감정적 연결 고리를 잇고 지속적인 고려 대상에 머무르기 위해서 당신은 무엇을 할 것인가?

다음으로는 충성심이 사라진 이후의 시대에서 우리에게 기회의 문을 열어줄, 인간의 또 다른 변하지 않는 욕구인 소속감에 대해 계속해서 알아보도록 하자.

4장

소속감,
인간의 가장 큰 욕구

"내 인생의 본질적인 딜레마는 소속되고 싶은 깊은 욕망과
이미 소속되어 있을지 모른다는 의심 사이에 있다."

줌파 라히리 JHUMPA LAHIRI

적어도 하버드 대학교^{Harvard University}의 연구에 따르면, 결국 비틀스의 말이 옳은 것으로 드러났다.

하버드 연구원들은 인간의 건강과 관련해서 동일 집단의 삶을 대상으로 80년이 넘는 최장기 연구를 실시했다.[17] 1938년을 시작으로, 연구원들은 이 집단의 삶을 추적하면서 연구 참여자들의 신체적·정서적 건강, 고용 여부, 가족, 교육, 경제적 지위, 여가 활동, 우정을 비롯해 수십 가지의 세부 사항을 기록했다.

연구를 통해 대상자의 일생을 살펴보면서 오래 잘 사는 비결이 무엇인지 알아내고자 했다.

수십 년간의 시간과 수백만 달러의 비용을 투자한 연구를 마치면서 하버드 연구원들이 내린 결론은 비틀스의 노래 가사가 줄곧 옳았다는 점이다.

필요한 건 오직 사랑뿐이었다 All you need is love.

돈, 지위 또는 물질적인 것은 장기적으로 만족감을 주지 못했다. 가장 행복하고 건강했던 이들은 좋은 대인 관계를 유지하는 것으로 나타났다. 반면에 고립된 생활을 하는 이들은 나이가 들수록 심신의 건강이 저하됐다. 이 연구를 이끌었던 로버트 월딩거 Robert Waldinger는 자신이 발견한 내용을, 수백만 명이 시청한 TED 강연에서 밝히면서 이렇게 결론 내렸다.

"고독은 사람을 죽인다."

하버드의 연구는 인간의 궁극적인 욕망이 무엇인지를 찾아냈다. 우리는 소속감을 느껴야 한다.

문제는 점점 더, 우리에게서 소속감이 사라지고 있다는 것이다.

외로운 사람들

겉보기에는 그 누구도 더 이상 혼자라고 느낄 이유가 없는 세상이 되었다. 이렇게 서로 연결된 세상이 또 언제 있었단 말인가. 인터넷은 24시간 윙윙거리며 돌아간다. 와이파이가 있다면 어디서든 클릭한 번이면 사람들과 연결이 가능하다, 그렇지 않은가?

아니다.

인터넷이 인간의 상호작용을 대체하면서 사람들은 더 많은 고립감, 우울증, 그리고 주요한 건강 문제를 겪게 되었다. 줄어든 게 아니라 오히려 늘어났다.

UCLA는 1985년부터 신입생을 대상으로 스트레스 수준을 추적해 왔다. '압박감을 느낀다'고 응답한 신입생의 비율은 첫 조사를 벌였던 1985년에 18%였지만 가장 최근에 실시한 조사에서는 놀랍게도 41%로 2배 이상 증가했다. 이는 미국만의 문제가 아니다. 237개국을 대상으로 한 대규모 연구에서도 같은 결과가 나타났다.[18]

대부분의 과학자들은 이러한 현상의 이유가 10대들이 소셜 미디어와 디지털 기술에 노출되어야 한다는 부담감을 느끼고 있으며, 진정한 인간관계는 줄어들었기 때문이라는 데에 동의했다.

인간관계의 질이 수십 년 동안 꾸준히 하락해 왔다는 증거는 산더미처럼 쌓여 있다.[19] 1980년대에는 미국인 중에서 종종 외로움을 느낀다고 말하는 사람이 20%였다. 그러나 지금은 40%가 그렇다고 답한다. 1960년 이후 우울증을 겪는 사람의 비율은 10배나 증가했다. 직장 내 고독이 만연하면서 직무 수행 능력이 떨어지고 조직에 대한 헌신이 줄어들고 있으며, 개인의 외로움이 주변 사람들의 업무 수행에 영향을 미친다는 연구 결과도 있다.[20]

새로운 연구에 따르면, 영국에서는 9백만 명 이상의 사람들이 외로움으로 괴로워하고 있으며, 이 때문에 영국 총리는 국민의 고독 문제를 다룰 외로움부 장관minister for loneliness을 새로이 임명하기도 했다.[21]

이 시점에서, 그래서 그게 자신과 비즈니스에 무슨 관계가 있느냐고 궁금해하는 사람도 있을 것이다. 글쎄, 어쩌면 모든 면에서 관계가 있을 수도 있다.

이를 비즈니스 측면에서 생각해 보자. 사람은 마음 깊은 곳 어딘가에 소속감을 느끼고 싶은 욕구가 있지만, 소속감을 느끼고 싶은 인간의 욕구와 현실 사이에는 충족되지 않는 격차가 존재하며 그 격차는 심각한 수준으로 더욱 벌어지고 있다.

그렇다면 브랜드가 사람들로 하여금 소속감을 느끼도록 도와줄 수 없을까?

"당신은 우리와 함께한다"

1960년대, 펩시Pepsi는 위기에 처했다.[22] 코카콜라와 펩시가 거의 6대 1의 비율로 팔릴 정도로 코카콜라가 청량음료 시장의 주도권을 쥐고 있었다. 코카콜라는 시장에서 독보적인 위치를 차지하고 있었고, 자사 제품이 산타클로스, 해변에서 웃고 있는 가족, 야구 등 미국인의 삶 자체를 상징한다고 고객을 설득하는 광고를 어디서나 볼 수 있었다.

1963년, 펩시는 이 문제를 해결하기 위해 앨런 포타쉬Alan Pottasch라는 젊은 광고 경영자를 고용한다. 포타쉬에게는 그 어느 때보다 힘든 마케팅 과제가 주어진 셈이었다. 이제 그는 모든 면에서 펩시를 능가하는 제품인 코카콜라, 역사상 가장 성공적인 브랜드와 경쟁할 수 있는 제품을 재탄생시켜야 했다.

포타쉬는 제품에 대한 이야기로 승부를 걸어서는 이길 수 없다고 생

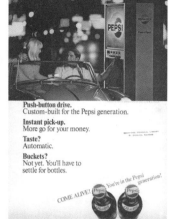

각했다. **이기기 위해서는 소비자에 대해 이야기해야만 한다고 판단했**
다. 팀 우Tim Wu는 그의 훌륭한 저서 《주목하지 않을 권리The Attention
Merchants》에서 포타쉬의 도전에 관해 이렇게 썼다. "포타쉬는 펩시 마케
팅을 구상하면서, 펩시라는 제품의 고유한 특징에 대해서는 언급하지
않았다. 그 대신에 펩시를 구입하는 또는 구입해야 하는 사람들의 이미
지에 초점을 맞추기로 했다."

역사상 처음으로, 제품의 특성 대신에 공동체 의식과 소속감을 고취
하는 한 브랜드가 탄생한 것이었다. 펩시는 완전히 새로운 세대를 뜻하
는 펩시 세대Pepsi Generation를 내세웠다. 코카콜라가 지속적으로 내보내
는 교묘한 메시지와는 전혀 다른 방식이었다.

펩시 세대는 역사적인 순간에서 혁명적인 모습을 보인 세대였다. 격
동의 1960년대를 겪은 이 세대는 그 어떤 세대보다도 과거 세대를 초

월해서 소비지상주의적 사고방식을 탈피하고 진정으로 독립적인 사고를 이루고자 간절히 바랐다. 그런 그들에게 펩시가 전하는 메시지의 핵심은 이랬다. "당신은 우리와 함께한다. 부모 세대의 음료는 그만 마셔라."

청량음료가 한 세대 전체를 우리의 사람이라고 주장하는 용기 있고 대담한 캠페인이었다. 마침내 청량음료 시장에서 펩시가 코카콜라의 호적수로 자리매김할 만큼 캠페인은 성공적이었다.

펩시 세대의 일원이 된 소비자들이 찾고 있던 것은 새로운 음료가 아니었다. 그들은 자신이 소속감을 느낄 수 있는 곳을 찾고 있었던 것이다.

이렇게 새로운 유형의 마케팅이 탄생하게 되었다.

팬들의 팬이 되어주는 브랜드

몇 년 전, 1년 동안 익스트림 스포츠 시장을 조사할 기회가 있었다. 프로젝트를 진행하면서 지구상에서 가장 정신 나간 사람들을 만날 수 있었는데, 내게는 정말 매혹적인 경험이었다. 내 표현이 다소 과격하게 들릴지 모르지만, 그 사람들을 묘사할 다른 단어가 떠오르지 않는다.

이들은 1,000피트 높이의 절벽에 한 손으로 매달리고, 깎아지른 얼음 절벽을 산악자전거를 타고 넘나들며, 가장 극한의 기후 조건에서 기

인간적인 브랜드가 살아남는다

꺼이 자신을 내던지는 별난 사람 중에서도 별종이다.

아마도 이렇게 한계 극복에 도전하는 사람 중에 유명 암벽 등반가 알렉스 호놀드Alex Honnold는 둘째가라면 서러워할 사람일 것이다. 2017년, 호놀드는 미국 요세미티 국립공원에 있는 900여 미터 높이의 화강암 수직 절벽 엘캐피탄El Capitan을 로프를 포함한 어떠한 안전 장비도 사용하지 않고 등반한 최초의 인간이 되었다.

등반을 시작하고 4시간 후, 호놀드는 순수 암벽 등반에서 스포츠 역사의 첫 페이지를 장식할 만한 금자탑을 세웠다. 숨 막히는 인간 승리의 기록이었다.

세계 최고층 빌딩보다 더 높은, 약 1,000미터 높이의 하늘로 치솟은 수직 절벽을 보조 수단 없이 오로지 육체적 능력만으로 암벽을 오르는 프리 솔로가 신체적으로 그리고 정신적으로 얼마나 어려운 일인지는 상상하기조차 힘들다. 어떤 잡지 기사에서는 호놀드의 업적을 익스트림 스포츠 분야의 "달 착륙"에 비유했다.

여기서 나의 유한한 정신세계에서 나올 수 있는 단순한 궁금증을 밝히자면 이렇다. 그래, 물론 호놀드의 업적이 대단한 건 인정하지만 도대체 자기 엄마한테는 뭐 하러 간다고 말하고 나갔을까?

익스트림 스포츠 광신자들은 부류가 다르다. 이들은 "해를 따라다니며" 가장 이상적인 날씨에서 최고의 경험을 맛보기 위해 승합차의 짐칸에서 숙식을 해결한다. 죽음이 아른거리는 아슬아슬한 모험을 위해 돈을 쓰고, 종종 팬들로부터 기부를 받아 자금을 마련하거나, 운이 좋으면 기꺼이 장비를 보내주는 기업 스폰서를 만난다. 여러 면에서, 일반적인 사회의 경계를 벗어나도 한참 벗어난 사람들이다.

만약 당신이 익스트림 스포츠의 정신과 자세를 높이 평가한다면, 아웃도어 브랜드 노스페이스The North Face가 기울인 마케팅 노력이자 수많은 기업이 만들어낸 콘텐츠 중 가장 아름답고 효과적인 콘텐츠에 속하는 이 영상에 경탄을 금하지 못할 것이다.

노스페이스가 제작한 "광기에 대한 질문Question Madness"이라는 제목의 영상은 유튜브에서 쉽게 찾아볼 수 있으며 이미 8백만 회 이상의 조회 수를 기록하고 있다. 그 영상에는 기진맥진해서 절망에 빠진 노스페이스의 모험가들이 피를 흘리고 울음을 터뜨리며 비명을 지르고 바위에서 떨어지는 모습이 담겨 있다. 그러면서 호놀드의 목소리가 나온다. "이상해요. 많은 사람들이 왜 그런 행동을 하느냐, 제정신이냐고 의문을 제기한다는 게."

하지만 곧이어 음악이 나오면서 펼쳐지는 영상에서는 승리, 용기, 자유, 넘치는 기쁨이 연상되는 이미지를 보여준다.

빠른 속도감으로 진행되는 영상에는 "강박적인"이라는 단어가 뒤집

© The north face

인간적인 브랜드가 살아남는다

히는 동시에 밑으로 내려가고, 밑에 있던 "헌신적인"이라는 단어가 올라와 그 자리를 차지한다.

"정신 나간"은 "계획적인"으로 바뀐다.

"별종"이라는 단어는 뒤집혀 내려가면서 "개척자"로 바뀐다.

이 동영상은 설명이 불가한 무언가를 설명함으로써 놀라운 감정적 연결 고리를 만들고, 상식에서 벗어난 라이프스타일이 옳다고 말한다. 어쩌면 호놀드가 죽음을 불사한 도전을 자기 엄마에게 변명하는 데 이 영상이 도움 되었을지도 모른다.

노스페이스는 이렇게 말한다. "괜찮아, 넌 혼자가 아니야."

구체적으로 말하자면, 당신은 우리의 일원이라는 것이다.

동영상 아래 달린 댓글 중에서 어떤 팬은 이렇게 말한다. "이런 게 진짜 광고지!"

사실이다.

노스페이스는 이 "광고"를 슈퍼볼에서 틀지도 않았고 인기 있는 드라마 앞뒤에 끼워 넣지도 않았다. 2분짜리 동영상을 첨부한 메일을 무작정 뿌리지도 않았다. 관심과 목적을 같이하는 사람들이 알아서 찾아볼 수 있도록 유튜브에 올렸을 뿐이다. 그럼에도 불구하고, 우리가 만들어낼 수 있는 최고의 "광고"가 되었다.

여느 훌륭한 마케팅 노력이 그렇듯, 노스페이스는 이를 일회성으로 접근하지 않았다. 글로벌 클라이밍 데이Global Climbing Day를 정해 사람들이 150여 곳에서 무료로 클라이밍을 체험할 수 있게 하는 등 총체적 전략을 통해 이 영상의 메시지를 뒷받침했다. 또한 무료로 이용이 가능한 등반 연습용 인공 벽을 전국적으로 설치해서 시설 부족으로 클라이밍에 접근하기 힘들었던 사람들에게 기회를 제공했다.

느리지만 꾸준하게 광고가 없는 세상을 향해 나아가는 우리에게 이것은 새로운 광고라 할 수 있다. 도움을 주고, 영감을 주며, 즐거움을 주는 이야기다. 진정한 보살핌, 동정심, 지역 사회와의 연계를 보여주는 의미 있는 행사다. 우리가 다 이해하고 있다는 걸 보여주는 **정서적인 연결이다.** 이런 것이 우리가 혼자가 아니라는 것을 깨닫고 소속감을 느끼는 데 도움을 주는 마케팅인 것이다.

노스페이스가 제작한 영상은 익스트림 스포츠에 빠진 "미치광이"들에게는, 이 우주에서 아주 작고 별나지만 자기들만의 공간이 존재하며, 자신이 그곳에 속한 일원이라는 자부심을 심어준다.

소속감은 행복을 느끼기 위해 필요한 원초적이고 근본적인 요소이다. 최고라고 하는 브랜드는 고객을 "소유"하지 않는다. 그들은 공간을 소유하면서 그 속에서 고객이 일원으로서 소속감을 느끼도록 도와준다.

위대한 기업은 기꺼이 자사를 좋아하는 팬들의 팬이 되어준다.

스티커가 의미하는 것

소속감이란 중요한 의미를 담은 감동적인 단어이다.

종교 집단에 속한 사람도 있다. 어쩌면 스포츠 클럽, 대학 또는 어떤 사회적 대의에 정서적 연관성을 느끼는 사람도 있을 수 있다. 하지만

인간적인 브랜드가 살아남는다

기업은 어떤가? 당신은 기업에 소속되어 있다고 느낄 수 있겠는가?

고객들은 실제로 기업에 소속되길 원한다고 말하고 있다. 나는 소셜 미디어에 빠져 살다시피 하는 헤비 유저의 50%가 온라인에서 친구들로부터 인정받는 것을 중요하게 생각한다는 놀라운 통계를 보았다. 그런데 온라인에서 가장 인기 있는 브랜드로부터 인정받는 것을 중요하게 여기는 사람은 60%가 넘었다. 놀랍지 않은가? 자기가 사랑하는 브랜드의 인정이 친구의 인정보다 더 중요하다니!

사람들이 브랜드에 속하고, 일원이 되고 싶어 한다는 신호는 어디에서나 찾을 수 있다. 우리가 제대로 보지 못해서 그렇지.

몇 년 전, 온라인에서 나이키^{Nike} 로고인 스우시^{swoosh} 문신을 양쪽 발목에 새긴 한 친구의 사진을 우연히 보게 되었다. 나는 보자마자 "와, 얼마나 아팠을까" 생각했다. 하지만 곧 이렇게 브랜드를 표현하는 행위가 결국 마케팅 관점으로 볼 땐, 최고의 성공을 상징한다는 것을 깨달았다. 이 육상 선수는 나이키를 너무 사랑하고 신뢰하며 나이키가 내세우는 이상향에 푹 빠져든 나머지 나이키 로고를 영원히 자신의 신체 일부분으로 만든 것이다. 그 선수는 당당하게 공개적으로 이렇게 말했다. "이 브랜드는 나를 실망시키지 않을 겁니다. 나는 나이키 족 그리고 그들이 상징하는 것에 속한 일원이라는 것이 자랑스럽습니다."

모든 사람이 고통을 참아내고 비용을 들여가며 몸에 로고를 문신하지는 않을 것이다. 하지만 소속감을 상징하는 "가상의 문신"은 사람의 신체가 아니라도 주위에서 많이 볼 수 있다.

커피숍 같은 장소에서 곳곳에 보이는 노트북을 잘 살펴보자. 노트북

주인이 좋아하는 브랜드의 스티커가 붙어 있는 걸 볼 수 있다. 자동차와 트럭에 붙인 범퍼 스티커를 살펴보라. 브랜드 이름이나 로고가 표시된 티셔츠와 모자를 쓴 친구들을 찾아보라. 누군가가 특정 브랜드의 로고를 몸에 걸치고 다니거나 소중한 컴퓨터와 차량에 붙일 만큼 그 브랜드를 사랑한다면, 나는 그것으로 문신이나 다름없는 마케팅 성과를 거두었다고 생각한다.

이 책에서는 소속감이란 무엇인지에 대해 심리학 이론을 파고들지는 않는다. 하지만 로고를 몸에 새기거나, 로고가 새겨진 의류를 걸치고 자동차에 붙이는 행위 자체로 특정 브랜드에 대한 믿음이 얼마나 깊이 자리 잡고 있는지를 보여주는 것 아니겠는가.

이제 스티커를 붙일 만큼 가치 있으며, 변하지 않는 인간의 욕구인 소속감을 활용하고 있는 브랜드들에 대해 알아보자.

할리 데이비슨이라는 라이프스타일

나는 자전거로 언덕을 달리는 걸 좋아한다. 어느 날, 자전거를 타고 가던 중에 어떤 집 앞에 설치된 우편함이 눈에 들어왔다. 할리 데이비슨Harley Davidson 로고 모양을 한 우편함이었다. 내가 독실한 기독교 신자를 많이 아는데, 그렇다고 집 앞에 예수님 형상을 한 우편함을 단 사람은 한 명도 본 적이 없다. 그런데 할리 데이비슨이라는 브랜드가 미국에서 주요 종교의 한 계파라도 된단 말인가.

　미국을 대표하는 이 브랜드에 사람들이 보이는 애정은 가히 열정적이고 숭배적이다.

　우리 집에서 멀지 않은 곳에 할리 데이비슨 대리점이 하나 있는데 그 옆에는 여흥을 즐길 수 있는 장소가 마련되어 있다. 토요일 밤이면 도처에서 온 오토바이족들이 그곳에 모여 휴식을 취하고 맥주를 마시며 라이브 음악을 듣는다. 각자 맞춤 제작한 오토바이를 타고 오는 사람들은 모자, 가죽 재킷, 조끼, 바지, 부츠 등 머리에서 발끝까지 할리 데이비슨 브랜드를 걸치고 있다. 실제로 할리 데이비슨의 매출 중 22%는 오토바이가 아닌 액세서리와 관련 상품에서 발생한다.

　무슨 일이 일어나고 있는 걸까? 왜 사람들은 이 브랜드에 이토록 충성심을 보이는 것일까? 실제 할리 팬들이 인터넷에 올린 글로 설명을 대신해 보자.

"할리는 그냥 오토바이가 아니라 삶의 방식이야. 할리 라이더 그룹의 일원이 된다는 건 그 무엇과도 비교할 수 없는 일이지. 정기적으로 열리는 랠리에 가보면 내가 무슨 말을 하는지 알게 될걸."

"할리는 고객에게 맞춤 제작할 수 있는 자유를 주고, 각자의 취향이 드러나는 오토바이는 사람들의 대화 주제가 된다. 할리 라이더 개개인이 브랜드의 홍보 대사인 셈이지."

"무엇이 그 소리를 막으리오. 내 바로 밑에서 할리 데이비슨이 우르릉거리는 소리보다 가슴 떨리는 건 없어."

"사람들이 어떤 오토바이를 소유하고 있느냐고 물을 때 할리라고 하면 사람들의 눈이 반짝인다. 마치 기다렸던 대답을 들었다는 듯이."

"내가 가장 매력을 느끼는 부분은 할리 오너스 그룹Harley Owners Group, HOG이야. 대부분의 도시에 HOG 지부가 있는데, 나는 그곳에서 라이딩을 즐기는 친구들과 만나는 게 좋아. 그곳이 내가 있어야 할 곳이야."

"내 할리는 안장이 커서 엉덩이를 푸근하게 감싸줘. 감자칩 한 봉지에 마운틴 듀 열두 캔을 해치우고 할리에 올라타면 천국에 온 느낌이 들어. 나 같이 뚱뚱한 사람도 멋있어 보이게 해주는 다른 물건이 이 세상에 있다면 한번 말해봐."

"사실 가격에 비해서 할리는 엉성하고 불편하며 빠르지도 않고 과대평가됐어. 그 가격이면 할리만 한 아니 더 좋은 오토바이를 얼마든지 살 수가 있으니까. 하지만 그러면 더 이상 할리가 아

니라는 게 문제지. 돈으로 멋짐 폭발을 살 수는 없지만 할리를 타
는 순간 멋짐이 폭발하기 시작하지."

할리를 산다는 건 오토바이를 산다는 게 아니다. 잘 조직된 멋진 공
동체의 일원이 된다는 소속감을 사는 것이다.

예티, 1,300달러 아이스박스를 팝니다

언젠가부터 범퍼 스티커, 티셔츠, 야구 모자 등에 붙어 있는
예티^{YETI} 라는 로고가 눈에 띠기 시작했다. 나는 예티라는 브랜드가 고
품질 쿨러, 즉 아이스박스를 만든다는 건 어느 정도 알고 있었지만 왜
이성적인 사람들이 특이하지도 않은 제품을 홍보하고 다니는지 이해
할 수 없었다. 내 말은, 그래 봐야 아이스박스 아니냐고!

하지만 로이^{Roy}와 라이언 세이더스^{Ryan Seiders} 형제는 인기를 한 몸에
차지하는 제품, (회색곰의 이빨과 발톱도 견뎌낼 정도로) 내구성이 뛰어난
제품을 만들겠다는 기업가의 꿈을 이루었고, 그렇게 만든 제품은 사람
들의 입에 오르내리면서 몇 년이 지나지 않아 전설적인 제품의 반열에
올랐다.

예티는 일반 아이스박스보다 10배나 높은 가격에 제품을 판매하면
서도 수백만 명의 열성적인 팬을 보유하고 있다. 기업가 및 제품 설계
자의 입장에서는 최상의 목표를 달성한 셈이다. 일반적인 생활용품을

꼭 갖고 싶은 욕망을 불러일으키는 제품으로 만들다니 말이다.

마케팅 임원 월터 라센Walter Larsen의 도움으로, 스타트업이었던 예티는 전적으로 "인간 노출"과 입소문 마케팅에 초점을 맞추며 성장했다. 라센은 "아웃도어 시장은 큰 비용을 들이지 않고, 비교적 쉽게 접근할 수 있으며, 공격적으로 나간다면 엄청난 기회를 얻을 수 있는 곳"이라고 말했다.[23]

라센은 두 형제가 "야외에서 더욱 강력하게, 얼음은 더욱 오래 가게Wildly Stronger, Keep Ice Longer"라는 간단한 슬로건을 생각해 내도록 도움을 주었다. 그리고 영향력 있는 가이드와 지역 어부들을 브랜드 홍보 대사로 고용함으로써 사냥과 낚시를 즐기는 사람들에게 초점을 맞추어 마케팅하도록 했다. 예티는 아이스박스를 배송할 때마다 예티 모자와 티셔츠를 함께 보내면서 입소문을 이끌어내고자 했다. 그리고 인플루언서들에게 자사 제품의 강점에 대해 교육하고, 그들로 하여금 높은 가격을 능가하는 제품의 우수성을 강조하는 이야기를 퍼뜨리도록 했다.

초기 성공을 거둔 이후, 예티는 사냥과 낚시 이외의 분야로 인간 노출 전략을 확장했다. 농부들과 목장 주인들이 야외에서 일하고 놀기도 하며 바비큐를 좋아한다는 사실에 착안해, 사료와 씨앗을 판매하는 시골 상점을 목표로 삼았다. 그다음으로는, 스노우보드, 캠핑, 산악자전거를 즐기는 콜로라도 지역 사람들을 대상으로 입소문의 마법을 걸기 시작했다.

작았던 회사의 매출이 3년 만에 4배가 늘었다.

©YETI

　한 애널리스트는 이렇게 말했다. "예티 성공 사례의 핵심은 아이스박스가 아니다. 수만 가지 요인을 댈 수도 있겠지만, 중요한 건 **예티가 아웃도어에 대한 열정적인 헌신을 바탕으로 공동체를, 운영 철학을 구축해 왔다는 사실이다. 돈으로 그만큼의 신뢰도를 구축할 수 있다면 대기업은 얼마든 지불할 용의가 있을 것이다.** 그래서 대기업이 신뢰를 얻지 못하고 있지만."

　예상대로, 새로운 제품군과 해외 판매를 통해 확장을 꾀하는 예티의 뒤를 경쟁사들이 쫓고 있다. 과연 경쟁사들은 해낼 수 있을까? 할리 데이비슨 사례에서도 보았지만, 자신만의 사람들로 구성된 부족은 절대 쉽게 사라지지 않는다.

　아 참, 얼마 전에 예티는 1,300달러짜리 아이스박스를 출시했다.

룰루레몬은 그냥 상점이 아니라 공동체야

룰루레몬Lululemon은 혜성처럼 등장해서 기능성 스포츠웨어 시장을 단번에 사로잡았다. 2000년에 캐나다 밴쿠버에서 탄생한 룰루레몬은 급속도로 확장을 거듭하면서 세계적으로 사랑받는 브랜드로 성장했다(판매의 95%가 정가에 이뤄질 정도로). 높은 가격에도 불구하고 제품은 매장을 채우기가 바쁘게 팔려나갔고, 회사는 자사 제품에 열광하는 팬층을 확보했다.

본래 룰루레몬 의류는 디자인, 내구성, 착용감, 옷감 품질로 잘 알려져 있긴 하지만, 다른 회사와의 차별을 이룰 수 있었던 핵심 요인은 반복적이고 지속적인 인간 노출을 통해 구축한 소속감이었다. 룰루레몬은 "더 나은 삶을 구축하라"는 콘셉트를 기본으로 하는 공간과 문화를 창출했고, 그 공간과 문화로 고객을 초대했다.

룰루레몬 공동체는 더 많은 돈을 지불하고 더 높은 충성도를 보이면서 지구상에 존재하는 그 어느 소매점의 고객보다 더 많은 이익을 회사에 안겨준다.

룰루레몬이 어떻게 고객들로 하여금 소속감을 느낄 수 있도록 하는지 살펴보자.[24]

1. 디자인을 통해 이끄는 대화

룰루레몬은 대화를 이끌어낼 수 있는 흥미로운 디자인을 창출한다. 핸드백에서 티셔츠에 이르기까지, 회사는 고객에게 "매일 땀 흘리는"

인간적인 브랜드가 살아남는다

라이프스타일을 고취하는 도발적인 이미지를 만들어낸다. 매장 내 제품에 새겨진, 기분을 좋게 해주는 글귀는 마음이 힘들 때 힘이 되어주는 "소셜 스낵social snack" 역할을 해 대화가 시작되게 도와주고, 고객이 느끼는 가치를 더욱 공고히 한다.

2. 대화의 문을 여는 직원

회사는 매장 직원들에게 운동 목표와 운동 요령에 대해 고객과 이야기를 나누라고 권장한다. 따라서 손님은 직원을 영업 사원이 아니라 운동을 함께 하는 친구로 받아들인다(실제로 직원들에게 운동하러 갈 때처럼 옷을 입으라고 지시한다!). 직원들은 고객이 운동에 관해 열심히 이야기할 때 귀 기울여 들어주고 함께 대화를 나누며, 고객에게 어울리는 훈련을 추천하도록 충분한 교육을 받는다.

룰루레몬에서 일하는 사람들은 대부분 운동에 능하기 때문에 고객들과 가치를 공유한다. 각 매장은 대화를 장려하기 위해 조직되고 설계된다. 매장마다 효율적인 재고 관리 시스템을 갖추고 있기 때문에 직원은 고객과 인적 교류를 하는 데 더 많은 시간을 할애할 수 있다.

룰루레몬의 공동체 관계community relationship 관리자인 니나 가드너Nina Gardner는 이렇게 말했다.[25] "고객과의 관계, 이것이야 말로 옷을 팔기 위해 문을 여는 여느 소매점과 우리가 다른 점이죠. 물론 우리도 옷을 팔지만, 더 중요한 사실은 우리가 관계를 형성하고 있다는 겁니다. 우리는 공동체를 지원합니다."

3. 대화의 허브 역할을 하는 매장

룰루레몬이 스타트업이었을 당시, 설립자 칩 윌슨Chip Wilson은 임대료를 마련하기 위해 야간에는 자신의 사무실 공간을 요가 스튜디오로 사용했다. 그 전통은 오늘날에도 계속되면서 룰루레몬 매장에서는 여전히 영업시간 이후에 요가와 피트니스 행사를 열고 있다. 매장이 실질적으로 "피트니스와 대화의 중심지"가 되면서 고객의 방문을 장려하는 역할을 하는 것이다.

또한 룰루레몬은 고객이 경영진 및 최고의 피트니스 인플루언서를 직접 만나고 관계를 맺을 수 있도록 전국적으로 라이브 행사 및 수련회를 개최하기도 한다.

4. 활동적인 공동체 인플루언서

룰루레몬은 새 매장을 개장하기 1년 전, 영업 예정 지역 내에서 일하고 있는 요가, 달리기, 피트니스 강사들 중에서 누가 영향력을 지니고 있으며, 자사의 지역 공동체 대사로 활동할 의향이 있는지 파악한다. 룰루레몬의 공동체 대사가 되는 강사들은 그 대가로 룰루레몬 의류 구입 시 할인을 받고, 룰루레몬 매장에서 수업을 할 수도 있다.

브랜드 및 공동체 유럽 담당자 린제이 클레이든Lindsay Claydon은 공동체 대사들 중에서도 능력과 열의가 있는 사람은 브랜드의 디자인 및 제품 테스트 과정에서 조언을 하고, 매장 및 프로그램에 대한 피드백도 제공함으로써 R&D 연구소의 역할도 한다고 하면서 이렇게 말했다.

"매장에서는 각자의 지역 사회에서 리더 역할을 하고, 우리의 문화

그리고 피트니스와 건강에 대한 우리의 열정을 전파해 주는 지역 대사를 선정합니다. 이런 방식을 사용해서 좀 더 진솔하고 매력적인 관계를 형성할 수 있습니다. 그리고 우리가 과거에는 다가가지 못했던 소비자들과 연결을 구축하는 데 있어서도 브랜드에 힘이 되어줍니다."

룰루레몬은 단순히 옷만 파는 것이 아니다. 그들은 피트니스를 통한 기쁨이라는 가치를 함께 나누는 공동체를 만들고 있는 것이다.

어느 날 슈퍼스타

지금까지는 규모에 관계없이 기업이 사람들에게 소속감을 느끼도록 만드는 사례에 대해 이야기했다. 그렇다면 기업이 아니라 한 사람이라면 어떨까?

팻 플린Pat Flynn은 기업가들 사이에서 솔직하고 재미있는 성격과 아주 투명한 비즈니스 스타일로 잘 알려져 있다. 그는 수많은 어려움을 극복하면서 자신만의 방식을 다듬어나간 인물이다.

2008년, 팻은 즐거운 마음으로 일하던 건축 회사에서 해고되었다. 그 후, 그는 사람들이 각종 전문 시험에 합격할 수 있도록 도움을 제공하는 전문 지식을 계발했고, 그 김에 사람들이 어려운 시험을 잘 볼 수 있도록 도와주는 무료 웹사이트를 개설했다. 놀랍게도, 매일 수천 명의 방문객이 그의 사이트를 찾았다.

팻은 무료로 지식을 공유했지만 사람들은 큰 도움이 되는 서비스를 유료라도 사용하겠다는 의사를 밝혔다. 팻은 학습 안내서와 전자책을 만들어 제공하면서 요금을 부과하기 시작했다. 첫 달에 그는 7,000 달러를 벌어들였고, 이는 그가 사업가로서 새로운 삶을 살게 되는 인생의 전환점이 되었다.

이러한 성공을 바탕으로 팻은 또 다른 웹사이트 스마트패시브인컴 SmartPassiveIncome.com을 만들어 자신이 사업가의 길을 걸으며 겪은 온갖 경험을 블로그에 올렸다. 그리고, 시험 삼아 만든 팟캐스트의 인기는 급상승했다.

"팟캐스트는 스토리텔링을 가능하게 해줍니다." 그는 내게 말했다. "사람들은 스토리텔링을 통해 서로를 이해하고 공감하게 됩니다. 당신을 느끼고, 당신의 감정을 듣고, 당신의 목소리를 듣는 거죠. 제 삶에 관한 이야기를 드러내면서 저와 팬들은 서로 통하게 됩니다. 서로 친구처럼 이야기할 수 있는 곳에 모이게 되는 거예요."

나도 몇 년 전에 팻에 대해 들어본 적은 있지만, 그의 인기를 실감할 수 있었던 건 그가 콘퍼런스에서 강연을 마친 후의 광경을 보았을 때였다. 마치 록스타를 기다리는 열광 팬처럼, 사람들이 그를 만나기 위해 줄을 서서 기다리고 있었다. 이 남자에게는 특별한 무언가가 있다. "기업가 조언" 시장은 이미 엄청난 포화 상태인데, 팻은 그 가운데서 어떻게 이런 성공을 거둘 수 있는 걸까?

"저는 사람들에게 관심을 줍니다." 그는 말을 이었다. "커뮤니티는 그런 관심의 부산물일 뿐이고요. 제가 그렇게 하는 이유는, 처음으로 사업을 시작할 때 인터넷 마케팅, 온라인 비즈니스, 기업가 정신에 대해서 많이 찾아보고 연구했는데 그런 방식으로는 인간적인 관계를 형성할 수 없을 것 같았기 때문입니다. 비즈니스 리더라는 사람들은 자기 생각이나 감정을 숨기면서, 가까워지고 싶으면 돈을 내라는 식이더군요. 그걸 느꼈을 때 소름이 끼쳤다고 할까요.

저는 다른 방법을 택하고 싶었습니다. 사람들이 제가 정말 신경 쓰는 것처럼 느끼게 해야겠다, 왜냐하면 그게 제 진심이니까! 저도 얼마 전까지는 다른 사람들과 같은 입장이었으니까 그런 마음을 이해할 수 있습니다. 그래서 블로그에 올라오는 댓글마다 답을 하려고 합니다. 소셜 미디어에 올라오는 모든 메시지에도 하나하나 응답하려고 하고요. 이메일도 모두 회신할 거고, 가능한 24시간 이내에 하려고 합니다."

그는 흥미로운 이야기를 이어갔다.

"그리고 사람들에게 솔직해지고 싶었습니다. 그래서 저는 성공뿐만 아니라 실패 사례도 솔직하게 공유합니다. 사람들은 언제나 실패 사례에 더 흥미를 느끼거든요. 사람은 누구나 실수를 합니다. 그래서 내가 경험한 실패를 공유하면 사람들은 나를 믿을 만한 사람으로 받아들여 줍니다.

웹사이트를 시작하면서, 새로운 비즈니스를 운영하면서 매출이 얼마나 되는지, 고객이 몇 명이나 되는지, 그 달에 얼마나 벌었는지 등 다른 곳에서는 제공하지 않는 정보를 사람들과 공유했습니다. 사실 온라인에서 그런 정보를 밝힌다는 건 전례 없던 일이고, 저도 원래는 한 달만 하고 그만두려고 했는데 관련 피드백이 워낙 많이 오는 바람에 계속하게 됐습니다.

처음부터 이 사람들에게 소속감을 심어줘야겠다고 의도한 건 아니었습니다. 하지만 제가 관심을 주니까 자연스레 소속감을 느끼더군요. 우리 모두가 자신의 관심사와 가치를 공유하기 때문에 이제는 사람들이 서로 관심을 주고받습니다. 인터넷 덕분에 사람들이 당신을 찾아내고 함께하기가 아주 쉬워요. 그렇게 커뮤니티에 자기가 아끼는 사람을 데려와 한 배에 타게 되는 겁니다."

팻은 점점 커져가던 팬 층이, 팻과 팬들이 직접 만나면서 더 큰 무언가로 발전했다는 걸 알았다.

"콘퍼런스에 참석할 때 사람들에게 만나자고 초대장을 보냈습니다. 몇 분 만에 100명이 등록하더군요. 그런데 또 다른 150명 정도가 자기는 등록을 못 했지만 꼭 참여하고 싶다고 아우성이더군요. 그때 사람들이 얼마나 이 그룹의 일원이 되고 싶어 하는지 알 수 있었습니다. 집에 만든 사무실에서 혼자 팟캐스트를 녹음하던 제 입장에서는 이렇게

인간적인 브랜드가 살아남는다

함께하고 싶어 하는 사람들이 많다는 걸 보고도 믿기가 힘들었습니다."

팻은 말을 이었다. "사람들을 직접 대면한다는 건 엄청나게 소중한 일입니다. 제 생각엔, 개인이건 사업체건 사람들이 함께 모일 수 있는 순간을 만들어낸다는 게 중요한 것 같아요. 왜냐하면 사람들이 만남을 통해 경험을 간직하고 가거든요. 기억을 가지고 갑니다. 그러면서 그 사람들은 슈퍼팬이 되는 겁니다.

고객과 팬의 차이라면, 팬은 관여하고, 관계를 맺고 싶어 한다는 겁니다. 자기도 포함된다는 걸 알면 소속의 일원이 되죠. 개인적으로 일원이 되면 자기 돈을 투자할 수도 있게 됩니다.

핵심은, 사람들이 진짜인 무언가를 볼 수 있다면 그곳의 일원이 되어서 소속감을 느끼고 싶어 한다는 겁니다. 저는 사람들에게 제가 어디서 일하는지 보여줍니다. 아이들이 있으니까 미니밴을 타고 다니는 모습을 보여주고요. 컨디션이 좋지 않을 때도 그 상태 그대로 영상을 찍습니다. 인스타그램에도 솔직한 모습을 올립니다. 웹사이트에 있는 제 모습 그대로를 보여주기 위해 소셜 미디어를 사용하죠.

저를 사랑해 주는 사람도 있겠고, 저를 싫어하는 사람도 있겠지만 저는 늘 있는 그대로입니다. 저는 진짜죠. 그게 오늘날 비즈니스의 현실이고요. 그렇기 때문에, 회사 중에는 그런 변천 과정을 아주 힘들어하는 곳이 많을 겁니다."

어떻게 하면 사람들이 소속감을 느낄까?

사람들이 소속감을 느낄 수 있도록 당신이 도와준다면 사람들은 어려운 시기에도 당신을 떠나지 않고 더 많은 돈을 쓰며, 당신이 돈을 들이는 그 어떤 광고보다 당신의 이야기를 더 잘 퍼뜨려 줄 것이다. 당신은 엄청난 마케팅상의 이점을 얻게 된다.

하지만 진정한 소속감을 부여하는 브랜드를 구축하는 일은 힘들다. 여기 여덟 가지 아이디어를 제공하니 자신이 활용할 수 있는 아이디어가 어떤 것인지 살펴보도록 하자.[26]

1. 브랜드 커뮤니티는 마케팅 전략이 아니라 비즈니스 전략이다

아주 흔한 일이지만, 회사는 커뮤니티를 구축하는 노력을 마케팅의 기능으로 국한시킨다. 그러나 브랜드 커뮤니티가 최대한의 이익을 이끌어내려면 회사 전체의 목표를 지원하는 높은 수준의 전략으로 진행되어야 한다.

할리 데이비슨이 좋은 예다. 1980년대, 경영진은 브랜드 커뮤니티 철학을 둘러싼 비즈니스 모델을 완전히 재구성했다. 마케팅 프로그램뿐만 아니라 조직의 모든 면을 개편했다. 오토바이를 타는 사람들의 "형제애"라는 커뮤니티 전략을 밀고 나가기 위해 조직 문화에서 공정 과정 그리고 조직 디자인에 이르기까지 모든 것을 바꾼 것이다.

예전에 할리 데이비슨의 임원과 영업 회의를 한 적이 있다. 당시 우리 회사에서는 먼지와 기름이 잘 묻지 않는 새로운 유형의 알루미늄을

인간적인 브랜드가 살아남는다

개발했고, 이 소재를 오토바이에 활용하면 라이더들이 너무 좋아할 것
이라고 생각했다.

그러나 그곳 임원의 대답은 "아니"였다. "우리 라이더들은 직접 오토
바이 닦는 걸 아주 좋아합니다. 그들은 청소를 통해서 우리 제품과 상
호 교류하는 겁니다. 우리 오토바이에는 먼지와 기름이 묻어야 당연한
겁니다."

커뮤니티를 성장시키는 일은 물건을 팔기 위한 마케팅 전략으로 끝
나지 않는다. 자사 고객의 감성적 니즈에 귀를 기울이고 이해하는 비즈
니스 전략인 것이다.

2. 브랜드 커뮤니티는 기업이 아니라 사람들에게 봉사한다

관리자들은 종종 소비자가 다양한 욕구, 관심사, 책임을 가진 실제
사람이라는 사실을 잊어버린다. 지역 사회에 기반을 둔 브랜드는 매출
촉진을 통해서가 아니라 소비자의 니즈를 충족시킬 수 있도록 도와주
면서 소비자의 충성심을 형성하게 된다.

기업은 속속 부상하는 소비자의 새로운 요구를 어떻게 듣고 적응하
고 있는가? 미래학자 페이스 팝콘Faith Popcorn은 이렇게 말한다. "내일이
보내는 신호를 찾아라. 안전지대에서 나와서 당신이 평소 기피하는 문
화 집단을 철저하게 조사해 보라. 그런 다음에 각 점들을 서로 연결해
서 결론을 도출하라. 지하 술집, 클럽, 색다른 카페에 가서 사람들이 무
엇을 먹고 말하는지 보고 들어라. 생소할 수 있는 사운드배스Sound bath
명상법을 해보라. 한냉요법을 받아보라. 그리고 자신에게 물어보자. 이

러한 것들은 무엇이 필요하다는 걸 의미하며, 내가 운영하는 비즈니스는 그 요구를 어떻게 해결해 줄 수 있을까?"[27]

3. 현명한 회사는 커뮤니티 내 갈등도 포용한다

대부분의 회사는 갈등을 피하고 싶어 한다. 하지만 커뮤니티는 본질적으로 정치적인 것이고, 갈등은 일반적인 것이다. "선호" 그룹은 자신의 정체성을 내세우기 위해 "혐오" 그룹이 있어야 한다. 플레이스테이션Playstation 게이머들은 엑스박스Xbox를 무시한다. 애플 마니아들은 마이크로소프트Microsoft를 싫어한다. 포드Ford 트럭 소유주들은 셰비Chevy 트럭 차주들을 멀리한다. 커뮤니티란 곧 경쟁이며 최후의 방어선인 셈이다.

6장에서 이 아이디어에 대해 좀 더 자세히 알아보겠지만, 커뮤니티를 하나로 화합시키기 위해 특정한 입장을 취하는 것은 진정한 브랜드 충성도를 이끌어낼 수 있는, 지금까지 남아 있는 몇 안 되는 전략 중 하나이다. 커뮤니티는 그들을 규정하는 경계를 완화하기보다 강조함으로써 더욱 강력해진다.

4. 커뮤니티 내 지위를 부여한다

특정 그룹에 소속되면 지위에 대한 의식을 강력하게 갖게 된다. 그렇게 부여받은 지위는 그룹 내의 활동 그리고 리더십을 보여줌으로써 향상될 수 있다. 당신의 옹호자를 만들고 싶다면 공동체에서 지위 또는 자격을 부여하는 것만큼 좋은 방법은 없다.

인간적인 브랜드가 살아남는다

건전한 공동체는 모든 사람이 가치 있는 역할을 할 수 있도록 해줌으로써 문화적 기반을 확립한다. 예를 들어, 팻 플린은 신중하게 그리고 지속적으로 최고의 기여를 한 사람에게 보상하고, 지위를 부여했으며, 이는 그들로 하여금 다른 사람들에게도 도움이 되는 일을 하고 싶게 만든다.

5. 사람들의 얼굴을 쳐다보라

나는 다른 저서를 통해서도, 인터넷상의 연결이 얼마나 약한 관계로 이어진 고리인지에 대해 설명했다. 인터넷상에서의 연결은 잠재적인 기회, 우연한 연결, 새로운 아이디어를 가능하게 해주기 때문에 중요하긴 하지만 진짜 마법은 커뮤니티 안에서 사람들이 모여 직접 대면할 때 발생한다.

애틀랜타에 본사를 두고 있으며 CNN과 카툰 네트워크Cartoon Network 같은 인기 방송 채널을 보유하고 있는 케이블 전용 방송국 터너Turner는 전통적인 방송의 세계에서도 인간관계가 얼마나 중요한지 잘 알고 있다.

"우리의 일은 팬을 만드는 것입니다." 터너의 부사장 겸 CMO인 몰리 배틴Molly Battin은 말했다. "팬이 소비자보다 훨씬 더 중요하죠. 팬들은 생각을 공유하고, 토론하고, 심지어는 문신도 합니다. 우리를 홍보하고, 더 많은 팬을 만들어주고, 커뮤니티를 형성합니다. 아주 양극화된 문화에서 매우 효과적인 역할을 합니다. 이제는 마케팅의 열쇠를 팬들에게 넘길 때가 됐어요."[28]

터너가 팬을 만드는 방법 중 하나는 라이브 팬 이벤트를 개최하는 것이다. 터너 클래식 무비Turner Classic Movies는 10년 넘게 영화제와 팬 크루즈 행사를 개최하고 있다. 최근에는 어덜트 스윔 채널Adult Swim Channel에 힘을 실어주기 위해 일련의 행사를 시작했다. 이 축하 행사는 로데오를 흉내 낸 핫도그에 올라타고 버티기와 드림 코퍼레이션 LLC Dream Corp LLC의 가상현실 체험 등 채널의 특성에 기반한 독특한 활동을 비롯해서 코미디, 음악 그리고 어덜트 스윔 채널의 스타들 모두가 결합된 형태로 진행되었다.

이 장에서 소개한 모든 사례 연구는 생동감 있는 상호작용이 어떻게 사람들로 하여금 연결하고 소속감을 느낄 수 있도록 도움을 주는지 잘 보여준다. 라이브 이벤트와 인간 노출이 당신의 브랜드를 구축할 수 있는 방법에 대해 생각해 보라, 비록 당신의 비즈니스가 대부분 온라인에서 이루어진다 하더라도.

6. 커뮤니티는 통제를 거부한다

브랜드 커뮤니티는 기업의 자산이 아니다. 따라서 통제할 수 있다는 생각은 착각이다. 이 책의 전체적인 주제는 관리자가 아니라 소비자가 통제하는 세상에 적응해야 한다는 것이다. 따라서 소비자가 공동체를 이끌도록 해야 한다.

통제권을 포기한다고 해서 책임도 포기한다는 말은 아니다. 효과적인 브랜드 관리를 위해 커뮤니티의 공동 창작자 입장으로 참여하고, 커뮤니티가 번창할 수 있는 여건을 조성함으로써 커뮤니티를 육성하고 활성화한다.

공간을 구축하고 고객을 초대하되, 고객이 소속된 일원으로서 이끌어가도록 하라.

7. 조종은 커뮤니티를 죽인다

만약 커뮤니티의 목적이 자신을 통제하기 위해서라는 걸 사람들이 깨닫는다면 당신은 패할 수밖에 없다. 거듭 말하지만 명심하라, 통제의 시대는 끝났다!

어느 순간이 되면, 사람들도 당신이 이익을 얻기 위해 커뮤니티 활동에 참여한다는 걸 알게 된다. 하지만 진정한 커뮤니티라면 조종당하고 강요당했기 때문이 아니라 리더를 지지하고자 받은 만큼 되돌려준다.

애틀랜타에 본사를 둔 마케팅 회사의 임원 키스 제닝스^{Keith Jennings}는 이렇게 말한다. "저는 무그뮤직^{Moog Music}의 엄청난 팬입니다. 무그뮤직에서 만든 제품을 소유하고 있고요, 공장에도 찾아가 봤습니다. 커피를 마실 때도 무그 커피 잔을 사용하죠. 무그뮤직이 수익의 일부를 지역 학교에 기부한다는 점이 너무 마음에 듭니다.

그렇다고 제가 무그의 소속이라고 생각하지 않습니다. 무그가 제게 속해 있다고 생각하죠. 저는 제가 옳다고 믿는 일을 대신해 주는 무그 같은 브랜드의 팬입니다. 하지만 기업의 의도대로 따라가고 싶은 마음은 없습니다. 제가 원하는 대로 기업을 선택하는 거예요."

마케팅 깔때기는 뒤집혔다.

8. 미션이 움직임을 만든다

스스로를 문화 운동의 필수 구성원으로 여기는 브랜드는 소비자와의 정서적 연계를 조성한다.

룰루레몬은 "이 순간이 요가다This Is Yoga" 캠페인으로 요가의 의미를 재정립하고 있다. 룰루레몬은 이제 요가가 매트 위를 벗어나 일상생활로 옮겨갔다고 선언한다. 이 캠페인은 예술가, 음악가, 기업가 같은 인플루언서들이 일상생활에서 어떻게 요가의 원칙을 구현하며 사는지 보여준다.

본질적으로, 룰루레몬은 고객들에게 그게 옳다는 믿음을 줄 수 있는 하나의 움직임을 정립하고 있는 것이다. 룰루레몬은 자신의 미션을 실행하고 있고, 그 미션은 움직임을 만드는 것이다.

당신은 준비됐는가?

많은 브랜드가 커뮤니티 전략에서 이익을 얻을 수 있지만, 그렇다고 모두가 성공을 거둘 수 있는 것은 아니다. 소속감을 구축하려면 전체적인 조직 차원의 헌신 그리고 기능적 경계를 넘나들며 기꺼이 일할 수 있는 마음이 필요하다.

올바른 마음 자세와 기술을 지니고 접근한다면, 커뮤니티는 분명 강력한 전략이 될 것이다. 강력한 브랜드 커뮤니티는 고객 충성도를 높이고, 마케팅 비용을 낮춰준다. 또한 브랜드 의미brand meaning가 진짜임을 증명하며, 사업 성장에 필요한 아이디어를 제공한다. 소비자가 브랜드의 일원으로서 소속감을 느끼도록 한다면 그 누구도 부인할 수 없는 혜택이 돌아올 것이다.

5장

개인의 이익
그리고 장인 브랜드

"마케팅의 목표는 영업 활동을
하지 않아도 되게끔 만드는 것이다."

피터 드러커 PETER DRUCKER

예전에 장거리 비행을 할 때였다. 기내 영화를 보려고 자세를 잡았다. 나는 델타항공Delta Airlines을 주로 이용하는데, 형편없는 항공사들 중에서 그나마 델타항공이 조금이라도 낫다고 생각하기 때문이다. 영화가 시작하기 전에, 기업의 가치와 사회적 활동을 홍보하는 영상이 나왔다.

영상 속에서는 여자 목소리가 바쁘게 쏟아져 나왔다. "여러분은 지금 세상의 속도로 이동하고 있습니다! 내려다보시면 보일 겁니다. 여러분은 현재 구름 위에서 의자에 몸을 묻고 휴식을 취하며 쉬고 있지만, 그럼에도 시속 500마일로 이동하고 있습니다. 그게 무엇을 의미할까요? 여러분이 상상하시는 것 이상의 의미가 있습니다! 여러분이 목적지에 도착하는 것만으로도 여러분, 바로 당신이 세상을 바꾸고 있다는 말입니다!

여러분이 델타항공을 이용하실 때마다 나비 효과가 발생합니다. 한 번의 클릭을 통해 여정이 시작되고, 수익을 발생시키며, 여러분을 단순히 목적지가 아닌 사람들과 연결되는 공간에 모셔다 드립니다. 여러분 주머니에 들어 있는 항공권이 불법 이민자 청년을 대학에 보내고, 집과 주거지와 놀이터를 세우고, 자부심을 높여주며, 마땅히 대접받아야 할 영웅들을 기리고, 의약품으로 기적을 만들어내고, 다양한 시각으로 예술을 바라볼 수 있게 해줍니다.

우리는 비행만 하는 게 아닙니다. 우리는 변화를 만듭니다. 그리고 우리가 하는 모든 일은 여러분 덕분에 가능한 것입니다."

현시대 대부분의 마케터(그리고 영상을 제작한 광고 회사)의 관점에서 보자면, 그 홍보 영상은 기업의 스토리텔링을 멋지게 풀어냈으니 당연히 항공사 임원들의 얼굴에 미소를 안겨주었을 것이다. 왜냐하면, 그 영상은

- 아름답게 제작되었으니까.
- 감정을 자극하니까.
- 실제 사람들의 모습과 실제 이야기를 담고 있으니까.
- 가치와 사회적 이익을 중요하게 여기는 회사로 보이도록 해주니까.
- 심지어 성소수자의 권익을 요구하는 게이 프라이드 퍼레이드를 보여주고 불법 이민자의 자녀를 언급하는 등 회사가 사회적 이슈에 관심을 두고 있다는 것을 보여주니까.

인간적인 브랜드가 살아남는다

그렇다면 옆에서는 애기가 울어대고 지나치게 강력한 냉방 때문에 떨고 있던 나는 그 아름다운 영상을 보면서 어떤 생각이 들었을까? 그러든가 말든가.

내게는 이 불편한 환경을 다 잊어버리고 편하게 영화를 보고 싶은 마음뿐인데, 어째서 델타항공 당신들은 매번 그 멍청한 홍보 영상을 틀어서 나를 방해하는 것인가.

나는 델타가 날아다니는 자선 단체라고 생각하거나 내가 이렇게 터무니없이 비싼 항공권을 구매했다고 그 돈이 불법 이민자 자녀를 대학에 보내는 데 쓰인다고는 믿지 않는다. 그들이 그런 말을 하는 건 그냥 그래야만 하기 때문이라는 걸 잘 알고 있다. 그렇게 말해야 주가가 오르는 데도 도움이 되겠고, 자신이 사회적 이익에 기여한다고 생각하면서 스스로 만족할 수 있을 테니까.

설사 델타항공이 진정한 항공 업계의 테레사 수녀^{Mother Teresa}처럼 행동하면서 선의와 진정성과 멋진 모습을 보여주고, 성소수자의 인권을 지지하고, 어려운 이웃에게 집을 지어준다 해도 나에게는 교묘하게 사람을 조종하는 여느 기업과 다를 바가 없다. 내 판단이 잘못되었다면 미안하지만 어쩔 수 없는 일이다. 나는 지역 공동체에서 변화를 일으키고 사람들을 돕는 그런 비즈니스만을 믿으니까.

델타항공, 만약 당신들이 진심으로 세상을 바꾸고 싶다면 내게 진짜 도움이 되는 일을 해보라고. 6시간이나 비행기를 타고 가는 사람에게는 무료로 따뜻한 식사를 제공하고, 티리온 라니스터^{Tyrion Lannister}(왕좌의 게임에 나오는 소인 캐릭터)에게 맞도록 제작한 좌석에 나를 구겨 넣지 말란 말이지. 그리고 탑승 수속 과정도 품위 있게 하고.

자, 좀 더 깊은 대화를 해보도록 하자. 이 사례는 내가 괜한 불평을 일삼는 델타항공의 단골 고객일 뿐이라는 걸 말해주고 있는 것인가, 아니면 소비자 동향에 어떤 변화가 일어나고 있다는 걸 알려주고 있는 것인가?

기업이 흔히 내세우는 "스토리텔링"이 왜 요즘에는 통하기가 그리 힘든 걸까? 현실을 들여다보자.

기업의 메시지에 대한 불신

나는 최근에 세계에서 가장 많은 오염을 일으키는 기업 중 한 곳의 웹사이트를 방문한 적이 있다. 그 회사가 본래 나쁜 짓을 하자고 마음먹고 그러는 건 아니다. 단지 회사에서 필요한 소재를 얻기 위해 원시림을 베어내고 그것을 독성 부산물인 슬러시 형태로 만드는 과정에서 수 톤의 화학 물질을 공중에 쏟아내는 것이다.

하지만 웹사이트만 보면, 이 회사가 그린피스^{Greenpeace}나 환경 보호 단체일지도 모른다는 생각이 든다. 그곳에는 이런 사진들이 있다. 바다에서 솟아오르는 고래! 초원에서 풀을 뜯는 소 떼! 물보라를 일으키며 떨어지는 폭포수!

이런 걸 그린워싱^{greenwashing}, 즉 위장환경주의 행위라고 한다. 해바라기가 활짝 핀 들판을 뛰어다니는 사람들이 즐거워하는, 실제로는 존재할 가능성이 없는 모습이 담긴 사진으로 사이트를 가득 채워 사람들로 하여금 끔찍한 현실을 보지 못하도록 방해하는 것이다.

기업은 진실을 왜곡한다. 우리는 기업이 전하는 메시지에 반사적으로 불신을 보낸다. 이는 다국적 홍보 전문 기업 에델만의 신뢰도 지표조사Edelman Trust Barometer에서도 그대로 나타나는데, 시간이 지나면서 비즈니스에 대한 신뢰가 급격히 감소하고 있고, 현재의 신뢰도는 사상 최저 수준에 머무르고 있다고 한다. 이는 당신이 "이야기의 긍정적인 면"을 아무리 열심히 내세워도 사람들이 아마 그 말을 믿지 않을 것이라는 뜻이다. 아니, 웹사이트에 웬 고래? 해도 정도껏 해야 말이지.

상황이 정말 기이한 방향으로 흐르고 있다. 기업들은 마케팅에 더 많은 돈을 쓰고, 기부는 늘어나고 있으며, 소셜 미디어는 더 많은 투명성을 보이라고 강요하고 있는데 그럼에도 기업에 대한 신뢰도는 떨어지고 있다.

델타항공의 영상을 4장에서 다룬 노스페이스의 "광기에 대한 질문" 영상과 비교해 보라. 노스페이스는 고객들을 주인공으로 만들어 브랜드의 일원으로 불러들인다. 반면, 델타항공은 자신이 이야기의 영웅이라고 주장함으로써 모든 것이 자신의 통제 속에서 이루어진다는 망상 속에서 운항하고 있다. 델타의 비디오가 전하는 메시지의 핵심은 이렇게 들린다. "우리가 얼마나 대단한지 보라고!"

델타항공을 특정 대상으로 삼아 비판을 하긴 했지만 (사랑해요, 델타!), 사실 이러한 문제는 어디에나 존재한다. 우리는 현실과 동 떨어져 설교하는 사람을 신뢰하지 않는다. 사실대로 말하자면, 당신은 특별하지가 않다. 당신의 고객들도 아마 당신을 또는 당신이 올리는 뻔한 스톡사진을 믿지 않을 것이다.

기업의 스토리텔링은 자연스럽지 않다

기업의 스토리텔링이 더 이상 통하지 않는 또 다른 이유는, 이들의 이야기에는 개인의 이야기가 가지고 있는 고유함과 자연스러움이 느껴지지 않기 때문이다.

간단한 실험을 해보자. 인스타그램에 올라온 사진들을 보라. 누가 게재했는지 신경 쓰지 말고, 피드를 빠르게 스크롤하면서 어떤 사진이 기업이 올린 콘텐츠인지, 어떤 게시물이 친구가 올린 콘텐츠인지 알아맞혀 보라. 나는 거의 실수 없이 구별해 낼 수 있다. 왜? 기업 후원 사진들은 부자연스러움이 눈에 띈다. 친구가 올린 사진이 아니라 광고 사진이라는 걸 어렵지 않게 알 수 있다.

대부분의 기업 콘텐츠는 여전히 기업 콘텐츠처럼 보인다. 모든 사람이 어울리는 의상을 걸치고 있는 너무도 완벽한 사진 그리고 변호사의 검증을 통해 다듬어진 생명력이라고는 찾아볼 수 없는 문구를 감지하는 순간, 그 이야기는 더 이상 이야기가 아니다. 그건 광고다. 기업에서는 그걸 스토리라고 할지 모르겠지만 세상은 광고로 여긴다.

게다가 사람들은 일반적으로 광고를 좋아하지 않는다. 광고를 피하고 막고 건너뛰며, 광고가 나오면 자리를 벗어나 물을 마시러 간다. 대

인간적인 브랜드가 살아남는다

부분 기업의 스토리텔링은 개인의 정상적이고 자연적인 콘텐츠 경험과 어울리지 않기 때문에 여전히 광고일 수밖에 없다.

우리 지역이 아니라면 아무 의미 없다

글로벌 트렌드 분석 기업인 WGSN의 카를라 부자시 Carla Buza-si CEO는 최근 세상의 힘과 권리가 "로컬비스트 localvist"로 이동하고 있다고 생각한다.

로컬비스트는 지역 수준에서 진정한 행동주의를 이끄는 사람을 말한다.

그동안은 페이스북에 사회적 이슈 관련 글이 올라오면 "좋아요"나 누르는 식으로 변화에 동참하는 소극적이고 게으른 저항 방식, 즉 "슬랙티비즘 slacktivism"이 오랫동안 지속됐다. 하지만 로컬비스트들은 이렇게 유해하고 양극화된 세상에 싫증을 느끼면서 자신이 진정한 변화를 일으키기 위해 노력할 수 있다는 것을 알게 되었다.

칼럼니스트 겸 미국 공영 라디오방송 NPR의 시사 해설자 데이비드 브룩스 David Brooks는 이런 글을 썼다.[29] "지역주의 localism가 성행하는 이유는 국가 전체가 아닌 도시별로 볼 때, 많은 도시들이 일관성 있는 정체성을 지녔기 때문이다. 그리고 미디어가 국가적인 정책 또는 정치인은 소개하면서도 지역 정치나 정치인에 대해서는 잘 언급하지 않기 때문이다. 지역주의가 번창하는 이유는 우리가 사회적 신뢰도가 낮은 시대를 살고 있기 때문이다. **사람들은 자기 바로 주변을 둘러싼 관계, 즉 현지에서 변화를 만드는 사람들에게만 진정한 신뢰를 갖는다."**

이러한 흐름은 나이와 관련된 트렌드가 아니다. 우리 세상에서 변화를 창출할 수 있다는 실현 가능성을 느끼기 때문에 각지에서 이런 움직임이 발생하는 것이다. 또한 이 움직임은 정부만을 겨냥하고 있지 않다. 은행, 기업, 비영리 기관을 비롯해 변화 추구와 포용과 개인의 자유를 방해하는 사람 모두에게 영향을 미치고 있다.

지역주의는 세 번째 반란의 대표적인 특징이며 오늘날 우리의 비즈니스에 영향을 미치는 가장 중요한 경향 중 하나이다. 지역주의는 말 그대로 권력 구조를 뒤집어놓는다. 수십 년 동안 돈, 인재, 권력 흐름의 중심은 기업이었다. 하지만 지역주의 하에서는, 실질적인 일을 하는 사람 그리고 일을 해내는 방법을 아는 사람들이 힘의 중심이다. 성공은 광고 예산의 크기가 아니라 당신이 얼마나 진심으로 사람들과 관계를 맺을 수 있는지를 기준으로 측정된다.

그런 의미에서 광고는 비인격적이고 획일적이며 거슬리는 존재다. 지역주의자는 상호적이고 애정이 담긴 연결 그리고 호혜와 신뢰에 기반을 둔 연계를 요구한다.

지역주의자는 기업의 스토리를 믿지 않는다. 왜냐하면 자기 지역 사회에서 일어나지 않는 일은 그 어떤 것도 믿지 않기 때문이다. 지역주의자는 다른 먼 지역에 있는 광고 대행사가 하는 의미 없는 말을 듣기보다는 자기 지역의 이해관계에 도움이 되는 행동을 보아야만 믿음을 갖는다. 한 연구 결과에서 성인의 58%는 브랜드가 약속을 지키고 있

인간적인 브랜드가 살아남는다

다는 "실질적인 증거"를 보기 전까지는 브랜드를 신뢰하지 않는 것으로 나타났다.[30]

장인 마케팅

마케팅에는 장인 정신이 깃들어야 한다. 만약 사람들이 당신의 브랜드를 확실히 믿는다면, 기꺼이 당신을 위해 싸우고, 심지어 당신의 제품에 더 많은 돈을 지불할 것이다.

"장인 정신"이라는 말은 인터넷에서 그 의미가 하도 많이 왜곡되면서 "개인 브랜딩"과 "베스트 셀링"처럼 사용되기도 한다. 하지만 본질적으로 장인 정신이라는 의미를 대신할 수 있는 유의어는 많지 않다. 미래에 성공하고자 하는 마케팅은 의심할 여지없이 진짜답고, 지역적이며, 개인 맞춤형이고, 심지어 수제품 같은 방식으로 제시되어야 할 것이다. 사람들이 보고 경험할 수 있는 차이를 만들어야만 한다.

장인 정신이 깃든 마케팅에는 다음과 같은 특징이 있다.

• 당신의 이야기에는 눈을 떼지 못할 정도로 진심이 담겨 있고, 믿을 만하며, 자연스러워서 사람들이 그 이야기를 성공적으로 받아들이게 된다. 당신의 고객들은 설득당해서 하는 구매 행위를 원하지 않으며, 누군가가 자기에게 무언가를 팔기 위해 노력한다고 의심하는 순간 부정적인 반응을 보일 것이다. 당신의 이야기는 진실해야 하지만 이는 변호사의 검증을 거쳐 사실만을

담은 이야기와는 다르다. 당신의 이야기는 듣는 사람의 지적 수준을 존중해야만 한다.

- 개인 차원에서 독특하고 놀랍고 의미 있는 경험을 제공한다.
- 개인의 이익과 연결되는 확실한 혜택을 제공한다. 한 사람 또는 공동체가 돈을 벌고, 돈을 절약하고, 환경을 보호하며, 더 건강해지고, 더 행복해지고, 더 즐거워지고, 더 많은 자부심을 느낄 수 있는 유형적 도움을 준다.

델타항공 같은 세계적인 초대형 브랜드는 어떻게 하면 장인 정신이 깃든 마케팅 전략을 쓸 수 있을까? **유감스럽지만, 전체 비즈니스 문화에 대한 전면적인 점검 없이는 안 된다.**

사람들과 그저 신속하게 인간미 없는 거래를 추구하는 기업은 오히려 사람들에게 기업을 떠나고 싶은 마음만 불러일으킬 뿐이다. 이와는 대조적으로, 공동체적 관계를 지향하는 기업은 서로의 필요에 대한 반응에 의존한다. 공동체 안에서 서로를 돌본다. 우리는 그 안에서 함께한다. 우리는 소속되어 있는 일원이다. 우리는 빨리 구매하라고 계속 강요하지 않는다.

"공동체적" 특성에만 근거해 영업을 할 수 있는 기업은 사실 많지 않고 그럴 필요도 없다. 이전 장에서 말했듯이, 당신도 때로는 "공동체"를 원하지 않을 때도 있다. 그저 햄버거를 먹고 싶을 뿐이라 소비를 할 때도 있으니까. 하지만 이미 대기업들마저도 장인 정신이 깃든 마케팅 모델에 대해 이해하기 시작했다.

몇 가지 사례를 살펴보자.

인간적인 브랜드가 살아남는다

우리 DNA 안의 장인 정신

미니애폴리스에서 열린 마케팅 콘퍼런스에서 내 발표 차례를 기다리고 있는데 옆에 앉은 콘퍼런스 주최자 중 한 명이 내게 룸앤보드Room & Board라는 지역 가구 업체를 아느냐고 물었다. 들어본 적이 없는 회사였다.

그 사람은 끊임없이 열변을 토하면서, 룸앤보드가 1980년대와 1990년대에 미국의 가구 제조업이 해외로 이전하면서 쇠퇴했던 여러 소규모 가족 사업체들과 협력 관계를 맺었다고 설명했다. 그리고 이러한 장인들이 전통적인 미국 스타일을 기반으로 현대적인 감각의 새로운 디자인을 만들고 있으며, 전자 상거래 사이트와 전국 상점 네트워크를 통해 이들이 만든 제품을 판매할 수 있도록 룸앤보드가 돕고 있다는 것이었다.

나는 미니애폴리스에 살지도 않았고, 가구업계에서 일하지도 않았지만 호기심이 발동했다. 이 회사가 무엇이 그리 특별하기에 그 사람이 그토록 열성적으로 회사 이야기를 들려주었을까? 나는 룸앤보드의 웹사이트를 방문했고, 블로그의 글과 비디오를 통해 이 회사가 어떻게 혼자서 미국 가구 산업을 부활시켰는지에 대한 고무적인 이야기를 접하고 매료되었다.

나는 좀 더 알아봐야겠다는 생각에 룸앤보드의 상품 담당 이사인 진 윌슨Gene Wilson과 인터뷰를 했다. 그리고 나서 이 회사가 인간 중심적이며 지역적 세계관을 지닌 큰 회사라는 사실을 알게 됐다.

"우리도 원래는 업계에서 파괴자disruptors 중 하나였습니다." 진은 말했다. "창업자 존 개버트John Gabbert 씨는 가구 업계에서 성공을 거두긴 했지만 끊임없는 판매 압박감과 판촉 활동에 대한 부담감에 시달렸습니다. 그래서 성공적인 가족 사업을 떠나서 새로운 역동성을 바탕으로 하는 자신만의 가구 회사를 차렸죠.

중국이나 다른 나라에서 모든 것을 조달하는 대신에 가구 산업이 해외로 이전하면서 어려움을 겪고 있던 재능 있는 가구 장인에게 손을 내밀었습니다.

개버트 씨는 미국 가구 산업을 부흥시키기 위해서 미국 내의 가구 장인들과 협력한 겁니다. 그들과 함께 새로운 디자인과 사업 계획 작업에 몰두했고요, 때로는 정말 하루 24시간이 모자랄 정도로 열심히 일했습니다. 영업 사원에게는 정식 월급을 지급했습니다. 그건 무언가를 팔려고 하기보다는 고객 응대에 중점을 두겠다는 뜻이었죠. 우리는 여느 가구 회사와 달리, 계절 할인 행사도 하지 않아요. 우리 가격은 1년 내내 동일합니다. 그러니까 고객은 자신이 원하는 시기에 아무 때나 맞춰서 구입하시면 됩니다. 우리의 디자인은 미국의 아미쉬파Amish와 셰이커 교도Shaker의 전통을 따르는 공예에 기반을 두고 있습니다. 천연 재료를 사용하고, 단순함과 기능성을 강조하죠."

애틀랜타 매장에서 9년 동안 일한 엘리자베스 카루소Elizabeth Caruso는 내게 가구 하나하나에 얽힌 이야기들을 들려줄 만큼 풍부한 지식을 갖추고 있었다. 가족 사업의 시작과 그간의 과정이 어땠는지, 어떻게 유리를 불어 제품을 만드는지, 나무는 어떻게 고르는지, 전시 중인 튼

튼한 가구가 나오기까지 소규모 제강업자들이 어떤 도움을 주었는지 자세하게 설명해 주었다.

나는 특히 한 수제 캐비닛에 눈이 갔는데, 그 캐비닛은 표면이 유난히 거칠게 마무리된 듯 보였다. 엘리자베스는 그 캐비닛이 미국 산림청과 볼티모어시와의 합작으로 만들어졌다고 했다. 볼티모어시는 해안 지역에 있는 집들을 처리하면서 과거에 지붕으로 사용했던 나무들을 떼어내 매립장에서 처리해야 했다. 하지만 한 장인이 사람들을 고용해 그 나무들을 수집했고 세월의 흐름 속에서 멋을 더한 소나무들을 캐비닛으로 재탄생시켰다. 일부 널빤지는 1800년대에 만들어진 것도 있었다. 그건 단순한 캐비닛이 아니었다. 역사의 일부였다.

현재, 미국 전역에서 50명에 이르는 장인 파트너가 룸앤보드에 들어오는 주문에 따라 제품을 제작하고 있다.

이 브랜드는 지역 사회와의 연결을 이룬, 훈훈하고 멋진 이야기를 만들어냈고, 그 이야기가 계속해서 퍼져가면서 급속한 성장을 이루고 있기 때문에 별도로 공식적인 마케팅이나 광고를 거의 하지 않는다. 진은 내게 이렇게 말했다. "우리는 투명성을 믿고 우리 고객과 파트너 그리고 직원들을 행복하게 하는 게 중요하다고 믿습니다. 입소문은 우리에게 큰 역할을 차지하죠. 사람들은 우리가 자기 지역 공동체에 어떤 영향을 미치는지 알아봅니다. 그러고는 계속해서 말을 퍼뜨려주죠. 그러니까 장인 정신은 우리의 DNA 안에 있는 겁니다."

룸앤보드는 지역적 차원에서 가시적인 가치를 제공한다. 그 가치는 사람들이 보고 만지고 자부심을 느낄 수 있는 것이다.

한 사람에게 꼭 맞춘 경험

은행에서 발행한 신용카드보다 더 평범한 상품이 또 있을까. 하지만 마스터카드 Mastercard의 CMO 라자 라자마나르 Raja Rajamannar는 소비자 개인의 욕망을 정확하게 겨냥한 장인적 경험을 창출함으로써, 끝없는 광고의 소음에서 벗어나 진정한 목소리를 들려주고자 한다.

"스토리텔링은 죽었습니다, 적어도 상업적 맥락에서는."[31] 그는 인터뷰에서 이렇게 밝히며 말을 이었다. "소비자들은 광고를 귀찮게 여기고 자기 경험의 방해물로 봅니다. 광고는 사람들을 짜증나게 하죠. 그래서 처음에는 디지털로 영상을 저장하고 재생할 수 있는 DVR을 만들어 소비자가 광고를 건너뛸 수 있도록 했습니다. 오늘날에는 광고 차단 프로그램을 사용하죠. 광고 차단의 범위도 엄청납니다!

이제는 광고 차단을 넘어서, 사람들은 광고에서 자유로워지기 위해 기꺼이 돈을 지불합니다. 사람들은 우리 면전에다 대고 '더 이상 그런 멍청한 광고를 보고 싶지 않다'고 소리치는데 우리는 '아니, 그러면 더 나은 광고를 보여줄게'라고 말하죠. 이건 바보 같은 대응입니다. 소비자들은 우리를 거부하고 끊어버리는 방법을 배웠습니다. **이제는 스토리텔링이 아니라 스토리메이킹에 초점을 맞춰야 합니다.**"

그는 말을 이었다. "우리는 소비자의 취향 내지는 사정에 어울리는 경험을 만들고 있습니다. 예를 들어, 부유층 고객을 위해서는 프라이스리스 시티즈 Priceless Cities 경험을 제공하고 있는데, 정말 가격으로 매길 수 없는 일생일대의 이벤트를 경험하게 해주는 겁니다. 군중과 떨어져서 혼자 세계 문화유산 방문, 단독 콘서트 관람, 피라미드 꼭대기에서의 일몰 감상을 비롯해 다양한 체험이 가능합니다. 지금까지 750가지의 다양한 경험을 제공했고, 지속적으로 고객들에게 즐거움을 주기 위해서 경험의 종류도 계속해서 바뀝니다.

그리고 고객 한 명이 이런 이벤트 중 하나를 경험해 보고 나면, 그게 얼마나 대단한 경험이었는지 소문을 낼 테니 주위 사람들도 다 알게 되겠죠. 결국 우리 카드의 최고 고객이 우리 브랜드의 홍보 대사가 되는 겁니다. **이제는 스토리텔러 역할을 우리의 고객들이 한다는 말입니다.** 이거야말로 엄청난 힘을 발휘하는 입소문 마케팅이죠."

장인의 기술[32]

일본의 거대 비디오 게임 회사 닌텐도^{Nintendo}의 소식에 정통한 사람도 차마 예상하지 못했던 일이 벌어졌다. 닌텐도가 내놓은 인기 만점의 게임이 가상현실 헤드셋도 아니요, 새로운 마리오 게임도 아니라 오히려 구멍이 뚫린 골판지, 알록달록한 끈, 고무줄, 플라스틱 고리였다니 말이다.

고급 기술과는 거리가 먼 이 물품들은 라보^{Labo}(실험실을 뜻하는 "laboratory"의 줄임말)의 부품으로, 라보는 손에 들고 조종하는 닌텐도 스위치^{Switch}용 주변 기기다.

손으로 만드는 장난감들이 그렇듯, 라보 키트도 골판지를 접고 끼워

가면서 스위치와 연동되는 스마트 장난감을 만들 수 있게 되어 있다. 70달러짜리 버라이어티 키트^{Variety Kit}는 피아노, 낚싯대, 집, 오토바이, 무선 조종 차량 2대를 만들 수 있는 부품을 제공한다. 80달러짜리 로봇 키트에는 머리에 쓰는 고글과 백팩을 만드는 부품이 들어 있는데, 완성한 고글과 백팩을 착용하면 트랜스포머 같이 생긴 거대 로봇을 조종할 수 있다.

심지어 사용자가 로봇 키트 백팩을 사용하여 자동차를 조종할 수 있게 하는 등 새로운 기능을 추가할 수 있는 간단한 프로그래밍 기능도 있다.

이 키트를 통해, 닌텐도는 자사의 게임 캐릭터를 넘어서 팬과 정서적인 관계를 형성하고 있다. 팬들에게 제품을 만지고, 마치 공예가가 된듯 무언가를 만들고, 자기가 만든 것을 친구들과 자랑스럽게 이야기할 수 있는 방법을 제공하고 있는 것이다.

나도 당신에게 놀 거리를 주고 싶다. 나의 웹사이트^{businessesGROW.com/rebellion}에 방문해서 내 친구인 패리스 우드헐^{Paris Woodhull}이 직접 그린, 멋진 컬러링 그림책을 다운로드받으면 된다.

나를 영웅으로 만들어주세요

나이키는 과거 몇 차례의 FIFA 월드컵에서 공식 스폰서는 아니었지만 온라인 상에서 엄청난 화젯거리를 만든 대단한 마케팅 아이

인간적인 브랜드가 살아남는다

디어로 현지에서 화제의 중심이 되었다. 공식 스폰서가 내야 하는 비용의 극히 일부만 들이고도 말이다.

나는 소셜 미디어를 통해서 2014년 브라질 월드컵에서 화제를 불러일으킨 영상 제작의 주역 파비오 탐보시Fabio Tambosi를 만날 수 있었다.

파비오는 자신의 성공 비화를 들려주었다.

"세상의 모든 소음을 넘어서서 의미 있는 브랜드로 도약할 수 있는 유일한 방법은 소비자의 마음 깊이 담긴 개인의 욕망을 이해한 다음에 그 욕망 속에 마케팅 전략을 정착시키는 겁니다. 우리 마케팅 팀은 그해 월드컵 전략을 세우는 과정에서 우리 고객이었던 브루노라는 17세 소년이 한 말에서 영감을 얻게 되었죠. '더 이상 다른 영웅들을 내세우지 말고 나를 영웅으로 만들어주세요.'

그때 소비자들이 우리 브랜드를 자신의 삶 속으로 초대하고 있다는 사실을 깨달았습니다. 소비자들은 텔레비전 화면에서 멋진 축구 영웅들을 구경만 하는 게 아니라, 자신이 더 나은 선수가 될 수 있는 플랫폼을 달라고 요구하고 있었던 겁니다. 그걸 깨닫는 순간, 어떻게 하면 우리의 메시지를 바탕으로 완전히 새로운 소비자 중심의 여정을 만들어낼 수 있을까에 집중했습니다.

우리가 자문했던 본질적 질문은 이런 것이었습니다. '어떻게 하면 소비자에게 자신이 영웅이 된 듯한 기분을 느끼도록 도움을 줄 수 있을까?' 그리고 '지금 우리는 프로 선수들을 대하듯 우리 소비자들을 대하고 있는가?'

유튜브에서 인기를 끌었던 나이키의 영상은 영화 축소판 같은 형식으로 소비자의 요구를 확실하게 담아내고 있습니다. 여러 축구 스타가 등장하는 대단한 영상이기도 하고요. 그 비디오를 제작하는 데 엄청난 노력이 들었지만 공식 스폰서로 등록하거나 광고 행사를 벌이는 것보다는 돈이 훨씬 적게 들었죠.

"모든 것을 걸어라Winner Stays"라는 제목의 비디오에서는 축구 덕후인 17살짜리 소년이 승패를 결정짓는, 모든 것이 걸린 순간에 앞으로 나서면서 영웅이 됩니다. 왜냐고요? 그게 위대한 선수의 모습이니까요. 우리가 담아내고 싶었던 게 그런 감정이었으니까요.

우리는 주요 도시에서, 거리에서, 우리 고객들이 사는 곳에서, 심지어 리우데자네이루의 빈민가에서 캠페인을 이어갔습니다. 축구 교실을 열고, 대회를 후원하고, 코치를 위한 워크숍도 열었습니다. 라커룸과 경기 시간도 프로 리그의 것과 똑같이 만들어서 유사한 경험을 선사하고자 했습니다. 그뿐만 아니라 최고급 신상 장비도 제공해서 프로 선수들이 새 장비를 받을 때의 기분을 똑같이 느껴볼 수 있도록 했습니다.

오늘날 마케터는 그냥 도시 안에 존재한다는 걸로 만족할 수 없습니다. 마케터는 그 도시 자체가 되어야 합니다."

강력한 의미를 담고 있는 말이다. 그의 말은 고객의 근본적인 욕망에 어필할 만한 의미 있는 경험을 창출해야 한다는 가르침을 준다. 이 나이키 사례에서는, 자기도 영웅처럼 보이고 싶은 마음이야말로 개인이 추구하는 욕망이었다. 당신의 고객은 자기가 사는 곳에서 당신을 경험해야 하고, 자기가 사는 곳에서 당신을 믿어야 하며, 자기가 사는 곳에서 신뢰할 수 있어야만 한다.

인간적인 브랜드가 살아남는다

크기에 대한 숭배

지금쯤이면 내 말에 짜증을 내는 사람도 일부 있으리라 생각한다. 비교적 쉬운 방법인 "광고 노출"을 포기하고 훨씬 번거로운, 지역적이고 장인 정신이 깃든 "인간 노출"에 집중하라니.

화를 내기 전에, 당신에게 어떤 선택권이 있는지 생각해 보라. 예전부터 하던 방식을 그대로 고집하다가 오즈의 마법사에 나오는 서쪽 마녀처럼 녹아 사라질 것인가 아니면 이 거부할 수 없는 현실의 혼란을 대비하고 수용할 것인가?

물론 어떤 식으로든 브랜드 스토리텔링을 펼칠 수 있는 여지는 항상 있을 것이다. 브랜드 스토리텔링도 중요하다. 그럼에도 나는 브랜드, 마케팅, 신뢰를 바라보는 소비자 관점 측면에서 우리가 주목할 만한 변화의 시기를 맞이하고 있다는 사실을 강조하고 또 강조하지 않을 수 없다. **가짜 뉴스가 판을 치는 시대에서, 우리는 어떻게 이야기를 전할지, 어디서 이야기를 전할지, 무엇을 말할지 그리고 가장 중요한 사항인 누가 말할지에 대해 다시 생각해 볼 필요가 있다.**

한편, 장인 마케팅 접근법의 문제점 중 하나는 광고처럼 쉽게 규모를 조정할 수 없다는 점이다. 사실상 규모를 키우는 것은 장인 정신과는 정반대의 개념인데, 안타깝게도 대부분의 마케팅 부서는 규모를 숭배한다.

다수의 스타트업에서 CMO로 활동하는 제레미 플로이드^{Jeremy Floyd}는 이렇게 말한다. "마케터들은 사람들을 한 양동이에 들어가는 집단으로 구분하려 합니다. 그 인구 통계학적 양동이는 어떻게 됐고, 그 페르소^{persona}나 양동이에는 무슨 일이 있었으며, 그 지역적 양동이는 어떻게 되었다 하는 식으로요. 하지만 마케팅 대상은 양동이가 아니라 사람입니다. 우리가 사람들을 마치 양동이 안에 들어 있는 집단으로 취급하는 순간, 그 사람들은 우리에게 더 이상 인간이 아닌 겁니다. 마케터는 모든 수준에서 작업 흐름을 확장하고 싶어 하죠. 고객들은 그 반대를 원하고 있는데 말입니다."

녹스빌에 있는 비누 회사는 회사의 이야기를 들려주기 위해 지역 공동체 모임에 나갔고, 아이보리는 절대 성공할 수 없는 곳에서 성공을 거두었다.

룸앤보드가 중국으로 디자인을 보내 대량 생산하지 않고 수공예로 미국식 가구를 제작하는 데는 남다른 노력이 필요하다.

마스터카드는 사람들에게 "당신의 지갑에는 무엇이 들어 있습니까?"와 같은 광고 질문을 하는 대신에 사람들의 개인적인 꿈을 실현시키는 데 더 많은 노력을 기울이고 있다.

닌텐도는 개인이 직접 공들여 만든 무언가를 소유하는 데서 오는 인간의 기본 정서에 초점을 맞추는 첨단 기술 회사다.

파비오 탐보시는 나이키라는 거대한 회사에서 일했지만, 그의 성공은 나이키 브랜드가 브라질"에서"가 아니라 브라질"이" 되어 그곳의 이웃들에게 월드컵 메시지를 전하는 데서 비롯되었다.

기업들은 이렇게 지역의 이익이라는 "변치 않는 인간적 요구"에 발맞추고 있다. 이러한 생각을 지니고 잘 살펴보면, 당신 주변 곳곳에서

인간적인 브랜드가 살아남는다

장인 마케팅이 벌어지고 있는 모습을 볼 수 있을 것이다.

- 의류업체 노운 서플라이Known Supply의 티셔츠에 붙어 있는 태그에서는 특이한 무언가를 볼 수 있다. 라무누 케빈, 파올로 페랄레스, 탄가마니 등 셔츠를 만든 인도 여성의 사인이 태그에 새겨져 있다. 브랜드 사이트에서 이 이름을 입력하면 그 여성의 사진과 함께 그들의 이야기를 볼 수 있다. 이에 대해 노운 서플라이의 설립자 콜 크레셀리우스Kohl Crecelius는 이렇게 말했다. "우리 제품의 제작 과정에 참여한 사람을 이해하게 된다면 제품을 구매하는 소비자의 마음도 달라질 거라는 게 제 이론입니다. 자신의 이야기가 다른 사람의 이야기와 관계를 맺게 된다는 걸 깨닫게 되겠죠."[33]
- 신규 소매업체들은 기술과 전자 상거래를 활용해 나만의 향기(올팩토리Olfactory에서)나 수제화(올앤선드라이Awl & Sundry에서) 같은 맞춤형 경험을 제공하고 있다. 새로 등장한 오프라인 매장 컨소시엄Consortium은 이러한 장인 정신이 깃든, 주문형 패션 브랜드를 전문으로 한다. 나이키와 아디다스가 오픈한 플래그십 스토어flagship Stores에서는 고객이 1시간 안에 직접 자신만의 운동화를 디자인하고 제작할 수 있다.
- 현지 조달 재료에 대한 신빙성이 점점 떨어지고 '농장에서 식탁까지'라는 슬로건을 내건 직거래 비즈니스가 너무 많아지면서, 이제 요리사들은 직접 농장을 설립하거나 기존 농장과 장기적 파트너십을 맺어 현지 식재료를 사용하겠다는 약속을 지켜가고 있다.
- 10대를 위한 대표적인 캐주얼웨어 소매점인 아메리칸 이글American Eagle은 매장 내에 "메이커스 숍maker's shop"을 만들어 고객들이 청바지에 패치를 대

거나 수선을 할 수 있도록 하고 있다.

- 펩시는 고객이 집에서 직접 탄산음료를 만들어 먹을 수 있도록 소규모 탄산수 제조기 업체를 인수했다.

- 싱가포르 최대 은행 DBS는 고객 기반이 전혀 없던 인도로 진출하기로 결정했다. 전국에 광고비를 지출하는 대신에 인기 커피 전문점과 제휴를 맺어 고객이 지점을 방문하지 않고도 커피숍 매장에서 바로 모바일 기기를 통해 은행 업무를 시작할 수 있도록 했다. 친절한 태도를 보이는 지역의 커피 체인과의 제휴가 전통적인 은행 지점보다 훨씬 더 효과적이라는 것이 증명되었다. 이 방식을 통해 DBS는 지역 사회에 기여하는 은행으로 신뢰를 얻었고, 1년도 지나지 않아 인도에서 120만 명의 새로운 고객을 확보했다.[34]

그뿐만이 아니다. 심지어 미국 항공사도 장인 마케팅 접근법으로 성공을 거두고 있다. 제트블루JetBlue의 마케팅 담당을 지낸 헤더 버코Heather Berko의 말을 들어보자. "제트블루는 대기업이지만 현지의 언어와 관습을 활용함으로써 현지인의 자세를 유지합니다. 운항하는 도시에서 일어나는 일에 대해 많은 이야기를 나누면서 그 지역 공동체에 뿌리를 깊이 내릴 수 있게 되는 겁니다.

한 가지 예를 들자면, 보스턴에 있는 고객들이 스트레스를 많이 받을 때가 있는데, 바로 이삿날입니다. 보스턴은 완전히 대학 도시이기 때문에 매년 9월 1일이면 도시 전체 임대 아파트의 80% 이상은 세입자가 바뀝니다. 도시 전체가 움직인다고 해도 과언이 아니죠! 우리는 고객들이 도시를 벗어나 혼잡을 피할 수 있도록 특별 프로모션을 실시

인간적인 브랜드가 살아남는다

하기로 했습니다. 우리가 이웃이고 보스턴의 일부이며 보스턴을 잘 이해하고 있다는 점을 보여주고자 한 거예요.

또 다른 예로는, 핼러윈이 되면 고객이 사는 동네로 말 그대로 직접 찾아갔습니다. 동네에 '제트 부Jet Boo'라는 임시 집을 짓고 거기서 이웃들에게 사탕을 나눠주죠. 원래 좋은 집에 찾아가면 싸구려 말고 제대로 된 캔디를 나눠주잖아요. 그래서 우리도 그렇게 했죠. 이 역시 승무원들이 북적대는 공항에서 나와서 공동체 안으로 들어가 고객들과 얼굴을 맞대고 대화를 나눌 기회를 줍니다."

도시 안에 있지 말고, 도시 자체가 되어라.

이웃으로, 빈민가로, 지역 모임으로 찾아가라. 활동의 현장에 함께하라.

고객이 가장 원하는 욕망 내지는 개인적인 이익이 무엇인지 찾아낸 다음, 그들의 눈높이에서 당신이 이해하고 배려하고 있다는 모습을 보여주어라.

6장

의미와 가치를 찾아서

"고객의 마음속에 자리 잡고자 하는
회사는 입장을 취해야 한다."

클루트레인 선언문

1장에서, 내게 큰 영향을 준 필립 코틀러 박사의 마케팅 교과서에 대해 언급한 바 있다. 나는 이번에 책을 저술하면서 도움이 되는 내용이 있을지 모른다는 생각에 그 책을 다시 보고 싶었고, 이베이^{eBay}에서 대학 시절 사용했던 교과서의 원본을 찾을 수 있었다. 옛날 생각에 젖어 책을 훑어보면서, 그 옛날에 쓴 글이 심지어 이토록 파괴적인 세대에도 여전히 중요한 의미를 전하고 있다는 사실에 놀라지 않을 수 없었다. 하지만 동시에 코틀러 박사가 놓친, 미래의 마케팅에 벌어질 진실에 대한 부분이 빠져 있다는 것 또한 알 수 있었다.

마케팅의 기본 중의 기본이 "4P"다. 시장을 평가하고 수요를 창출하려면 제품^{Product}, 광고 및 판촉^{Promotion}, 가격^{Price}, 유통^{Place}(또는 배치^{Placement})의 조합을 고려해야만 한다.

하지만 세 번째 반란에서는 이 외에도 반드시 고려해야 할 사항이

하나 더 있다. **바로 목적**^{Purpose}**이다.**

우리는 역사상 가장 큰 번영을 누리는 시대에 살고 있다. 많은 이들이 식탁에 올라오는 음식부터 교육, 주거, 경제적 안정에 이르기까지이미 기본적인 것들을 갖추었다. 심지어 오프라 윈프리^{Oprah Winfrey}와넷플릭스도 있다. 이제 우리가 다음으로 누리고 싶은 것은 의의, 즉 어떤 행위에 깃든 중요성이나 가치이다. 우리 삶에 의미를 주는, 목적은무엇인가? 우리는 변화를 만들고 있는 걸까? 우리의 행동이 중요한 것이고, 그 행동을 다른 사람들이 따라서 할까? 우리가 내리는 선택이 우리 세계에 긍정적인 영향을 끼치도록 할 수 있을까?

작가 버나뎃 지와^{Bernadette Jiwa}는 우리가 돈보다는 의미를 더 중요시하는 시대에 살고 있다면서 이렇게 말했다. "의미 경제^{Meaning Economy}(소유 자체보다 경험과 가치를 중히 여기는 경제-옮긴이)는 자신의 가치를표현할 수 있는 브랜드에 끌리는 새로운 고객을 출현시켰다." 그녀는말을 이었다. "우리는 자신이 사용하는 돈이, 그리고 자신이 따르고 지지하는 대의가 미래에 어떤 영향을 끼치는지 알고 있다. 우리는 사람들에게 관대한 회사, 사회에 끼치는 영향을 유념하는 회사를 지지한다.우리는 새로운 각도에서 가치를 바라보기 시작하면서 가슴으로 행하는 일, 돈보다는 목적의식을 우선하는 비즈니스에 칭찬과 지지를 보내고 있다."³⁵

2005년 이후, 직업 선택에 있어서 "의미"의 중요성이 꾸준히 커지고 있다.³⁶ 오늘날 미국인의 10명 중 9명은 자신이 사회에 기여할 수있는, 의미 있는 일을 할 수 있다면 돈을 적게 받는 일이라도 선택하겠

인간적인 브랜드가 살아남는다

다고 한다. 의미는 새로운 의미의 돈을 뜻한다. 의미는 새로운 마케팅인 것이다.

우리는 지금까지 고객 여정을 통제하는 주체가 어떻게 기업에서 소비자로 옮겨갔는지에 대해 알아보았다. 이러한 변화 속에서 비교 쇼핑 문화가 탄생했고, 브랜드 충성도는 대부분 증발해 버렸다. 이번 장에서는 왜 의미 중심의 마케팅이 여전히 충성도를 얻을 수 있는 유일한 전략인지에 대해 논하고자 한다.

먼저 미국의 캐주얼 패션 브랜드 아메리칸 이글이 펼치는 새로운 마케팅에 대해 알아보도록 하자.

때로는 과감하게

미래학자 페이스 팝콘은 말했다. "광고는 죽었다. 문화가 새로운 미디어다. 광고를 사지 마라. 브랜드가 지니고 있는 믿음을 문화에 담아내라."[37]

아메리칸 이글은 이 새로운 마케팅 비전을 확실하게 따르는 브랜드다. 피츠버그에 본사를 둔 아메리칸 이글은 미국에서 두 번째로 큰 데님 의류 판매업체다.[38] 1977년에 틈새 의류 시장을 파고들면서 시작한 이 체인점은 현재 미국 쇼핑몰에서 흔히 볼 수 있으며, 1,000여 개에 이르는 매장을 보유하고 있다. 아메리칸 이글은 다양한 의류 제품을 판매하지만 그중에서도 미국의 전 연령층에서 많은 부분을 차지하고 있는 고등학생, 대학생 나이대를 대상으로, 데님으로 만든 모든 종류의 의류를 판매하는 데 중점을 두고 있다.

따라서 젊은 층과 돈독한 관계를 맺고 있는 아메리칸 이글을 보면 세 번째 반란 속에서 은근하게 진행되고 있는 고객 변화의 전조를 읽어낼 수 있다.

이 회사는 연구 조사에 엄청난 돈을 쓰고 있으며 심지어 10대를 고위직으로 채용해서 핵심 고객층을 잃을 만한 어떤 행동도 하지 않으려 노력한다. 과연 다음 세대는 마케터로부터 무엇을 기대할까? 지난 2~3년 동안 아메리칸 이글이 내린 결단을 통해 이를 살펴보자.

- 플로리다의 한 고등학교에서 사회를 충격에 빠뜨린 총격 사건이 발생한 후, 아메리칸 이글은 고객들에게 총기 반대 집회에 참여하도록 격려하는 이메일을 보냈다. 그리고 270만 인스타그램 팔로워들이 볼 수 있도록 대규모 집회 사진을 올렸다.

- 아메리칸 이글은 일반인이 도저히 달성할 수 없는 몸매를 가진 모델들의 포토샵으로 보정한 이미지의 사용을 중단했다. AE X Me라는 플랫폼을 도입해서 인스타그램에 올린 게시물을 기반으로 실제 고객을 모델로 활용해 브랜드 홍보 대사 역할을 하도록 한다. 광고 사진은 실제 고객이 공부하는 학교에서, 사는 동네에서 있는 그대로 촬영한다.

- 아메리칸 이글은 시민의 자유를 조명하고 성소수자 청소년들에게 힘을 실어주기 위해, 더 나아질 것이라는 의미를 담은 "나아지고 있다It Gets Better" 특별 프로젝트를 시작했다. "프라이드 컬렉션The Pride Collection"이라는 특별

인간적인 브랜드가 살아남는다

한 패션 라인을 만들어 시민의 자유를 지지하는 활동에 자금을 지원하기도 한다. 이 회사는 성전환 커플과 동성 커플을 광고에 내세우면서 "사랑은 사랑일 뿐 Love is love"이라고 공언한다.

청바지를 파는 회사에게서 볼 수 있는 흔한 마케팅은 아니다.

예상대로, 이러한 시도들은 논란이 되어왔다. 인스타그램을 보면 아메리칸 이글을 못마땅하게 여기는 사람이 많다는 걸 알 수 있다. 어떤 사람은 아메리칸 이글의 총기 소지 반대 게시물에 이런 댓글을 달았다. "정치는 신경 쓰지 말고 당신들이 잘 하는 거나 해, 옷 파는 거." 실제로 몇몇 도시에서는 브랜드를 반대하는 시위가 벌어지기도 했다.

브랜드가 왜 이런 논란을 불러일으키는 걸까?

왜냐하면 고객들이 그렇게 하라고 요구하기 때문이다.

고객들의 진보적 가치를 지지하겠다는 회사의 결정은 무심코 나온 것이 아니었다. 아메리칸 이글의 연구원들은 10대 및 20대가 자신이 정치적으로 관여되어 있고 연결되어 있으며 다양성을 지녔다고 생각한다는 사실을 발견했다. 젊은 층이 말하는 다양성은 인종, 성별, 심지어 체형으로까지 확장된다.

글로벌 브랜드 부문 사장 채드 케슬러 Chad Kessler는 인터뷰에서 이렇게 말했다. "우리는 이 세대의 정치적 의견을 표현하고자 노력한다. Z세대는 미국 역사상 가장 다양한 세대다. 이들은 브랜드가 이런 다양성을 반영해 줄 것이라고 기대하고 있다."

2018년, NFL에서 쿼터백 콜린 캐퍼닉 Colin Kaepernick이 인종 차별에 항의하는 의미로 경기 전, 미국 국가가 연주되는 동안 무릎을 꿇었다. 이 모습을 담은 나이키의 광고 캠페인을 통해 마케팅 세계는 브랜드와 정치가 연결되는 엄청난 장면을 목격했다. 이 마케팅은 팬과 프로 축구 리그 팀 구단주 모두를 갈라놓았다. 캐퍼닉은 용감한 민권 운동가의 모습을 보여준 걸까 아니면 미국의 국기, 유산, 참전 용사들을 무시하는 행동을 한 걸까?

나이키가 이 마케팅 캠페인을 시작하자, 격분한 시민 단체들은 나이키 신발과 운동복을 잔뜩 쌓아놓고 불태우는 동영상을 게재했다.

경영학을 공부했다면 유명한 경제학자 밀턴 프리드먼^{Milton Friedman}의 '기업은 주주의 가치를 높이는 활동에만 참여해야 한다'는 충고를 대부분 기억할 것이다. 우리는 비즈니스와 사회는 별개라고 배웠다. 프리드먼은 이렇게 말했다. "비즈니스에는 딱 한 가지 사회적 책임이 있다. 게임의 룰에서 벗어나지 않는 한에서 자원을 활용해 수익을 증대시킬 수 있는 활동에 참여하는 것이다."

분명한 건, 이제 게임의 룰이 바뀌었다.

물론 기업은 여전히 이익을 내야 한다. 살아남고 번성하고자 하는 인간들이 모인 곳이 기업이다. 기업은 생존해야 한다. **기업의 관점에서 생존한다는 것은 이익을 창출한다는 뜻이지만, 오늘날에는 그와 더불어 윤리적이고, 사람들을 제대로 대우하며, 우리가 살고 있는 지구라는 행성에 대한 책임을 지는 것 또한 의미한다.** 나는 우리가 세 번째 반란을 고마운 마음으로 받아들여야 한다고 생각한다. 세 번째 반란은 새롭고 더욱 계몽적인 방식으로 이익을 창출하라고 요구하고 있으니까.

기업들은 사회적 및 문화적 가치에 자사의 상업 활동을 맞춰가고 있다. 장기적으로 그것이 비즈니스에 도움이 된다는 것을 알기 때문이다.

의미가 중요하다

의미에 바탕을 둔 마케팅 캠페인을 만드는 이러한 예들을 단기적으로 사람들의 관심을 끌려는 술책이나 인기를 얻기 위한 행위로 국한해서는 안 된다. 특정한 입장을 취해서 소비자가 추구하는 가치에 연결하는 것이 충성도를 크게 높일 수 있는, 우리에게 남은 마지막 전략일 수 있다.

〈하버드 비즈니스 리뷰〉에 발표한 연구에 따르면, 일반적으로 고객 충성도에는 세 가지 오해가 존재한다.[39]

① **오해:** 고객들은 브랜드와 관계를 맺고 싶어 한다.

　진실: 고객의 77%는 관계를 원하지 않는다. 그들이 진정 원하는 것은 할인이다.

② **오해:** 고객 인게이지먼트customer engagement는 브랜드와 고객간의 관계를 구축한다.

　진실: 그렇지 않다. 당신의 고객들은 이미 정보의 과부하로 고통 받고 있다.

③ **오해:** 상호작용이 많을수록 좋다.

　진실: 틀렸다. 고객과의 상호작용 횟수와 충성도 간에는 상관관계가 없다.

이 연구는 결국 고객의 충성도를 높이는 핵심 요소는 하나밖에 없다는 점을 보여준다. **바로 의미 공유이다.**

공유된 의미란 브랜드와 소비자 양쪽 모두가 브랜드의 가치 또는 광범한 신념 체계에 대해 지니고 있는 믿음이다. 우리는 아메리칸 이글과 나이키가 이 사실을 꿰뚫어 보았고 전략에 반영시켰다는 걸 알 수 있다. 그리고 이제는 다른 회사들도 강력한 가치 기반 브랜드로서 자신들의 입장을 메시지에 담아 보내고 있다.

- H&M의 친환경 의류 "컨셔스 컬렉션Conscious Collection"은 어망과 기타 나일론 폐기물을 재활용해 만든 원단을 사용한다는 특징이 있다. H&M은 투명한 공급망을 유지하는 최초의 패션 유통업체 중 하나로 자사 제품이 생산되는 공장의 작업 상황을 지속적으로 모니터링하고 있다.
- 에어비앤비Airbnb는 슈퍼볼Super Bowl 기간에 미국의 이민 정책에 항의하는 광고를 내보냈다. "우리는 수용한다We Accept"라는 제목의 이 광고에서는 다양한 국적의 얼굴 몽타주가 나오면서 이런 문구가 나타난다. "우리는 당신이 누구든, 어디서 왔든, 누구를 사랑하든, 누구를 숭배하든 모두 소속감을 지닌 일원이라고 믿습니다. 더 많이 받아들일수록 세상은 더 아름다워집니다."
- P&G는 성 편향과 직장 불평등을 퇴치하기 위해 "우리는 같은 것을 본다We See Equal" 캠페인을 시작했다.

이러한 브랜드들은 자신을 밖으로 드러내면서 사회적으로 더욱 진

인간적인 브랜드가 살아남는다

보적인 모습을 보이고 있다. 회사의 고객들이 진보적이니까.

    글로벌 커뮤니케이션 기업 에델만이 실시한 조사에 따르면[40], 소비자의 67%는 논란의 여지가 있는 어떤 주제에 대해 브랜드가 취하는 입장이 자신과 같다는 이유만으로도, 여태 사용하지 않았던 그 브랜드를 시도해 볼 마음이 있다고 했다. 반면, 65%는 자기가 중요하게 여기는 문제에 대해 침묵하는 기업의 제품은 구입하지 않겠다고 했다.

8개 나라에서 8,000명을 대상으로 실시한 이 연구는 소비자의 구매 의향 촉진과 관련해서 사회적 문제에 대한 기업의 입장이 제품의 특징만큼이나 많은 영향을 줄 수 있다고 결론짓고 있다.

이 회사의 CEO 리처드 에델만Richard Edelman은 이렇게 말했다. "사람들은 무언가를 상징하거나 변화의 원동력이 되는 브랜드와 연관되기를 원한다."

브랜드가 공개적으로 의견을 밝히면 그와 함께 보상이 따른다. 전체 소비자의 4분의 1 정도가 자신과 브랜드의 가치가 일치한다면 25% 이상의 비용을 더 지불할 마음이 있다고 했으며, 51%는 공유 가치 여부만을 기준으로 브랜드를 구입하겠다고 했다.

절대 무시할 만한 수치가 아니다. 숙고한 후에 입장을 취하라. 소비자 충성도를 높이고, 지지를 이끌어내며, 높은 가격 책정을 가능하게 해줄, 몇 개 남지 않은 길 중 하나가 입장을 취하는 것이다.

소비자가 당신에게 바라는 것

사회적 및 정치적으로 적극성을 보이라고 요구하는 주체는 고객들만이 아니다. 금융 시장에서도 압박을 가하고 있다.[41]

2018년, 글로벌 투자 기업 블랙록BlackRock은 비즈니스 리더들에게 기업이 이윤 추구 이상의 행동을 보여야 한다고, 그리고 블랙록의 투자

인간적인 브랜드가 살아남는다

지원을 받고 싶다면 사회에 공헌해야 한다고 포고령을 내리면서 월가를 뒤흔들었다.

블랙록은 이러한 요구를 할 수 있을 정도의 힘을 지니고 있다. 이 회사는 글로벌 시장에서 6조 달러가 넘는 자산을 굴리는 세계 최대의 투자 기업이며 이사회 임원 선출에 막대한 영향력을 행사할 수 있다.

블랙록 CEO가 쓴 글에 이런 문구가 있다. "사회는 기업에게 공공과 민간을 막론하고 사회적 목적을 달성해야 한다고 요구하고 있다. 시간이 지나서도 번창하려면, 모든 기업은 재무 성과를 달성할 뿐만 아니라 어떻게 사회에 긍정적인 기여를 하는지 역시 보여주어야만 한다."

그는 기업이 지역 공동체와 교류하지도 않고 목적의식도 지니고 있지 않으면 "결국 이해관계자들로부터 영업 허가를 얻지 못하게 될 것"이라고 말했다.

〈뉴욕 타임스New York Times〉는 이를 "자본주의의 본질에 대해 모든 의문을 제기하는 분수령의 순간"이라고 평가했다. 세계 최대의 자산 운용사가 기업은 이윤 추구 이상의 행동을 보여야 한다고 말하며 기업의 책임을 묻겠다고 발표하다니, 이는 미국 경제계의 진화 그리고 세 번째 반란의 명백한 영향력을 보여주는 확실한 사례인 것이다.

비자카드Visa의 앨리슨 허조그Allison Herzog 글로벌 브랜드 및 디지털 마케팅 책임자는 심지어 "고객들이 물품 조달 부분에서부터 가치를 언급한다"고 하면서 이렇게 말했다. "오늘날 고객들은 자사의 목적을 입증하는 회사와 함께하기를 원하며, 그 목적은 회사의 위에서부터 아래까지 일관성 있게 입증되어야만 한다."[42]

앞서 장기적인 마케팅 전략에서 인간 노출이 얼마나 중요한지 설명했다. 사람은 회사를 믿지 않는다. 사람은 사람을 믿는다. 그 신뢰가 우리가 앞으로 고객들과 연결하는 방법에 녹아들어야 한다.

기업이 어떤 목소리를 낼 때, 소비자들은 그 목소리가 위에서부터, 회사를 운영하는 사람으로부터 나오기를 원한다.

93%에 달하는 대다수의 소비자들은 CEO가 긴급한 사회적 문제에 대해 성명을 발표할 때, 그리고 그 발표 내용에 동의할 때 그 회사의 제품을 더 많이 구매할 것이라고 했다.[43]

그러한 사람 간의 연결, 그러한 인간의 목소리의 뒤에는 진정성과 아픔을 함께하는 마음이 담겨 있다. 오늘날 리더가 된다는 것은 기업의 성장과 재정 상태를 관리하고 감독하는 것 이상을 뜻한다. 리더가 된다는 것은 당신이 곧 브랜드라는 것을 의미한다.

그런데 마케터들의 생각은?

기업 중에는 새로운 고객 현실과 연결하려는 노력의 속도가 더딘 곳이 대부분이다.

마케팅이 이렇게 뒤처지고 있다는 사실을 보여주는 또 다른 증거가 있다. 듀크 대학교Duke University와 딜로이트Deloitte 연구진이 조사한 바에 따르면[44], CMO 중 83%는 브랜드가 논란의 여지가 있는 문제에 입장을 취하는 것이 적절치 않다고 생각하고 있으며, 이 수치는 조사 방

인간적인 브랜드가 살아남는다

법에 따라 90%까지도 이른다.

여전히 달라진 게 없다.

소비자들은 말한다. "입장을 취하라. 우리가 충성을 다하겠다."

금융 시장은 말한다. "입장을 취하라, 그렇지 않으면 우리는 도와주지 않겠다."

마케터들은 말한다. "고맙지만 됐어요."

결국 누가 이길 것 같은가? "소비자"라고 대답한 당신은 교훈을 제대로 배운 사람이다.

그렇다고 내가 입장을 취하지 않겠다는 마케팅 리더들을 놀리는 것은 아니다. 그들의 생각에 나도 충분히 공감한다. 회사가 입장을 취했다가 화가 난 고객들이 길거리에서 제품을 쌓아놓고 태워버릴지도 모르는데, 그걸 좋아할 CMO가 어디 있겠는가.

게다가 그 입장이 정치적이라면 분명히 위험이 따른다.

- 델타 항공이 전미총기협회ᴺᴿᴬ에 반대 입장을 취했을 때, 델타의 단골 고객들 중 들고일어난 사람들이 많았다.

- 맥도날드는 세계 여성의 날ᴵⁿᵗᵉʳⁿᵃᵗⁱᵒⁿᵃˡ ᵂᵒᵐᵉⁿ'ˢ ᴰᵃʸ을 기념하기 위해 특별한 로고를 만들었는데, 이것이 회사의 저임금 정책에 대한 항의를 촉발했다.

- 개인용 음료 시스템 회사 큐리그ᴷᵉᵘʳⁱᵍ는 정치적 압박을 견디지 못하고 인기 높은 보수 성향의 토크 쇼에서 광고를 뺐다가 #BoycottKeurig 해시태그로 소셜 미디어에서 홍역을 치렀다. 사람들은 큐리그 커피 머신을 때려 부수는 영상을 찍어 올리며 브랜드 불매 운동을 펼쳤다.

나와 관련 있는 브랜드

이러한 위험에도 불구하고, 입장을 취하는 것은 노화하는 브랜드에 생기를 불어넣고, 소비자에게 중요한 의미를 주는 새로운 관련성을 발견할 수 있는 중요한 기회가 될 수도 있다.

호주의 창의적 커뮤니케이션 대행사 엔소 에이전시 Enso Agency는 소비자가 브랜드의 목적을 어떻게 받아들이고 있는지, 그 목적이 소비자 자신의 가치와 얼마나 부합하는지 그리고 그 목적이 소비자의 지지와 구매 심리에 얼마나 크게 작용하는지를 기준으로 150개 브랜드에 점수를 매겼다.[45]

그 결과는 세대 간의 현격한 차이가 있음을 보여준다. 예를 들어, P&G는 베이비 붐 세대(55세 이상)가 높이 평가하는 기업 순위 12위에 올라 있지만, 밀레니얼 세대(18~34세)에게는 103위에 해당하는 낮은 점수를 받았다. P&G가 매년 광고비로 70억 달러 이상을 지출하고 있다는 사실에 비추어 볼 때, 엄청난 격차라 할 수 있다.

아이보리를 비롯해 P&G의 많은 브랜드가 고전하고 있으며, P&G는 젊은 소비자들의 마음을 끌지 못하면서 매출 감소와 브랜드 자산 가치 하락의 위험에서 벗어나지 못하고 있다. 마찬가지로 전미자동차협회AAA, 쉐보레Chevrolet, 화이자, 삼성Samsung도 베이비 붐 세대에 비해 밀레니얼 세대에게서는 현저하게 낮은 점수를 받았다.

이런 브랜드가 젊은 사람들에게 제대로 힘을 쓰지 못하는 데는 몇 가지 이유가 있다. 예를 들어, 화이자의 제약 제품은 젊은 사람보다는 고령자에게 더욱 중요한 관련성을 지닌다. 또 다른 사례를 들자면, 젊은 사람들은 자동차 소유를 예전만큼 중요하게 생각하지 않는다. 이러한 경향이 AAA와 쉐보레 같은 브랜드에 부정적인 영향을 미칠 수 있다.

하지만 대부분의 브랜드는 특정한 이유 없이 힘을 잃는다. 어쩌면 브랜드가 생활에 중요한 의미를 주지 못하기 때문에 저조한 성적을 보일 수도 있다. 밀레니얼 세대의 68%가 "세상에서 변화를 만들어내는 것이 내가 적극적으로 추구하는 개인적 목표"라고 하지만 베이비 붐 세대에서는 그런 가치를 내세우는 사람이 42%에 불과하다.

밀레니얼 세대에게는 의미가 중요하다. 어떻게 하면 브랜드가 젊은 층과 의미 있는 관계를 맺을 수 있을까? 간단히 말하자면, 더 많은 의미를 개발함으로써 그렇게 할 수 있다.

실적이 좋은 브랜드들을 보면 상당수가 명확한 미션, 가치에 기반한 미션을 지니고 있다. 친환경 생필품을 만드는 어니스트 컴퍼니Honest Company는 제품의 투명성과 건강한 가정을 표방하면서 밀레니얼 세대 사이에서 34위를 차지했다. 반면에 베이비 붐 세대에서는 84위를 기록했다. 스타벅스Starbucks는 윤리적 소싱ethical sourcing(윤리적 기준으로 구매 대상 및 거래 방식 선택-옮긴이), 사회적 정의, 그리고 환경 보호에 대해 확실한 입장을 취했다. 그리고 그런 입장 표명으로 베이비 붐 세대에서는 111위에 그친 데 반해, 밀레니얼 세대 사이에서 25위를 달성하게 되었다.

심지어 P&G도 인기를 얻고 있다. P&G 사업 부문 중 여성용품을 만드는 올웨이즈Always는 "Like A girl"이라는 캠페인을 통해 일종의 모욕처럼 들릴 수 있는 "여자처럼"이라는 문구를 "여자답게"라는, 당당하게 힘을 실어주는 메시지로 바꾸어놓았다. 밀레니얼 세대는 오랫동안 이미지를 다져온 올웨이즈 브랜드를 29위에 올려놓았다.

시어도어 레빗Theodore Levitt은 〈하버드 비즈니스 리뷰〉에 발표한 논문에서 그 유명한 질문을 던진다. "당신은 무슨 비즈니스를 하고 있는가?" 그러면서 철도 회사들은 자기가 철도업을 한다고 생각했기에 결국에는 승용차, 트럭, 새로운 고속도로 시스템에게 고객을 빼앗긴 것이라는 핵심을 짚는다. 만약 철도 회사들이 철도 비즈니스뿐만 아니라 사실은 운송 비즈니스에 종사하고 있다는 점을 알았다면, 자동차 대신 기회를 잡았을 수도 있었을 것이다. 레빗은 멀리 내다보지 못하는 기업의 이런 근시안적 시각을 "마케팅 마이오피아marketing myopia"라 했다.[46]

소비자 삶에서 관련성이 떨어져 가는 브랜드라면 철도 회사의 사례를 거울삼아야 한다. 일부 기업은 더 이상 제품이나 서비스 사업에 속하지 않는다. 목적 비즈니스에 속한다. 그럼에도 마케팅 마이오피아는 여전히 진행 중이다. CMO들은 자기 회사가 유형의 제품만을 판다는 생각에 빠져서 필요한 변화를 주도하지 못하고 있다.

이 위험한 게 늘 정답이라고?

여기 증거가 있다.

세 번째 반란을 일으키는 소비자들은 우리가 공동의 가치라는 교감

인간적인 브랜드가 살아남는다

을 통해 입장을 취하고, 소비자 삶의 의미를 강화해 주기를 바라고 있다. 그렇다면 모든 기업이 논쟁을 불러올 수 있는 입장을 취하면서까지 의미를 창출해야만 한다는 말일까?

아니, 당연히 그렇지 않다.

가끔 우리는 그저 자동차가 더러워서 세차하고 싶거나, 특정 햄버거의 맛이 너무 좋아서 그 햄버거를 먹고 싶어 한다. 햄버거를 먹으면서 이것저것 고민하지는 않는다는 말이다!

이 책은 선언문이 아니라 도로 지도라 할 수 있다. 자신에게 가장 잘 맞고 어울리는 것 그리고 무엇보다 당신의 고객층에 맞는 것을 선택해야 한다.

그저 당신에게 부탁하건대, 우리 세계에서 벌어지는 현실에 눈을 뜨고 그 현실을 위협이 아닌 기회로 봐달라는 것뿐이다. 눈을 크게 뜨고 당신 조직에 가장 적합한, 논리적인 결정을 내려라.

가치에 기반한 마케팅이 일부 사람들을 화나게 할 수 있다는 것도 사실이다. 하지만 가치를 공유하고 의미를 부여한다고 해서 반드시 분열을 일으키지는 않는다.

내가 가장 좋아하는 의미 기반 마케팅의 사례 연구는 하이네켄Heineken에서 사회적 실험을 상업용 영상으로 만든 "갈라진 세계Worlds Apart"이다. 유튜브에서 찾아보길 권한다.

이 실험에서는 서로 모르는 사람들이 두 명씩 짝을 지어 함께 자리를 잡고, 활동을 통해 조금씩 재미를 느끼며 서로에 대해 알아간다. 상대에 대한 존중심과 친밀감이 어느 정도 쌓인 후, 두 사람이 성전환 권리, 기후 변화, 페미니즘처럼 불화를 일으킬 수 있는 뜨거운 쟁점을 두고 완전히 반대되는 의견을 지녔다는 사실을 밝힌다.

그런 다음 참가자들에게 두 가지 선택권을 준다. 하이네켄 맥주를 마시면서 상대방과 함께 이야기를 나눌 수도 있고, 아니면 그 자리를 떠날 수도 있다. 극도의 긴장감도 잠시, 모든 참가자가 남기로 결정한다. 이 영상은 사람들이 서로 다름에도 불구하고 친절함, 공감, 수용 같은 인류의 능력을 발휘할 수 있다는 희망적인 장면을 보여준다.

세상이 무너지고 있다는 우리의 생각과 달리, 이 영상은 세상이 하나가 될 수 있다는 사실을 보여주는 훌륭한 스토리텔링을 담고 있다. 그리고 이런 메시지는 어느 기업이라도 전달할 수 있다.

기업은 굳이 총기 규제처럼 극단적인 내용의 광고를 내거나 유명한 연예인을 광고 모델로 내세우지 않아도 된다. 하이네켄이 그랬듯이, 모든 기업에게는 고객에게 희망과 사랑 그리고 화합을 제안할 수 있는 기회가 있다.

가치 기반 마케팅 전략

혹시 가치 기반 마케팅 전략이 자기에게 어울리겠다고 생각하는 사람이 있다면 내가 여러 성공 및 실패 사례를 검토해 놓았으니 참고해서 잘 살펴보고 도움이 될 수 있는 정보를 찾아내 시도해 보기 바란다.

인간적인 브랜드가 살아남는다

만약 브랜드가 입장을 취해야 하는 게 옳다는 생각이 든다면, 우리는 어떤 점들을 고려해야 할까?

1. 자신의 가치를 명확히 하라

에델만의 글로벌 전략 책임자를 지냈으며, 알마노 디자인 그룹Armano Design Group LLC의 설립자인 데이비드 알마노David Armano는 회사 내부의 가치관을 명확히 하기 위해서 세 가지가 필요하다고 말한다.

① **목표를 찾아내라.** 당신이 지금 하는 일을 하는 이유는 무엇인가? 여기서부터 시작하라. 그냥 하던 일이니까 하는 것인가 아니면 현대적인 시각으로 회사의 존재 이유를 새로이 업데이트해야 할 필요가 있는가?

② **사회적 긴장을 일으킬 만한 정당한 이유를 찾아라.** 당신의 가치가 무엇인지 명확히 한 다음에는, 그 가치를 어떻게 당신의 고객과 연결시킬 것인가? 고객들이 자신의 가치를 실행하는 데 방해가 되는 것이 무엇인가? 이 사회적 긴장에 초점을 맞추고 이를 브랜드의 열정과 하나가 되도록 하면 목적의식 그리고 활동 방향이 자연스럽게 도출된다.

③ **자신만의 목소리를 사용하라.** 의도가 올바르고 표현이 브랜드의 미션과 개성brand personality에 적합하다면, 목적이라는 방향을 흔들림 없이 알려주는 "내면의 나침반"을 지니는 것이 차별점이 된다. 궁극적으로, 굳건한 목적은 브랜드가 해야 할 또는 하지 말아야 할 행동과 소통 방식을 걸러주는 필터 역할을 해준다.

2. 일치를 만들어내라

오늘날의 마케팅은 당신의 "왜"뿐만이 아니라 당신 고객의 "왜"에 관한 것이기도 하다.

물론 파타고니아Patagonia가 보호 구역 해제 법안에 반대하는 입장을 취하는 것은 이해가 된다. 에어비앤비가 공공 주택 문제에 관해 입장을 취하는 것도 자연스럽다. 아메리칸 이글이 10대 고객들의 소중한 가치에 힘을 실어주는 입장을 취하는 것도 전혀 이상하지 않다.

이런 회사들이 특정 입장을 취할 때는, 회사의 핵심 미션과 회사 고객의 가치가 일치되기 때문에 논리적이다.

브랜드 아이덴티티는 자본주의가 시작한 이래로 매출을 늘리고 성장을 보장하는 가장 중요한 요소로 자리 잡았다. 하지만 이제 브랜드는 더 이상 상징물, 로고 또는 슬로건만으로 충분하지 않다. 브랜드는 고객이 감정적으로 그리고 정치적으로 무언가를 경험하게 될 것이라는 약속을 포함해야만 한다.

3. 계산된 위험을 택하라

일단 입장을 취하기로 마음먹었다면 그 입장을 고수할 수밖에 없다. 마음을 바꾸었다가는 패러디의 대상이 되거나 더 안 좋은 위험에 처하게 된다. 따라서 상황을 제대로 파악하는 시각과 조사를 바탕으로 조심해서 결정을 내려야 한다.

나이키가 콜린 캐퍼닉을 내세워 강한 정치색을 띠는 대담한 광고를 제작하면서 아무 생각도 없이 캠페인을 벌였을 리는 없다.

인간적인 브랜드가 살아남는다

나이키 고객의 3분의 2는 35세 이하다. 이들의 정치 성향에 관한 여러 연구 결과에 따르면, 이들 중 80%가 사회적 문제에 대해 자유주의적 내지 온건적 시각을 지니고 있다. 200달러짜리 신발을 살 여유가 있는 젊은 고객이라면 수입이 상당하고 도시에 살 확률이 높다. 이런 계층을 뭐라고 부른다? 진보적.

나이키는 반발이 뒤따를 것이라는 걸 알았지만 회사 이익의 90%를 차지하는 젊은 소비자들과 연결성을 강화하는 쪽을 택하며 사업의 상당 부분에 걸쳐 위험을 감수했다.

캠페인을 시작하자 실제로 역풍이 불었다. 나이키의 시장 가치가 40억 달러 하락하기도 했다. 하지만 일주일이 지나자, 시장 가치는 캠페인 시작 전보다 훨씬 더 높이 상승했다.

어떻게? 나이키의 슬로건대로 '그냥 했을' 뿐이다.

4. 일관적으로 하라

정치적인 태도를 취하면서 일회성 이벤트로 끝내거나 주목을 받기 위한 이기적인 주장을 하는 기업에게는 역풍이 몰아치기 쉽다. 입장 표명 전략이 성공한 사례를 보면, 예외 없이 오랜 기간 다양한 방식으로 자사의 가치를 보여주었다.

가치 기반 마케팅 전략은 그 가치가 고객뿐만 아니라 회사 전체의 행동과 일치할 때에만 힘을 발휘할 수 있다.

인권, 인종 차별, 지구 온난화 같은 이슈는 매우 복잡한 문제이기 때문에 사람들을 깜짝 놀라게 하거나 논란을 일으키는 광고 캠페인만으로는 해결할 수 없다.

아메리칸 이글은 마케팅을 통해 표방한 가치를 독려하기 위해 회사의 돈과 영향력과 인력을 활용함으로써 리더십을 보여주었다.

마케팅은 말로만 하는 약속이 아니라 실천하는 약속이어야 한다.

5. 말보다 행동을 강조하라

대부분의 사람은 브랜드가 정부보다 사회적 문제를 해결할 수 있는 힘이 더 많다고 믿는다.

하지만 사람들은 회사가 광고 캠페인을 통해 말로만 떠드는 것 이상을 해주기를 원한다. 회사는 자사가 선택한 대의를 위해 싸우면서 소비자 공동체에서 활발하고 가시적인 행동을 취할 필요가 있다.

마이크로소프트 회장 사티아 나델라Satya Nadella는 이렇게 썼다.

"다국적 기업들은 더 이상 어느 지역에 들어가서 돈이나 벌어가는, 영혼도 피도 눈물도 없는 주체로서 풍자의 대상이 될 수는 없다. 다국적 기업이 해야 할 일은 그 어느 때보다 중요하다. 전 세계 곳곳에서 활동하면서 지역 공동체에 기여해야 한다. 모두를 위한 성장과 경쟁력과 기회를 촉진해야 한다. 어떻게 하면 지역 파트너와 스타트업이 성장하도록 도울 수 있을까? 어떻게 하면 공공 부문이 더욱 효율적이 되도록 도울 수 있을까? 어떻게 하면 사회적으로 초미의 문제를 해결하는 데 도움을 줄 수 있을까?"[47]

인간적인 브랜드가 살아남는다

6. 창의적인 방식을 고안하라

브랜드·소비자 가치는 반드시 자신 있으면서도 세심하게 표현해야 한다. 브랜드가 나서서 자기가 해결책이라고 말하면 오만해 보일 수 있다. 브랜드는 해결책으로 이어지는 다리 또는 대화를 위한 플랫폼 역할을 할 수 있다. 이는 전문가의 창의적인 방식으로 뒷받침해야만 한다.

좋은 의도도 부적절하게 표현한다면, 브랜드 이미지의 추락은 시간 문제일 뿐이다.

7. 압박감에 대비하라

조직은 모든 단계에서 완전하게 일치된 모습을 보여야 한다. 그리고 향후 끼칠 여파, 특히 특정 소비자들이 회사의 생각에 저항할 것을 대비해야 한다.

한편 내부의 반발 역시 염두에 두어야 한다. 고객은 선호하지만 직원이 싫어하는 입장을 취한다면, 논란을 견디면서 회사 운영이 가능할 것인가?

회사가 정치적인 입장을 취하느냐 마느냐에 있어 직원의 목소리가 점점 더 큰 역할을 하고 있다. 예를 들자면, 기술 회사 입장에서는 미국의 이민 정책을 반대하는 입장을 취하는 것이 전략적으로 별 도움이 되지 않는다. 하지만 마이크로소프트와 구글은 이런 정책이 회사의 가치를 훼손한다고 생각한 직원들이 대응을 요구하면서 침묵을 유지할 수만은 없었다.

8. 먼저 움직인 사람에게 기회가 있다

고객들은 당신이 자기들의 가치와 함께하는 입장을 취하기를 기대하는데 당신이 그렇게 하지 않는다면, 고객은 당신의 침묵이 아무런 입장도 취하지 않는 것이 아니라 그 역시 어떤 입장을 취하는 것이라고 받아들인다.

그런 행동이 도리어 당신을 난감하게 만들기도 한다. 당신은 어떤 문제에 대해 아무런 입장도 취하지 않았는데 당신의 경쟁사가 의미 기반 캠페인을 시작할 위험은 얼마나 될까?

한편, 나이키는 과감하게 움직였다. 아디다스나 언더아머 Under Armour 같은 경쟁사가 가치 기반 마케팅 캠페인을 벌인다면, 단순히 뒤를 따르는 후발 주자 또는 뒤처진 자의 필사적인 몸부림처럼 보이지는 않을까?

고려할 수 있는 "가치"는 얼마든지 있다. 아메리칸 이글은 연구와 조사를 통해 총기 규제와 시민의 자유를 지지하는 데 고도로 집중하는 전략을 생각해 냈다. 나는 동일 업계의 경쟁 소매업자가 아메리칸 이글의 공격적이고 일관된 전략을 모방할 수는 없다고 본다. 아메리칸 이글은 고객 가치에 부합하는 행동을 취함으로써 그리고 가장 먼저 이를 실천함으로써 핵심 고객의 마음을 사로잡고 있다.

다시 한번 강조하지만, 나는 당신에게 이래라저래라 하고 싶은 마음은 없다. 당신 사업에 적합한 결정을 내려야 하는 사람은 당신이다. 나는 그저 선택지를 제시할 뿐이다.

인간적인 브랜드가 살아남는다

9. 위기관리 계획을 세워라

복잡하면서도 급변하는 우리 세계에서는 만일의 사태에 완전하게 대비한다는 건 불가능하다. 노련한 전문가들조차 갑자기 어디서 불똥이 튀어서 논란으로 번질지 예측하기 어렵다. 그러니 최상의 결과를 바라면서 최악의 사태에 대비하는 계획을 세워야 한다. 만약 당신의 회사가 논란의 여지가 있는 문제에 입장을 취하기로 결정했다면, 입장 발표후 며칠 동안은 경영진과 홍보 전문가가 대기하도록 하라.

정서적 관계를 맺어라

자신의 가치를 증명하는 태도를 취하는 데는 굳이 비용이 많이 들거나 위험해지거나 복잡할 필요가 없다.

당신의 가치를 공유하고 당신의 도움을 필요로 하는 사람들을 찾아라. 그들이 하는 행사를 후원하고, 당신의 서비스를 기부하고, 그보다더 중요한 것은 그 자리에 모습을 보여라. 사람들로 하여금 당신이 신경 쓰고 있다는 것을 보고 알 수 있게 하라. 도움의 손을 빌리지 말고, 직접 도와라. 그게 사람들이 당신에게서 원하고 필요로 하는 것이다.

가장 인간적인 회사가 승리한다.

가서 당신의 공동체를 위해 함께하는 회사가 되어라.

7장

존중은 신뢰를 부른다

"브랜드는 곧 신용이다."

스티브 잡스 STEVE JOBS

마테크^{martech}의 현주소

"가장 인간적"인 사업 전략을 재정립하는 길에는 엄청나게 큰 장애물이 도사리고 있다. 바로 기술이다.

기술이 위대한 마케팅으로 가는 길을 막고 있는 것이다.

어쩌면 당신은 내게 마케팅과 기술을 결합한 마테크가 얼마나 효과적인지 알려주려고 트윗을 날릴 준비를 하고 있을 수도 있다.

기술이 나쁘다는 말이 아니다. 사실은 기술이 너무 좋아서 문제라는 것이다. 기술이 너무 효율적이고 다루기 쉬운 나머지 우리는 모든 마케팅 문제를 기술적으로 해결하려 한다. 심지어 그러지 말아야 할 때조차도. 이건 기술이 동반하는 문제점의 시작에 불과하다.

고객에게 존중을 보이기는커녕 오히려 결례를 범하게 만드는 기술 오용 사례 네 가지가 있다.

1. 짜증을 유발하는 기업들

작년에 나는 세일즈포스^{Salesforce} 웹사이트에서 어떤 회사가 실시한 흥미로운 연구를 무료로 받아볼 수 있다는 광고를 보았다. 세일즈포스는 내가 여러 해 동안 좋게 생각하고 신뢰해 온 훌륭한 회사였다. 연구 파일을 받으려면 내 직책과 이메일, 심지어 전화번호를 제공해야 한다는 요구에 의심이 들기도 했지만, 좋아하는 회사였기에 기꺼운 마음으로 회사를 믿고 요구에 따랐다.

그러고 나서 24시간 동안 나는 다음과 같은 것들을 받았다.

- 청하지도 않은 영업 사원의 전화
- 동일한 영업 사원의 이메일 (이미 관심이 없다고 말한 후였다!)
- 웨비나 초대 연락
- 블로그를 통한 뉴스레터
- 관심 업체와는 아무런 연관도 없는 회사의, 나와 전혀 무관한 소식지

나는 이렇게 일방적으로 밀려들어 방해만 주는 홍보 활동에 대해 영업 사원에게 불만을 표했지만 아무런 회신도 받지 못했다. 나는 시험삼아 또 다른 문서를 다운받아 보았다. 아니나 다를까, 생일 파티 중간에 전화 한 통으로 시작해서 똑같은 일이 벌어졌다.

이 일이 있고 나서, 나는 너무 불쾌하고 회사에 대한 불신이 솟아올라 블로그에 이 경험에 대한 글을 올렸다(여전히 회사로부터 아무런 소식을 듣지 못했다).

인간적인 브랜드가 살아남는다

이런 반전이 있을 줄이야. 내가 오랫동안 흠모했던, 〈포춘〉 선정 500대 기업 중 하나인 최고의 회사가 자동화된 마케팅 방식 때문에 열성 팬을 의심과 짜증이 가득한 사람으로 만들어 결국 블로그를 통해 부정적인 포스트를 올리게 만들다니 말이다.

물론 이런 사례가 이 회사만의 이야기는 아니다. 우리의 개인 권리를 침해하고 온갖 형태의 스팸으로 우리의 삶을 어지럽히는 모든 회사에게 해당되는 이야기다. 이런 행태에 반항하고 싶지 않은 사람이 누가 있겠는가?

단순히 파일을 다운받는다고 해서, 내가 기업 제품에 관심이 있는 "잠재 고객"이 되는 것도 아니고, 회사가 나의 요청이나 동의도 없이 전화나 이메일, 뉴스레터 등으로 내 하루를 방해할 권리를 얻는 것도 아니다.

마케팅, 광고, PR은 기술이라는 안개 속에서 길을 잃고 있다. 우리는 역사상 가장 똑똑한 사람들과 가장 강력한 기계들을 가지고 사람들을 속여서 링크를 클릭하거나 이메일 주소를 제공하도록 만들고 있다.

이에 비해, 의학계에서는 새로운 기술이 병을 고치고 기대 수명을 향상시키는 데 이용되고 있다. 물리학에서의 기술은 우주의 기원과 우주의 신비를 밝히는 데 도움을 준다.

그런데 내가 사랑하는 마케팅이라는 업계에서는 기술이 사람들을 짜증나게 만드는 점점 더 정교한 방법을 찾는 데 주로 활용되고 있다는 말이다.

우리는 더 잘할 수 있다. 더 잘해야 한다. 왜냐하면 이런 식의 착취는 세 번째 반란의 연료가 되기 때문이다. 친애하는 소비자 여러분, 나와 함께 외쳐보자. "나는 통제당하고 조종당하지 않을 것이다. 나는 이런 괴롭힘을 용납하지 않을 것이다. 나는 당신의 고객이지만, 통제권은 내 손안에 있다. 나를 존중하라."

세상은 마케팅 전략을 포용할 만큼 한가하지 않고, 따라서 사람들은 반란을 일으키지 않을 수 없다. 당신이 마케팅업계에 있는 사람이라면 마케터가 되어라. 고객을 늘 우선하라. 브랜드를 보호하라. 당신의 고객을 보호하라. 어떻게 우리는 이런 사실을 잊었단 말인가?

나는 내가 사랑하는 세일즈포스에 충성을 다하고 싶다. 그런데 회사는 마케팅이라는 미명 하에 나의 신뢰를 무너뜨렸다.

이 작은 사례는 우리가 더 큰 병에 걸렸다는 걸 보여주는 징후다.

마케팅이라는 직업이 괜히 멋져 보이는 IT 기능으로 변해가면서 마케팅의 심장, 영혼, 진정한 맥박이 증발해 사라지고 있다. 뒷방 어딘가에서 A/B 테스트를 하는 통계학자, 데이터 과학자, 검색 엔진 전문가에게서 마케팅 전략이 나오고 있다. 이제 이 모든 걸 되돌릴 시간이다.

2. 단지 안 하는 게 낫다는 말은 아니다

이렇게 말한다고 해서 내가 기술이나 데이터를 반대하는 사람은 아니다. 오히려 데이터 덕후에 가깝다. 우리가 마케팅 세계에서 기술을 좀 더 인간적으로 사용할 수 있다면 얼마든지 이 모든 기능을 중요하게 효과적으로 활용할 수 있다. 잘만 하면, 마케팅 자동화는 눈에 보이지 않게 고객과 소통하는 데 도움을 준다. 그런데 우리가 선을 넘고 만

인간적인 브랜드가 살아남는다

다. 고객들이 진정으로 원하는 것이 아니라 통계적으로 효과가 있겠다 싶은 것에 근거해 전술을 실행하면서 선을 넘어버린다.

한 가지 예를 들자면, 팝업 광고다.

어떤 연구 보고서를 보든 예외 없이 이런 결론을 내리고 있다. 소비자들은 팝업 광고를 극도로 싫어한다.[48] 팝업이 뉴스레터 가입률을 약간 증가시킬 수도 있지만, 이성적인 마케팅 전문가라면 이렇게 끊임없이 나타나는 방해물을 사람들이 좋아할 거라고 믿을 수가 없다.

하지만 마케터에게 왜 팝업 광고를 하느냐고 물으면 이렇게 답한다. "효과가 있으니까."

하지만 사람들은 팝업 광고를 싫어하는데.

하지만 효과가 있으니까.

세상은 계속 이런 식으로 흘러간다.

2014년, 팝업 광고 개발자 에단 주커만^{Ethan Zuckerman}은 〈애틀랜틱지^{The Atlantic}〉를 통해 자신의 발명에 대해 장문의 사과문을 올렸다. 그는 팝업 광고를 "인터넷의 원죄"라고 하면서 기업들에게 "팝업 광고를 멈추라"고 간청했다.

기술이 잘못된 방향으로 흐른 또 다른 예는 마케팅에서 애용하는 잠재 고객 육성^{lead nurturing} 방식이다. 좋은 말로 잠재 고객 육성이지 사실은 "나를 차단할 때까지 계속 이메일을 퍼부어 주겠다"는 말이다. 하지만 모두가 이 방식을 사용하고 있으니 이런 관행이 되풀이되는 것이다.

왜 우리는 매번 고객을 무례하게 대하는 걸까? 몇 가지 예를 더 들어보겠다.

- 많은 스마트 TV에는 당신이 무엇을 보는지 추적하고 당신의 시청 습관을 본사에 알려주는 소프트웨어가 있다. 프라이버시 보호를 옹호하는 사람들은 시청자들, 특히 노인들이 아무 것도 모른 채 동의 버튼을 누르면서 프라이버시 침해에 무방비하게 노출되어 있다고 주장한다. 이제는 TV로부터 개인 정보를 보호하는 방법에 대해서까지 걱정해야 한단 말인가?

- 매년 증가하고 있는 자동 녹음 전화 로보콜^{Robocall}은 이제 통화 발신지를 추적할 수 없게 하는 기술을 활용해 단속을 빠져나간다. "이웃으로 가장하기^{neighborhood spoofing}"라는 방식을 사용해 수신자의 거주 지역 번호를 일부러 표시하게 해서 수신자가 혹시나 하는 마음에 전화를 받도록 속이기도 한다. 고객을 속이는 게 마케팅 전략인가?

- 광고주들은 스마트 기기의 광고 차단 기능을 피해갈 수 있는 창의적인 방법을 찾고 있다. 광고 차단을 스스로 선택한, 즉 광고를 보고 싶지 않다는 뜻을 암시한 사람들에게 광고 차단 프로그램을 끄지 않으면 콘텐츠 열람을 못하도록 불이익을 주면서 더 많은 광고를 시청하도록 강요하고 있다. 이게 말이 되는가?

- 이메일 마케팅에는 비용이 거의 들지 않기 때문에 단 한 사람만 반응해도 비용을 건질 수 있다. 하지만 이런 효율성은 오히려 마케팅 담당자들로 하여금 그 방식을 남용하도록 부추기는 경향이 있다. 누군가 내게 이런 설명을 내놓았다. "실제로 반응하는 사람은 100만 명 중 한 명이기 때문에 실제로는 이메일로 융단 폭격을 해야 할 정도이다. 그러다가 운이 좋으면 한 명 얻어걸릴 수 있다." 그렇긴 하다만 그 과정에서 99만 9천 9백 99명은 스팸 메일 폭격을 맞는다는 말이잖아!

이런 상황이 이상하게도 전혀 낯설지 않다. 우리의 모든 문제는 100년 전에 격화되는 경쟁 속에서 마케터들이 하향 평준화로 치달으면서 시작되지 않았던가? 이제 또 시작이란 말인가.

게다가 문제는 더욱 악화될 수밖에 없다. 시장 조사 전문 기관 포레스터Forrester는 CMO들이 마케팅 자동화 그리고 광고 활동에 활용하는 정보 통신 기술인 애드테크 및 데이터베이스 서비스에 2022년까지 1,220억 달러 이상을 지출할 것으로 전망했다. 그러나 연구 결과에 따르면, 이미 보유하고 있는 기술을 실제로 관리할 수 있는 능력을 갖추고 있다고 생각하는 사람은 28%에 불과했다.[49]

나는 영화 〈마이너리티 리포트Minority Report〉에서 보았던 안면 인식, 웨어러블 추적 기기, 인간 같은 챗봇 활용이 현실에 가까워지면서 끔찍한 마케팅의 새로운 물결이 쏟아져 들어오지 않을까 두렵다. 유감스럽게도 마케팅을 향한 증오의 물결이 문턱까지 차오르고 있다.

3. 기술은 '만능열쇠'가 아니다

글로벌 포장재 회사의 마케팅 이사로 일할 당시, 우리는 고객과 직접 만나기 위해 주기적으로 전 세계 출장을 다녔다. 이토록 뛰어난 기술을 갖춘 세상에서 얼마든지 온라인 설문 조사를 할 수도 있는데, 직접 세계 출장을 다니다니 엄청난 시간 낭비처럼 들릴 수도 있겠지만, 그 출장 덕분에 회사가 살아난 적이 있다.

동료와 나는 두 달 동안 출장길에 올랐고 열 번째 고객인 대형 음료 회사 방문이 끝나가는 순간이었다. 출장은 많은 것을 배울 수 있는 기회였지만 피곤한 일이기도 해서 곧 집에 돌아간다는 생각에 기쁜 마음이 들었다.

음료 회사에서 업무를 마치고 짐을 챙기는 순간, 그 회사 소속의 과학자가 무심코 이런 말을 던졌다. "그나저나 화학물질 XYZ에 대해서 정부가 새로 내놓은 연구 결과 보셨어요? FDA가 건강에 해를 끼칠 수 있는 무언가를 발견한 것 같네요."

우리는 아연실색했다. 처음 듣는 말이었다. 이름도 잘 모르는 어떤 부서에서 만든 예비 보고서에 들어 있는 말이니 아는 사람도 거의 없는 게 당연했다.

회사에서 기술을 책임지던 동료는 이리저리 알아보더니 아직 보고서 내용이 추측 수준일 뿐이며 유해성 여부를 증명하기까지 오랜 시간이 걸릴 것이라고 했다. 하지만 그 사실은 우리 제품에 사용하는 코팅을 언젠가는 바꿔야 한다는 말이기도 했다. 포장재를 바꾸는 일은 몇 년간의 실험과 수백만 달러의 개발비가 드는 힘든 과정이다. 이 때문에 회사에서도 우리가 현재 법의 테두리 내에서 잘 사용하고 있는 화학 약품을 왜 바꿔야 하느냐며 이의를 제기하는 사람이 한둘이 아니었다.

5년 후, 해당 화학 약품 관련 조사가 완성되었고 충격적인 결과가 〈월 스트리트 저널Wall Street Journal〉의 1면을 장식했다. 그땐 우리는 이미 몇 년 전에 해당 화학 약품 사용을 금지한 후였다. 고객에게서 들었던 그 말 한마디가 말 그대로 우리 회사와 고객을 살린 것이다.

내 말의 요점은, 만약 우리가 온라인 설문 조사나 채팅 정도로 고객을 만났다면 결코 이런 돌파구를 찾지 못했을 거라는 사실이다. 고객의

인간적인 브랜드가 살아남는다

말을 "들어주는" 온라인 소프트웨어가 아무리 훌륭하다 해도 소셜 미디어나 댓글 창을 통해서는 급작스러운 사태에 대한 해결책이 나오지 않았을 것이다.

우리는 이러한 인간적 연결이 대체 불가하다는 사실을 알고 있다. 하지만 그럼에도 그 과정에서 사람을 제외시키고, 존재하지도 않는 마케팅 만능열쇠를 무조건 들이민다. 기술은 우리를 게으르고 무기력하게 만들었다.

마케팅 컨설턴트 마틴 린드스트롬Martin Lindstrom은 이렇게 말했다. "불과 1년 전 일인데, 뉴욕에서 열린 월드 비즈니스 포럼World Business Forum에서 연설을 하고 있었습니다. 제가 5,000명 정도 되는 관객에게 작년 한 해 동안 소비자와 마주 앉아 시간을 보낸 사람이 얼마나 되느냐고 물었죠. 20명이 손을 들더군요. 5,000명 중에서요! 이게 오늘날 마케팅에서 우리가 직면한 주요 문제점입니다."

4. 불청객

"마케팅이 모든 것을 망친다"고 불평하는 사람들이 주로 비난하는 대상은 자신을 방해하는 프로그래매틱 광고programmatic ads(프로그램이 자동적으로 이용자를 분석하고 그에 맞는 광고를 띄워주는 방식의 광고-옮긴이), 쇄도하는 스팸 메일, 우편함을 어지럽히는 광고용 우편물, 그리고 끊임없이 짜증을 유발하는 로보콜 전화 메시지다. 마케팅과 광고는 서로 기능이 다르지만, 소비자의 눈에는 그게 그거다.

인간 중심적이고 가치에 기반을 둔 마케팅 접근 방식을 제안하는 내 입장에서는 자동화, 디지털 광고, 마케팅 기술의 어두운 면을 지적하지 않을 수 없다.

이 책의 서두에서, 나는 우리가 어찌 됐든 광고 없는 세계로 나아가고 있다고 말했으며, 이는 대부분의 사람들이 짜증나는 광고의 침입으로부터 해방감을 느낄 것이라는 점에서 사실이라 할 수 있다. 세계는 지난 100년 동안 부적절하고 침략적인 광고에 저항해 왔다.

1994년, 두 명의 대학교 학자가 〈어드버타이징 저널The Journal of Advertising〉에 "광고의 죽음"이라는 제목으로 글을 올렸다. 이후 광고 산업의 규모는 두 배로 늘었다. 따라서 내가 광고는 죽었다고 말한들 바보 취급을 받을 게 뻔하다. 그러니 당신도 광고는 죽었다는 글 같은 건 트윗할 생각도 하지 말라. 적어도 현 시점에서 광고는 세계 경제에 필수적이며, 예측 가능한 미래에는 현재의 이런 모델이 대체될 가능성이 없다.

전 세계적으로 마케팅은 1조 달러의 가치를 지닌 산업이며 여전히 성장하고 있다. 글로벌 광고 지출은 매년 약 3~4%씩 증가하고 있다. 광고를 보지 않거나 믿지 않는 사람이 대부분이라는데 도대체 그 돈은 전부 어디로 흘러 들어가는 걸까?

물론 이러한 광고 투자의 대부분은 디지털 영역으로 이동하고 있다. 페이스북이나 구글을 통한 디지털 광고 제작과 게재가 너무 쉽기 때문에 그 어느 때보다 많은 회사들이 광고를 내고 있다. 10달러 정도만 있으면 어느 누구라도 정확하고 즉각적이며 측정 가능한 광고를 낼 수 있다.

그렇다면 왜 "특정 층을 대상으로 한 온라인 광고"는 우리가 가지고 있는 모든 문제의 손쉬운 해결책이 되지 않고, 나로 하여금 이런 책을 쓰게 만드는 것일까? 왜냐하면 온라인 광고 역시 지금까지 탄생한 광고 형태 중 가장 무시당하는 광고 형태에서 벗어나지 못하기 때문이다. 10만 회 이상의 노출을 기록한 광고를 아무도 클릭하지 않는 경우가 적지 않다. (아마 우리에게 노출되는 많은 광고가 이미 우리가 구매한 물건에 대한 광고이기 때문일 것이다!)

디지털 광고가 오랫동안 보조금을 지급해 온 미디어 산업이 그랬듯 디지털 광고 역시 변화를 못마땅해 하고 있다.

미국 인터랙티브광고협회^{Interactive Advertising Bureau} CEO 랜달 로덴버그^{Randall Rothenberg}는 이렇게 말한다. "온라인 미디어 초기에 기본적으로 그런 방식을 택했습니다. 콘텐츠는 무료로 줘도 광고로 수익을 창출하게 될 것이라는 거였죠. 지금 우리가 안고 있는 문제의 많은 부분이 당시 결정에서 비롯된 겁니다."[50]

로덴버그의 조직은 오래전부터 온라인 광고에 대해 더욱 강력한 기준을 요구해 왔다. 그는 연설에서 "우리가 세계에 미치는 영향에 대해 시민적 책임을 지라"고 업계에 간청했다. 하지만 그러면서도 그는 비즈니스가 너무 빨리 성장하고 변화하느라 문제를 고치기는커녕 많은 사람들이 온라인 광고의 윤리적 딜레마와 과잉 문제를 이해조차 하지 못하고 있다면서 이렇게 말했다.

"기술의 변화 속도가 너무 빠른 탓에 개별 기업들은 실제로 무슨 일이 일어나고 있는지 이해하기도 벅차다."

어떻게 하면 이 악순환에서 벗어날 수 있을까?

고맙게도, 마케팅 업계에서 존경받는 전문가들이 업계의 기술 남용에 진저리를 내며 변화를 요구하는 목소리를 높이고 있다. 유명 IT 전문 저널리스트 월트 모스버그^{Walt Mossberg}는 개혁을 요구했다.

"너무 자주, 형편없고 짜증만 일으키며 사생활을 침해하는 광고들이 웹사이트와 앱을 어수선하게 만든다… 동영상 재생 버튼을 누르면 영상 시작 전에 실행되는 프리롤 광고^{pre-roll ad} 때문에 영상을 보지 않게 된다. 사용자들은 자동으로 나오는 광고의 소리를 죽이느라 정신이 나갈 지경이다.

구글 등이 자동으로 배치하는 프로그래매틱 광고는 계속해서 쏟아지는 쓰레기나 다름없다. 뉴스, 블로그 등 매체를 소유한 퍼블리셔도 이들을 거의 통제하지 못한다. 광고주가 일반적인 기사와 유사한 형태로 글이나 동영상을 제작해 등록하는 네이티브 광고^{native ad}는 정식 기사인지 광고인지 구분하기가 어렵다.

업계가 변화하지 않으면, 그것도 빠르게, 소비자들이 우리를 대신해 변화할 것이다."

작가 겸 미래학자 재론 래니어^{Jaron Lanier}는 TED 강연에서 업계가 중요하면서도 위험한 상황을 맞이했다고 하면서 페이스북과 구글의 광고 관행을 "행동을 개조하는 거대 기업"의 행태라고 언급했다.

트위터 전 CEO이자 블로그 사이트 미디엄^{Medium} 창업자 에반 윌리엄스^{Evan Williams}는 타락한 광고 모델을 맹렬히 비난하면서 이렇게 말했다. "광고가 주도하는 미디어는 고장 난 시스템이다. 이런 모델은 사람들에게 전혀 도움이 되지 않는다. 사실, 애초부터 사람들에게 도움을 주고자 만들어진 것도 아니다. 우리가 매일 소비하는 기사, 영상 및 기타 콘텐츠의 대부분은 자사의 목표를 달성하기 위해 자금을 지원하는 기업들에게 직·간접적으로 돈을 받는다. 그리고 콘텐츠는 기업의 목표 달성 능력 여부를 기준으로 측정되고, 증폭되고, 보상받는다. 그게 전부다. 결과적으로, 우리는… 지금 우리가 보고 있는 이런 것을 얻게 되었다. 그리고 상황은 점점 심해지고 있다."

이런 문제를 해결하고자, 에반은 미디엄에서 광고 모델을 종료하고 구독 모델을 활용하려 하고 있다.

역설적이게도 이러한 문제들은 어떠한 기술적 혼란, 소비자 행동의 변화, 잘못된 정부 규제 때문에 발생한 게 아니다. 우리가 이런 문제들을 자초한 것이다.

마케터들은 소비자와 신뢰를 쌓고 공정한 가치 교환을 확립하는 데 힘쓰는 대신에 단기적인 알고리즘의 자극에 너무나도 자주 빠져든다.

마케팅은 "너무나도 인간적"이라는 코틀러 박사의 교훈은 먼 기억 속에 존재할 뿐이다.

합의 마케팅 Consensual marketing

"광고 에이전시 세계에 엄청난 변화가 있을 것이다." 패션 브랜드 토미 존Tommy John의 CMO를 지낸 조시 딘Josh Dean은 이렇게 전망했다. "모든 것이 프로그램화, 자동화되어 있으며 우리는 무슨 일이 일어나고 있는지, 돈이 어디로 가고 있는지도 제대로 알지 못한다. 우리는 인간적인 연결, 인간적 요소를 망각하고 있다. 우리에게는 합의된 마케팅이 필요하다."

디지털 네이티브digital natives를 향한 마케팅은 합의된 것이어야 한다. 고객은 재화나 용역을 얻는 대가로 그에 상응하는 무언가(우리의 데이터, 피드백, 돈)를 포기하는 데 동의한다. 하지만 마케팅 자동화의 사용이 광범위하게 퍼져가면서 힘의 균형이 고객에게서 데이터를 수집하는 광고주로 이동했다. 따라서 더 이상 가치 교환은 존재하지 않는다고 해도 무방하다.

"요즘은 고객 여정이 마치 관찰용 개미 사육 상자 같다는 생각을 가끔 한다." 소셜 트라이브Social Tribe의 설립자 겸 CEO인 메건 콘리Megan Conley는 덧붙였다. "기업들은 고객의 동의도 없이 미리 길을 정해놓은 후에 고객이 그 길을 헤쳐 나가기를 원한다. 누군가 내 행동을 통제하거나 조종한다는 느낌이 든다. 내 행동은 내 선택, 내 동의, 내 자유 의지에 따라 선택할 문제다. 나는 소비자들이 충성심에 반대한다고는 생각하지 않는다. 단지 소비자도 동의해야 한다고 말하는 것이다. 우리 모두는 존중받기를 원한다. 기업은 고객 여정의 각 단계를 고객과 함께 만들어가야 한다. 그것이야말로 오늘날 마케팅이 필요로 하는 변화다.

마케팅 초기에 우리는 광고나 광고판이 보이면 볼 수밖에 없었고 어떠한 선택권도 없었으며 회사와 어떠한 소통도 할 수 없었다. 그러나 소셜 미디어의 등장으로 그 장벽은 무너졌다. 지금은 우리 제품과 브랜드에 대해 이야기하던 고객들이 회사와 소통할 수 있게 되었다. 하지만

인간적인 브랜드가 살아남는다

회사는 여전히 변하지 않는다.

제3의 변화는 당신이 브랜드를 구축하고 제품을 만들면서, 심지어 비즈니스의 미래를 설계하는 과정에서 당신의 고객을 파트너로 만드는 것이며, 그것이 새로운 고객 여정이 되어야 한다고 생각한다.”

우리는 합의를 도출해야만 한다. 어떻게 하면 마케팅 기술과 우리의 고객이 평화롭게 공존하고 함께 번영할 수 있을까?

신뢰 태워 없애기

베스트셀러 작가이자 마케팅 권위자인 세스 고딘Seth Godin은 현재의 광고 생태계가 기업으로 하여금 “신뢰를 몽땅 불태워 없애버리도록” 만들고 있다며 다음과 같이 썼다.

“여기에 묘한 두려움 내지 불쾌감이 있다. 누군가가 우리를 가지고 놀고 있다는 사실을 알게 될 때, 누군가가 대량 맞춤 제작을 통해 실질적인 사람 대 사람의 연결이 지니는 가치를 훔치려 할 때 드는 그런 불편한 감정이다.

이건 덫과 같다. 왜냐하면 그렇게 하면 할수록 더 할 수밖에 없기 때문이다. 일단 신뢰를 불태우기 시작하면, 더 많은 신뢰를 불태울 수밖에 없다 (…) 따뜻하게 지내기 위해 집의 벽을 조금씩 뜯어서 난로에 넣고 태워 없애는 것과 크게 다르지 않다.

바보 같은 짓으로 시간과 돈을 낭비하지 말라. 당신은 자신이 소유하고 있는 가장 귀중한 것, 즉 신뢰를 허비하고 있는 것이다."

인간성이란 당신의 자동 녹음 전화 소프트웨어로 훔치기에는 너무 소중한 것이 아니던가.

"신뢰"가 기준점이 되는 오늘날의 환경에서 신뢰를 없애버리는 행동을 한다는 게 여간 불편하게 느껴지는 게 아니다. 이상하지 않은가? 더구나 우리는 신뢰가 곧 브랜드라는 사실을 알고 있는데 말이다. 그럼에도 회사들은 신기루 같은 마케팅 기술을 좇으며 신뢰를 포기하고 있다.

고객의 성공이 우리의 성공이다

이렇게 판에 박힌 틀에서 벗어나려면 비범한 리더십이 필요하다. 조직의 최고위층에 있는 사람이 단호히 나서서 신뢰는 깨지지 않을 것이라고 선언해야 한다. **신뢰가 전략의 중요한 기준이 되어야 한다.**

이렇게 현실을 인식하고 문화적 적응을 이룬 가장 극적인 예를 마이크로소프트에서 찾을 수 있다. 밑에서부터 시작되는 문화의 변화 같은 것은 없다. 사티아 나델라 최고경영자가 보여준 것처럼 문화적 변화는 리더로부터 시작되어야 한다. 사티아는 자신의 멋진 저서 《히트 리프레시 Hit Refresh》에서, 어린 시절 인도에서 겪었던 문화와 배웠던 교훈을 세계 최대 기업 중 한 곳인 마이크로소프트에 연결시켜 극적으로 새로운 문화를 구축했다고 했다. 그가 추진한 인간 중심적 접근법은 인사정책부터 투자 결정에 이르기까지 마이크로소프트가 하는 모든 활동

인간적인 브랜드가 살아남는다

에 적용된다.

나는 마이크로소프트의 경쟁 전략 담당 이사인 아밋 판찰^{Amit Panchal}을 만나 기업 문화를 기술 중심에서 인간 중심으로 전환한 것이 기업의 영업 및 마케팅 접근법에 어떤 변화를 일으켰는지 물어보았다.

"솔직하게 얘기하죠." 그는 말을 이었다. "옛날에는 마이크로소프트의 영업 사원과 고객의 관계가 일방적이었어요. 우리는 고객에게 소프트웨어를 팔았고, 다 팔았다 싶으면 그냥 떠나버렸죠. 판매가 목적이었으니까요. 우리 제품을 구매한 고객이 제품을 사용했다면 더할 나위 없이 좋은 거고요. 그렇지만 설사 우리 제품을 구매해 놓고 사용하지 않았다 해도 문제가 될 건 없었습니다. 몇 년 후에 계약 시점이 돌아오면 다시 가서 계약서를 내밀고 서명을 요구하면 그만이었으니까요.

그러면서도 고객에게 '지금 당신이 사용하고 있는 제품이 그만한 가치가 있나요?'라는 질문은 단 한 번도 하지 않았습니다. 과연 고객들은 우리에게서 구입한 제품에서 어떤 가치를 얻었을까요?

이제는 그런 질문을 중심에 두고 일을 합니다. 우리는 협력적인 파트너십을 통해 고객 가까이 다가가서 함께하고 싶습니다. 고객이 구매한 제품을 온전하게 사용하고 있지 않다면, 그건 고객과 우리 둘 다 잘못 하고 있다는 말입니다.

핵심적인 문제는 '고객들이 더 많이 구매할 것인가?'가 아니라 '어떻게 하면 고객들이 가지고 있는 우리 제품으로 더 많은 걸 성취하도록 할 수 있을까?'입니다. **고객의 성공이 곧 우리의 성공이니까요.** 진부한 말처럼 들릴지 모르겠지만, 생각해 보면, 그런 생각이 마케팅에서 새로운 행동, 올바른 행동, 즉 친절하고 온화한 접근 방식을 이끌어낸 것 같아요. 마케팅 자동화를 특별하게 사용한다고 해서 고객 가까이 다가갈 수는 없는 겁니다. 밖에 나가서 직접 사람들의 말을 들을 때 곁으로 다가갈 수 있는 거죠. 고객의 비즈니스에 대해 배워가고 있는가? 고객의 파이프라인pipeline에 뭐가 있는지 알고 있는가? 누가 고객에게 도전하는가? 누가 고객을 파괴하고 있는가?

마케팅의 성공은 더 이상 단순히 금전적 이득으로 가늠할 수 없습니다. 마케팅의 성공 여부는 '고객의' 금전적 이득을 기준으로 측정해야만 하는 겁니다."

고객 여정을 쉽게 만들어주는 기술

나는 우리가 고객 곁으로 다가가 함께하면서 기술 남용의 순환을 끊어야 한다는 아밋의 견해에 공감하면서 덧붙이고 싶다. 고객들을 전통적인 판매 파이프라인에 더 이상 끼워 맞출 수는 없다. 고객들은 자신만의 것을 찾기 위한 여정에 나섰으며, 이는 우리가 끊임없이 고객 앞으로 가야 한다는 것을 의미한다.

이 원칙을 체계적으로 밝혀내고 우리 마케팅의 3분의 2가 고객이 창출하는 활동에 의해 움직이고 있다는 점을 발견한 맥킨지 연구원들은, 기술을 슬기롭게 사용한다면 고객 여정을 가로막거나 방해하는 것이 아니라 오히려 우리 제품으로 향하는 소비자의 길을 빠르고 쉽게

인간적인 브랜드가 살아남는다

만들어준다는 점 또한 보여주었다.[51]

기술을 활용해 영업 프로세스를 투명하고 온정적으로 만들어 고객이 믿고 의지할 수 있도록 이끌 때 우리는 이길 수 있다. 성공적인 마케팅을 위해서 기술은 다음과 같아야 한다.

- 고객 여정을 간소화하라. **예** 온라인 뱅킹
- 여정을 따라가면서 고객 경험을 개인 맞춤화하고 최적화하라.
- 고객 서비스를 능동적으로 제공하라. **예** 주문 상태를 문자로 보내주는 사이트
- 고객 정보를 활용하여 니즈를 예측하고, 그에 맞는 제품 및 서비스로 대응함으로써 즐거움을 제공하라. **예** 지상 운송 수단이 당신을 위해 대기하도록 해주는 항공사 앱

인간성을 높여주는 기술

기술은 고객 여정을 쉽게 만들 수 있다. 하지만 인공지능 같은 것을 이용해 우리 기업을 더욱 인간적으로 만드는 일 역시 가능할까? 어떻게 하면 기술을 이용해 실제로 신뢰를 쌓을 수 있을까?

이 질문에 대한 답을 줄 수 있는 가장 적합한 사람으로 트러스트 인 사이트Trust Insights의 공동 설립자 겸 최고데이터과학자Chief Data Scientist 크리스토퍼 S. 펜Christopher S. Penn을 꼽을 수 있다. 그는 복잡한 기술을 아주 간단명료하게 설명할 줄 안다. 그는 새로운 기술의 긍정적인 측면

에 대해서 그리고 그런 점이 우리가 더 인간적인 회사를 만드는 데 어떻게 도움이 될지에 대해 설명해 주겠다고 했다.

"기술은 도구일 뿐이라는 점을 미리 확실히 해두는 게 중요합니다. 기술이 혼자 마술을 부릴 수는 없습니다. 뒤에서 기술을 움직이는 사람이 필요하죠.

인공지능이라는 도구에 아주 뛰어난 부분이 세 가지가 있는데 바로 변속도, 정확도, 자동화입니다. 이 세 가지야말로 AI가 마케터들에게 빛을 발하는 부분입니다. 이는 다시 말해 훨씬 더 빠르고, 훨씬 더 좋고, 훨씬 더 깨끗한 데이터 처리를 의미합니다. 결론에 더 빨리 도달한다는 말이고, 기여도를 더 빨리 알아낼 수 있다는 말이죠. 따라서 분석 및 예측과 같은 마케팅 프로세스의 많은 부분이 훨씬 더 쉬워지고 시간은 절약될 겁니다.

그렇다고 해도 AI는 인간이 아닙니다. 인간 근처에도 못 가죠. AI는 통계입니다. 확률이에요. AI는 핫도그 사진을 보고 '네, 이것은 아마도 핫도그일 것입니다' 같은 네 또는 아니요 유형의 결정을 내릴 뿐입니다.

그러면 이게 우리의 마케팅을 좀 더 인간적으로 만드는 데 어떻게 적용되느냐? 만약 한 스프레드시트에서 다른 스프레드시트로 복사해서 붙여넣는 단순한 작업을 하며 시간을 보내는 사람이라면 시간의 자유가 생긴다는 말이고, 잠재 고객과 대화를 나누고 네트워크 행사에 참석하고 진정으로 창의적인 일을 하는 등의 인간적인 일을 할 수 있는 시간을 즉시 확보할 수 있게 된다는 말입니다.

새로운 환경 속에서 우리 업무에 인간적인 측면을 다시 불러올 수 있습니다. 콜 센터 또는 고객 관계 관리 데이터베이스에 저장되어 있는 수십 년 분량의 모든 데이터를 생각해 보십시오. 이런 기술은 우리가 규모에 따라 수천, 수백만 건의 대화와 상호작용을 이해하는 데 도움을 줄 겁니다.

어떤 회사에 대해 여러 리뷰 사이트에 잔뜩 쌓여 있는 글을 한번 떠올려보세요. 2만 개나 되는 자기 회사 리뷰에다가 경쟁사 리뷰를 누가 시간을 내서 분석하겠습니까? 하지만 머신 러닝machine learning은 우리가 그 일을 하는 데 도움을 줄 수 있습니다.

대부분의 회사가 수십 년 동안 데이터를 축적만 해놓고 있습니다. AI를 활용하면, 우리가 고객의 목소리를 그 어느 때보다 잘 들을 수 있지 않을까요? AI가 마케팅과 회사를 더 인간적으로 만들 수 있는 겁니다.

데이터 안에 진실이 담겨 있습니다. AI는 이미 나와 있는 데이터를 분해하고 정리해서 분석하는 데 도움을 줄 수 있어요. 한편, 인간은 드러나지 않은 것, 우리 비즈니스를 성장시키는 데 필요한 깨달음을 찾아내는 데 뛰어납니다. 모르는 것이 있으면 포커스 그룹, 회의, 네트워킹 이벤트, 커피, 아침 식사, 저녁 식사를 통해서 또는 바에서 한 잔 하며 다른 사람에게서 알아낼 수 있습니다. **AI가 우리에게 인간적인 면을 살피고 집중할 수 있는 시간을 주는 겁니다.** 아직은 기계가 공감이나 윤리, 판단 또는 종합적인 인생 경험을 이해할 수 있는 단계는 아닙니다. 우리 비즈니스 앞에 어떤 새로운 어려움이 다가올지 알아낼 수는 없습니다.

또한 AI는 비즈니스에서 인간보다 더 인간적으로 사용될 수도 있습니다. 만약 당신 브랜드에 대한 고객 경험이 너무 형편없다면 사람들은 차라리 기계와 상대하는 게 더 낫다고 생각할 수 있습니다. 그러면 AI가 나쁜 이미지를 준 사람들을 배제함으로써 당신의 브랜드 이미지를 향상시킬 겁니다. 설사 AI가 평범한 수준의 일만 한다 해도 형편없는 것보다는 낫죠. 적어도 AI는 안정적이고 표준화된 평범함을 제공하니까요! 시간이 지나면서 AI는 가장 뛰어난 사람이 일하는 모델을 따라 하도록 '훈련'받으면 되고요. AI는 짜증을 내지도, 피곤해하지도, 매일 동일한 업무를 반복한다고 기진맥진해 하지도 않을 겁니다."

기술을 통한 평화와 이익

나는 연례 사우스 바이 사우스웨스트^{SXSW} 콘퍼런스에서 바라툰데 서스턴^{Baratunde Thurston}을 처음 만났고, 이후로 그는 내가 가장 좋아하는 작가, 강사, 유머리스트 중 한 명이 되었다. 인간이 우선인 세계로 우리를 이끌기 위해 그는 구글에 〈신기술 선언문^{New Tech Manifesto}〉이라는 오픈 소스 문서를 만들었다.[52] 그는 블로그 게시물을 통해 대화를 시작했고 전 세계가 마케팅 기술, 데이터 수집, 프라이버시에 대해 인간 중심적으로 다가갈 수 있는 가이드라인을 제공해 줄 것을 요청했다.

나는 개별 행동으로는 인간 중심의 마케팅 혁명이 일어날 수 없다는 바라툰데의 말에 동의한다. 기업 하나하나가 우리의 마케팅 기술 사용

인간적인 브랜드가 살아남는다

관행에 개방성과 정직성을 보장하는 지침을 채택하기 시작하면 변화에 큰 힘이 될 것이다. 기술을 통해 신뢰를 구축할 수 있는 아이디어 몇 가지를 소개한다.

1. 데이터 수집 및 사용은 투명하게

진정한 투명성이란 우리가 올린 게시물에 누군가가 "좋아요"를 누른 걸 볼 수 있는 것처럼 우리의 데이터가 어떻게 사용되고 있는지를 쉽게 알 수 있어야 한다는 말이다. 굳이 법적 용어가 가득한 장문의 서류를 읽지 않아도 우리가 사용하는 기술 제품에 어떤 내용이 들어가 있는지 이해할 수 있어야 한다는 의미다. 그리고 설사 기업들이 우리의 신상 정보를 있는 그대로 팔아넘기지는 않는다 해도, 그 정보를 활용해 어떻게 돈을 벌고 있는지를 포함해서 우리의 데이터로 무슨 일을 하는지 명확하고 투명하게 알 자격이 우리에게는 있다.

정부가 제품에 영양 성분 표시를 부착하도록 요구하는 식품 산업에서 힌트를 얻을 수 있다. 데이터와 관련해서도, 서비스 약관을 쉽게 설명하고, 어떤 데이터가 수집되는지 사용자가 알 수 있도록 해주는 데이터 사용 표시 또는 기록표를 고려해 볼 수 있다.

2. 데이터 기본 설정을 개방에서 폐쇄로

우리는 어떤 서비스에 등록하면서 그 시스템을 만든 사람이 우리에게서 무언가를 빼앗아가려 한다고는 생각하지 않는다(게다가 그 모든 설정을 다 읽어보고 확인할 시간이 있는 사람이 어디 있단 말인가?). 하지만 그들은 알게 모르게 우리에게서 정보를 강탈해 간다. 기본 설정이 문제다.

대부분의 기술 제품은 해당 데이터가 현재 유용한지 여부에 관계없이 가능한 많은 사용자로부터 많은 데이터를 수집한다. 하지만 대부분의 경우, 기업들은 서비스를 제공하기 위해 그 모든 데이터가 필요하지는 않다. 만약 기본 설정을 바꾼다면 어떨까? 사용자가 개인 데이터 수집을 허락해야만 가능하도록 최대한 제한하면 어떨까?

3. 데이터에 대한 권리를 존중하라

바라툰데의 선언문은 우리가 생성하는 데이터(사진이나 트윗)와 우리의 활동에서 파생된 데이터(구매 이력, 위치, 카드 사용, 탭, 클릭)를 모두 보호하는 재산권 확장을 제안한다.

우리의 데이터가 없다면, 이러한 서비스들은 전혀 돈을 벌 수 없게 된다. 우리의 데이터가 없다면, 기계 시각machine vision과 음성 인식을 비롯해 미래의 여러 기술을 작동시키는 인공지능 시스템은 무용지물이 될 것이다.

미래 혁신과 부의 토대를 마련해 주는 것이 사용자 생성 데이터라는 사실을 이해한다면, 우리는 사용자 이상의 존재가 된다. 우리가 기여한 부분이 어떻게 사용되는지 결정할 수 있는 권리를 가진 '파트너'가 된다. 서로 주고받는 행동에는 합의가 우선되어야 한다.

4. 새로운 법을 시행하라

대부분의 사람들은 "기술"과 "규제"가 들어간 문장을 보면 뒷걸음부터 친다. 하지만 이미 오래전에 시행해야 했을 기술 규제를 이제라도 기술 분야 리더들이 권장해야 한다. 미국의 의원들은 그동안 효과적인 새로운 법안 발의는 물론이고 제대로 된 질문조차 하지 못할 만큼 기술 분야에 대한 지식이 부족하다는 사실을 보여주었다. 역설적이지만, 이제 기술 산업의 지도자들이 새로운 규제를 내놓아야만 할지도 모른다.

첫 번째 반란을 통해서도 보았지만 마케팅·광고·기술업계는 스스로를 규제하지 못한다. 거짓말을 끝내기 위해 정부가 개입해야만 했다. 이번에도 정부는 기술에 윤리적 경계를 세우고 우리를 보호하기 위해 다시 한번 개입해야만 할 것이다.

5. 우리가 하는 모든 일에 신뢰를 쌓아라

마케팅 기술의 가장 큰 문제는 우리가 편의를 얻기 위해 신뢰를 저버리고 있다는 사실이다. 마케터들은 스팸에서 손을 떼고 일어서서 우리 고객들을 보호해야 한다.

아톰뱅크Atom Bank의 CMO인 리사 우드Lisa Wood가 이런 사람의 대표적 사례다. 그녀는 "우리의 목표는 고객에게 가장 좋은 일을 하는 것, 각 고객의 니즈에 집중하는 것"이라고 말한다. "우리의 마케팅 전략에 신뢰가 반드시 내재되어 있어야 하며 기업 문화에 신뢰를 쌓아야 한다. 투명성은 우리의 설계 기준 중 하나로, 우리가 가치 제안value position을 설계할 때 책임지고 지켜나가야 하는 것이다."[53]

소비자 10명 중 9명은 브랜드에 좋지 않은 경험을 했거나 회사가 위기를 겪은 후에도 브랜드가 투명성을 유지하고 있다면 다시 한번 기회를 줄 의향이 있는 것으로 나타났다. 전혀 복잡할 것이 없다. 기술과 소비자 데이터 사용에 있어서 투명성을 유지함으로써 우리는 회사 안에서 신뢰를 구축할 수 있다.

당신도 함께할 것인가?

나는 사람들이 이번 장을 읽고 이렇게 말할 거라 믿고 싶다. "그래! 누군가 이런 말을 할 때가 됐어!" 하지만 사실은 많은 사람들이 이렇게 말할 거라는 걸 안다. "나쁜 기술이란 건 없어. 나쁜 마케터만 있을 뿐이지."

꼭 그렇다고는 할 수 없다. 마케터 그리고 기술의 적용은 하나의 시스템을 뜻한다. 마케터가 곧 기술이고, 기술이 곧 마케터다. 둘은 공생 관계다.

그래서 어떻게 하면 기술을 무릎 꿇린 후에 변하지 않는 인간의 본질을 위해 일하도록 할 수 있단 말인가? 복잡한 문제가 아닐 수 없다.

우리는 AI를 향해 달리는 속도를 늦추지는 않을 것이다. 게으른 마케팅을 그만두지도, 마케팅의 만능열쇠 찾기도 그만두지 않을 것이다.

문제에 대한 답은 데이터베이스에서 찾을 수 없다.

물론 팝업 광고에서도 찾을 수 없다.

오히려 다음과 같이 간단한 질문에 대한 대답에서 해결책을 찾을 수 있을지도 모른다. **고객은 무엇을 좋아하는가?**

자, 이제 정확한 답을 찾기 위해 당신의 기술을 이용해 보라.

3부

인간적인 브랜드로
살아남기

인간 중심의
마케팅 선언문

지금까지 변하지 않는 인간의 속성 그리고
그 속성과 비즈니스 성공의 관계에 대해 알아보았다.
여기서 좀 더 인간 중심적 마케팅으로 이끌어줄 수 있는
가이드라인을 제공해 핵심적인 내용을 요약하고자 한다.

1   고객이 싫어하는 짓은 그만두라. 고객이 좋아하는 것이 무엇인지 직접 확인하라. 반드시 그렇게 하라.

2   기술은 고객의 눈에 띄지 않아야 하며, 당신의 비즈니스가 보다 온정적이고 수용적이며 매혹적이고 유용할 수 있도록 돕는 데에만 사용되어야 한다.

3   당신은 고객이나 구매자 여정 또는 판매 깔때기를 "소유"할 수 없다. 시장에서 공간을 확보하고, 사람들이 그곳에 속한 일원이 되도록 도와라.

4   절대로 가로채지 말고, 방해하지 말라. 초대받을 자격을 먼저 획득하라.

5   상황에 적합하고 일관적이며 우수한 존재가 되어라. 당신이 하는 모든 일에 신뢰를 구축하라.

6   당신 팬들의 팬이 되어라. 그들을 당신의 이야기 속 영웅으로 만들어라.

7   변함없는 정직함으로 당신 회사를 향한 대중의 내재된 불신을 뛰어넘어라.

8   고객 공동체 "안에 있지" 말라. 고객 공동체 "자체가" 되어라.

9   마케팅은 결코 당신의 "왜"에 관한 것이 아니다. 고객의 "왜"에 관한 것이다.

10   가장 인간적인 회사가 이긴다.

8장

고객이 당신의 마케터다

"광고가 이야기하는 방식으로 당신이 사람들에게 이야기한다면,
사람들은 당신 얼굴에 주먹을 날릴 것이다."

휴 매클라우드 HUGH MACLEOD

최근에 그리스의 키클라데스 제도에서 휴가를 보낸 적이 있다. 문명의 요람을 방문할 수 있었던 멋진 여행이었다. 이번 휴가는 또한 마케팅 면에서도 배울 점이 있었다.

키클라데스 제도를 이루는 220개의 모든 섬들이 수백만 년 전 화산 활동에 의해 형성되었고, 비슷한 풍경과 식물 그리고 기후를 지니고 있다. 어디서든 고개만 돌리면 옆의 섬들이 보일 정도로 섬들은 가까이 모여 있다.

섬들은 비슷비슷하면서도, 저마다 너무 다르기도 하다! 각각의 작은 섬들은 오랜 세월에 걸쳐 음식, 예술, 역사, 관습 그리고 지역의 자긍심을 불러일으키는 이야기를 비롯해 그들만의 소집단 문화를 발전시켰다. 섬 안에서는 어디를 가든 모두가 아는 사이로 수다를 떨고 손을 흔들며 웃고 있다. 그중에서도 사람이 많이 사는 20개의 섬을 방문했는데 서로 다른 20개의 매혹적인 소집단 문화를 보게 되었다.

그리고 그것은 현대 마케팅 세계의 축소판이나 다름없었다.

같은 생각을 가진 사람이 모여 사는 섬들

기술은 우리 고객들로 하여금 스스로 같은 생각을 가진 사람들이 모여 살 수 있는 섬 같은 환경을 만들 수 있도록 해주었다. (미래학자 페이스 팝콘은 이것을 "미시적 씨족화micro-clanning"라 부른다.) 이렇게 만들어진 소비자 섬은 존중과 대화가 특징인 독특한 장소이며 친구, 가족, 신뢰할 수 있는 전문가를 비롯해 어떨 때는 인플루언서라는 방문객 몇 명이 함께 살아가는 공동체이기도 하다.

여느 작은 섬과 마찬가지로, 사람들은 신속하게 의사소통을 하고 강한 역사의식을 공유한다. 또한 신뢰를 바탕으로 유대감을 형성하며 낯선 사람을 향해서는 경계심을 보인다. 사람들은 재미 삼아 다른 공통 관심사를 가진 친구 부족을 방문하기 위해 근처의 섬들을 오가기도 한다.

당연히 기업들은 이런 '씨족' 소비자 섬에 초대받기를 간절히 바란다. 기회만 주어진다면, 섬사람들이 자사의 상품과 서비스를 구매할 것이라고 확신한다.

같은 생각을 가진 사람들이 모여 사는 섬들이 형성되기 전, 기업들이 대중 마케팅을 받아들인 결과는 소비자가 원하지 않는 메일, 이메일

인간적인 브랜드가 살아남는다

폭탄, 반복적인 광고였다.

이제 섬 주민들이 통제권을 장악하고 출입 대상을 결정할 수 있게 된 상황에서 기업의 기존 전술은 더 이상 통하지 않는다. 누가 짜증 유발자를 섬에 들이고 싶어 하겠는가?

심지어, 이 영리한 섬사람들은 자기가 원하지 않는 모든 방해물을 차단하고 들리지도 않게 하는 기술을 개발했다. 여전히 여기저기서 기업 메시지가 새어 나오기는 하지만, 사람들이 성가신 마케터들을 차단하고 다시금 평화로운 섬 생활을 유지할 수 있는 방법을 알아내는 건 시간문제일 뿐이다. 그래서 주민들은 점점 더 자신들의 생활을 지키며 기업의 손에서 멀어지고 있다.

그렇다면 기업은 어떻게 해야 할까? 일부 기업은 여전히 광고를 비롯한 옛 방식에 집착한다. 누군가 봐주기를 바라며 광고 현수막을 달고 섬 위를 날아다니는 것은 뻔하고 쉬운 일이다. 하지만 이 섬에서는 모든 일이 너무 바쁘고 흥미로워서 아무도 섬 위를 날아가는 광고 현수막따위에 신경 쓰지 않는다.

섬사람들에게 물어보라

우리가 섬사람들에게 초대받는 방법을 물어본다면 어떨까? 우리에게 뭐라고 얘기해 줄까? 대강 이렇게 대답할 것 같다.

- 친구가 되어라. 우리와 어울려 일원이 되어라. 우리에게 유용한 일을 해라.

- 우리의 시간, 자유, 프라이버시를 존중하라.

- 우리가 필요로 할 때 곁에 있어 달라.

- 당신이 우리의 가치를, 설사 다른 섬에서 중요하게 생각하지 않는 가치라 하더라도 공유한다는 태도를 우리에게 보여줘라. 당신이 우리에게 충성을 보여야만 우리도 당신에게 충성을 보일 것이다.

- 재미있는 경험을 만들어내라. 우리의 제한적인 시야를 넘어서 삶이 어떤 것인지를 우리에게 보여주어라.

- 당신이 멋진 기업이며 이곳의 일원이라고 '말로만' 하지 말라. 우리는 당신의 행동을, 지금 이 섬에서 보고 싶다. 그래야만 우리는 믿을 수 있다.

- 우리를 성가시게 하지 말고 초대받지 않았으면 나타나지 말라. 그건 무례한 짓이니까.

꽤 합리적이고 현실적인 관점에서 생각할 수 있는 대답이다, 그렇지 않은가? 변함없는 인간의 가치와 진실에 보조를 맞추는, 마케팅의 인간 중심적 접근법을 제시하는 대답이다.

여기에 놀랍고도 멋진 사실이 있다. 만약 당신이 섬에 초대된다면, 당신의 "마케팅"은 멈춰도 된다!

그렇다. 섬사람들이 방어적이고 이기적일 수 있지만, 자기들이 믿고 사랑하는 상대에게는 관대한 모습을 보인다. 당신이 섬의 일원이 되면, 그곳 사람들이 당신을 위해 마케팅을 할 것이다. 그들은 가족과 친구들에게 당신이 얼마나 멋지고 도움이 되는 존재인지 알려준다. 당신과 함

인간적인 브랜드가 살아남는다

께 섬 주위를 돌아다니며 어울린다. 당신을 일상의 일부로 여긴다. 경쟁사가 당신을 공격하면 당신을 위해 싸워준다.

이 새로운 소비자 세계에서, 우리는 더 이상 판매 깔때기나 고객 여정을 통제할 수 없다. 우리가 바랄 수 있는 최선은 우리가 사람들의 대화에 빠지지 않고 오르내리다가 마침내 섬으로 초대받는 것이다.

고객의 섬으로 초대받기 위해서는

지금까지는 전술적인 부분에 대해서 알아보았다. 이제, 디지털 섬사람들과 관계를 맺고, 마케팅에서 당신 없이도 벌어지고 있는 3분의 2를 차지하는 부분에 영향을 끼치는 데 도움을 줄 구체적인 전술을 살펴보도록 하자.

이번 장에서 모든 방법에 대해 종합적으로 논할 생각은 없다. 그러려면 아마 책을 5권은 더 써야 할지도 모르니까. 더구나 이 주제와 관련해서는 인터넷을 통해 스스로 배울 수 있는 내용도 많기 때문에 여기서는 "인간 중심적 마케팅" 전술 15가지를 간략하게 설명하겠다.

고객 경험

최근 CEO들을 대상으로 한 설문 조사에서, CMO가 최우선으로 다뤄야 하는 부분이 고객 경험이라는 답이 나왔는데, 거기에는 그럴 만한 이유가 있다.[54] 고객 경험이 선순환을 만들어내기 때문이다. 고객들이 당신이 하는 일에 푹 빠져서 소문을 만들면, 소문을 들은 비교 쇼핑객들은 그 브랜드를 구매 고려 대상에 포함시킨다.

이 전략은 사용자 경험 그리고 고객 접점이 이루어지는 모든 터치포인트에 감정적 연결을 구축하는 것이 핵심이다. 온라인 음악 서비스 스포티파이가 어떻게 이 전략을 활용하는지 살펴보자.

이용자가 바라는 기능과 규모에 따라 소프트웨어를 더욱 세분해 제공하는 많은 서비스형 소프트웨어 사업자^{software-as-a-service}처럼, 스포티파이는 유료와 무료 서비스 두 가지를 제공하는데 무료 서비스에는 30분마다 광고를 내보낸다. 이렇게 하는 이유는 결국 광고를 듣지 않아도 되는 유료 서비스로 고객을 끌어들이기 위해서다.

스포티파이 고객 중 무료 서비스에서 유료 서비스로 넘어가는 전환율^{conversion rate}을 내가 매일 사용하는 다른 인기 소프트웨어인 드롭박스^{Dropbox} 및 에버노트^{Evernote}와 비교해 보자.[55]

- 스포티파이: 27%
- 에버노트: 4%
- 드롭박스: 4%

이런 유형의 비즈니스에서는 1%의 전환율만 되어도 좋은 결과로 받아들인다. 하물며 27%의 전환율은 믿기 힘든 수치가 아닐 수 없다. 스포티파이는 여러 부분에서 뛰어난 모습을 보이고 있지만 가장 잘하는 부분을 꼽으면 앱을 통해 고객이 자신만의 플레이리스트를 만드는

인간적인 브랜드가 살아남는다

과정에서 감정적인 연결을 할 수 있도록 돕는다는 점이다.

스포티파이는 당신이 언제 어떤 음악을 듣고 싶은지 예측하기 위해 머신 러닝을 사용한다. 이 서비스는 신기하게도 당신이 좋아할 만한 새로운 음악을 예측하며 심지어 당신이 어렸을 때 좋아했을 법한 음악을 틀어주기까지 한다.

사람들이 음악을 듣는 가장 중요한 이유는 분위기를 고조시키기 위해서다. 스포티파이는 몰입되는 플레이리스트를 통해 당신 삶을 주제로 한 음악 앨범이 되어준다. 내가 이 책을 쓰고 있는 현재, 스포티파이는 나에게 "집중적인 학습Intensive Study"이라는 재생 목록을 제안했다.

이런 것이야말로 기술을 활용해 제품과 감정의 연결을 지속적으로 유지시키는 좋은 예다.

사용자 경험을 통해 소비자와 기업 간에 감정을 형성하는 또 다른 예는 덴버 국제공항Denver International Airport의 재기이다. 1995년 문을 열었을 때, 이 거대한 공항을 두고 미국 최악의 공항이라는 평이 일반적이었다. 공항은 외떨어진 곳에 있는데다가 비싸기까지 했다. 게다가 수하물 처리 시스템은 좋게 말해서 이해 불가, 설명 불가였다.

7년 전, 덴버 공항의 경영진은 초점을 항공사에서 승객의 경험으로 옮기면서 접근 방식을 전환했다. 더 빠른 와이파이 시스템을 구축하기 위해 수백만 달러를 투자하고, 좌석에 1만 개의 충전 콘센트를 추가했으며, 상점과 식당을 모집하고, 모유 수유를 해야 하는 여성들을 위해 별도의 공간을 마련하고, 보안 검색을 신속하게 통과하도록 재정비했다. 겨울에는 무료 스케이트장, 여름에는 18홀 미니어처 골프장으로 활용할 수 있는 공공 광장이 들어섰다.(스케이트와 골프채를 무료로 빌릴 수 있다.)

킴 데이^{Kim Day} 공항 대표는 이렇게 말한다. "즐거운 승객은 돈을 더 많이 씁니다. 승객 1인당 지출이 2013년 10.82달러에서 2017년 12.37달러로 증가했습니다. 수익이 증가하면서 항공사에 부과하던 요금이 줄어들었고, 덕분에 항공사에게는 덴버로의 비행이 매력적으로 바뀌었습니다."[56]

덴버 국제공항은 2018년 〈월 스트리트 저널〉이 선정한 미국 최고의 공항에 올랐다.

고객 경험에서 무시할 수 없을 정도로 중요한 또 한 부분은 서비스다. 고객 서비스의 상호작용이 나쁘면 당연히 브랜드 충성도에 부정적인 영향을 미친다. 조사 결과에 따르면, 소비자 중 4분의 3은 고객 서비스가 좋지 않을 경우 그 제품을 구입할 가능성이 낮다고 한다. 특정 브랜드를 고객의 고려 대상에서 멀어지게 만드는 가장 중요한 요소가 고객 서비스인 것이다.

브랜드는 신속하면서 원활하게 흘러가는 경험을 제공해야 한다. 강력한 입소문 콘텐츠는 보통 판매 중 또는 판매 직후에 생성된다. 구매를 경험한 당신의 고객은 당신의 이야기를 어떤 식으로 전하게 될까?

사용자 제작 콘텐츠 user-generated content

3장에서 직원 제작 콘텐츠를 불러일으킬 수 있는 아이디어에 대해 다룬 바 있지만, 사실 그보다 널리 퍼진 아이디어가 UGC, 즉 사용자

인간적인 브랜드가 살아남는다

제작 콘텐츠다.

사용자 제작 콘텐츠는 간단히 말해, 사람들이 자신의 제품을 향한 애정을 진술하고 정직하게 게시하는 것이다. 인스타그램의 사진, 블로그 게시물, 호텔이나 콘퍼런스에서의 페이스북 라이브 이벤트 등은 게시자의 진심이 담긴 광고라 할 수 있다. 애드위크 AdWeek는 사용자 제작 콘텐츠가 지닌 힘에 대해 "마케팅 세계를 향한 소셜 미디어의 가장 중요한 공헌"이라고 평가했다. 연구 결과에 따르면,[57]

- UGC를 포함하는 사회 캠페인은 참여율이 50%가 증가한다.
- UGC가 등장하는 광고의 클릭률이 5배 더 높다.
- 한 조사에서는 응답자의 90%가 UGC가 온라인 구매에 영향을 미쳤다고 답했는데, 이는 검색 엔진 결과, 이메일 마케팅, 광고 또는 회사 소셜 미디어 게시물보다 높은 비율이다.

이러한 성공은 자연스럽게 마케팅 기술 세계로부터 주목을 끌었고, UGC를 발견하고 큐레이팅하고 심지어 발생시키는 데 도움을 줄 수 있는 수많은 플랫폼이 생겨났다. 하지만 적극적으로 노력하기만 하면 어느 기업이든 고객의 입소문을 만들어낼 수 있다. 다음과 같은 전술을 고려해 보자.

① 고객이 느끼는 기쁨은 상품을 구매할 때 최고조에 달한다. 그러한 감정을 잘 활용해서 고객이 구매 시점에 소셜 미디어 게시물을 올리는 등의 행동을

취하도록 유도하라.

② 컨설팅 에이전시 넷스피어 스트래티지스 Netsphere Strategies 에 따르면, 미국 고객의 63%, 영국 쇼핑객의 66%가 브랜드나 소매업체에서 올린 사진보다 고객이 올린 제품 사진을 더 신뢰한다고 한다. 비즈니스 입장에서 아주 간단하게 택할 수 있는 전략은, 고객으로 하여금 즐거움이 상승하는 두 번째 지점, 즉 고객이 제품을 받은 직후에 시각적으로 제품을 추천하는 행동을 취하도록 만드는 것이다.

③ 고객에게 브랜드에 참여할 이유를 제공하라. 나는 고객들에게 "인스타그램 순간"을 만들라고 장려한다. "인스타그램 순간"은 고객 환경에서 강력하거나 재미있는 또는 놀라운 시각적 요소를 말한다. 치과 교정 전문의 타라 고스토비치 Tara Gostovich 는 치아 교정기를 제거한 아이들을 위해 말 그대로 레드카펫을 깔아준다. 치아 교정기를 뺀 고객에게 왕자나 공주가 쓰는 왕관과 멋진 선글라스를 착용하게 하고, 직원들은 사진을 찍어 고객의 부모에게 전송한다. (도넛, 고릴라, 강아지 등 어떤 형태로든) 모형 풍선을 놓아두면 사람들은 그 앞에서 사진을 찍고 친구들과 공유할 것이다.

④ 작가 제이 배어 Jay Baer 와 다니엘 레민 Daniel Lemin 은 《토크 트리거 Talk Triggers》라는 책을 썼는데, 그 안에는 다른 사람들과 공유할 수 있는 순간을 만들기 위해 공감, 유용성, 관대함, 속도, 태도를 최적화할 수 있는, 논리적이고 충분히 따라할 수 있는 전략으로 가득하다. 아주 간단하면서도 재미있는 주제로 대화를 이끌어내는 것도 좋은 접근 방법이다.

UGC를 장려하는 가장 좋은 방법은 사진이나 글을 게시할 가치가

인간적인 브랜드가 살아남는다

있는 일이 고객에게 일어나도록 하는 것이다. 당시 인쇄 및 홍보자료 제작업체 비스타프린트^{Vistaprint}의 브랜드 커뮤니케이션 담당 이사였던 사라 누네스^{Sarah Nunes}와 팀원들은 브랜드 로고가 찍힌 레저용 자동차를 타고 6개월 동안 전국을 돌며 고객들과 만나 고객들이 그녀의 회사에 대한 콘텐츠를 만들 수 있는 기회를 주었다.

"고객들이 우리 제품 사진을 찍어서 올리는데 정말 멋진 사진들이 많아요." 사라는 말했다. "그러면 우리는 그 사진들을 소셜 미디어와 웹사이트에 올려서 가능하면 다른 사람들과 공유하려 합니다. 고객에게 우리의 고마운 마음을 표현하는 동시에 고객의 비즈니스 홍보에도 도움을 주는 방법인 거죠. 올라온 사진을 본 다른 고객들은 자기도 사진을 게시해야겠다는 동기 부여를 받아요. 그러면서 우리에게는 마케팅 기회가 넓어지는 겁니다."[58]

구전 마케팅

구전 마케팅 또는 입소문 마케팅^{word-of-mouth marketing, WOMM}은 제품을 홍보하는 가장 오래된 방법이며, 여전히 가장 효과적인 방법일 수 있다. 대부분의 사람들이 화면에 얼굴을 파묻고 사는 세상에서 실제 살아 있는 누군가가 제품을 추천하는 말을 듣는다면 제품에 대한 느낌의 무게가 달라진다.

이는 수치로도 증명이 된다. 평균적으로 우리는 하루의 30%를 대화하며 보내는데, 대화의 15%는 브랜드 혹은 제품 관련 내용이다.[59] 어떻게 하면 그 대화에 당신의 이야기를 끼워 넣을 수 있을까?

입소문 마케팅은 여러 사례를 통해 그 효과가 입증되었지만 인내심과 힘든 노력을 요하기에 활용도는 낮은 편이다. 심지어 자동화할 수도, 알고리즘을 만들 수도 없다. 당신이 소비자 섬에 모습을 드러내서 이런 대화가 이루어지도록 해야만 한다.

이 기법을 처음 연구하고 이론을 정립한 사람은 인게지먼트 랩Engagement Labs의 에드 켈러Ed Keller와 그의 팀이었다. 그의 팀은 인구의 약 10%는 자신이 발견한 것을 다른 사람과 공유하면서 인생 최고의 행복을 느끼고, 이를 중요하게 생각하는 **슈퍼 공유자**super sharers라는 사실을 알아냈다. 만약 당신이 이들 앞에 뭔가 특별하고 중요한 것을 둔다면 나머지 일은 그들이 알아서 처리해 주고 당신의 이야기를 방방곡곡에 알려줄 것이다.

입소문의 기본 전략은 다음과 같다.

통찰력과 연구를 바탕으로, 당신의 회사나 제품에 대해

진정성, 흥미, 관련성, 반복성이 담긴 스토리를 구축하라

그렇게 만든 당신의 스토리를 유기적으로

공유해 줄 수 있는 주요 고객들과 연결해라

이 활동을 지속적으로, 효과적으로 대면 환경과 창조적 활동을 통해서

잘 해낼 수 있는 역량을 구축하고, 다른 사람들도 그렇게 하도록 훈련하라

인간적인 브랜드가 살아남는다

가짜 뉴스와 중독성 짙은 소셜 미디어가 대세를 이루는 세상에서, 입소문 마케팅 같은 구식 기법이 오히려 새로운 활력을 찾고 있다. 켈러 박사는 미국 소비자 구매의 19%가 온라인과 오프라인 모두에서 입소문의 결과로 발생했다는 사실을 발견했다.[60]

룸앤보드, 룰루레몬, 예티를 비롯해 앞서 언급했던 몇몇 사례 연구에 등장한 기업들은 전통적인 광고, 마케팅, 홍보 수단이 아니라 입소문 마케팅에 거의 전적으로 의존했다.

앨리자 프로이트Aliza Freud는 아메리칸 익스프레스American Express 글로벌 마케팅 및 브랜드 매니지먼트 부사장 출신으로 현재 시장 조사 업체 쉬스픽스SheSpeaks의 CEO를 맡고 있다. 그녀는 자신의 연구와 고객에 대한 뉴스를 확산시키기 위해 입소문 마케팅에 의존한다.

"당신이 도달하고 싶어 하는 대중들이 신뢰하는 진정성과 목소리를 지닌 사람이 바로 소비자들입니다." 앨리자는 말을 이었다. "고객이 제품의 유용성에 대해 이야기하기까지, 그들이 융통성과 자신만의 통제권을 발휘할 수 있도록 허용해야 합니다. 마케터인 우리는 종종 제품의 특징에만 몰두하죠. 하지만 소비자는 자기의 삶을 더 좋고, 더 쉽고, 더 흥미롭게 만드는 데 당신이 얼마나 유익한지, 중요한지에 대해서만 신경 씁니다. 만약 소비자가 당신의 제품이 자기 삶에 진정한 혜택을 준다고 분명하게 전할 수 있다면, 당신은 훌륭한 스토리를 갖추게 되는 겁니다."[61]

글로시에Glossier의 CEO 에밀리 와이스Emily Weiss는 입소문 마케팅을 통해 자신의 패션 블로그를 수백만 달러짜리 밀레니얼 메이크업 제국으로 완전히 탈바꿈시켰다.

에밀리는 브랜드의 진짜 팬, 즉 브랜드의 모든 제품 발표와 인스타그램 게시물, 인터뷰, 행사를 따르고 함께하는 글로시에의 소녀 군단 덕분에 회사가 폭발적인 성장을 이루고 문화적인 영향력을 발휘할 수 있게 되었다고 한다. 이 진짜 팬들은 소셜 미디어 그리고 자신의 실생활에서 팔로워들에게 글로시에 브랜드의 메시지를 널리 퍼뜨린다. 에밀리는 글로시에가 거두는 수익의 90%를 이런 팬들이 책임지고 있다고 추정한다.

글로시에의 세계에서 화장품은 단순한 제품이 아니라 콘텐츠다. 에밀리는 신제품 하나를 만들 때마다 고객의 입소문에 불을 붙일 수 있는 기회로 본다.[62] 상품과 이벤트에 "화젯거리"를 심어 넣으면 진짜 팬들이 자발적으로 "소셜 오브젝트social object(사람들 사이에 인간적 관계를 이어주는 매개체-옮긴이)"를 만들어내기도 한다.

게이핑보이드Gapingvoid의 휴 매클라우드는 이렇게 설명했다. "우리 모두는 자연스럽게 자신의 밖에 있는 무언가에 열광한다. 나 같은 경우는 그 대상이 마케팅과 만화 영화라 할 수 있다. 어떤 사람들은 휴대폰이나 스카치 위스키, 애플 컴퓨터, 나스카NASCAR 레이싱 또는 보스턴 레드삭스Boston Red Sox 야구팀에 빠져 있을 수도 있다. 자신이 좋아하는 것에 열정적인 관심을 보이는 사람들의 네트워크 안에서는 이 모든 것이 소셜 오브젝트로 작용한다. 당신이 어떤 산업에 종사하든지, 당신의 제품 카테고리에 푹 빠진 사람이 있기 마련이며 이들은 당신의 제품(또는 경쟁사의 제품)을 소셜 오브젝트로 사용하고 있다.

만약 당신이, 이렇게 어떤 제품에 미친 사람들이 그 제품을 통해 어떻게 다른 사람들과 어울리고 연결하는지 이해하지 못한다면, 당신에게는 마케팅 계획이 없는 것과 마찬가지다. 아마 마케팅 계획은 고사하고 실행 가능한 사업 계획조차도 없을 것이다."[63]

이 책의 핵심 내용 중 하나가, 이제 마케터들은 디지털 대화창을 닫고 밖으로 나와서 고객과 대화해야 한다는 것이다. 고객들이 이미 어떤 식으로 당신의 이야기를 공유하고 있는지를 알아내면 당신의 비즈니스를 위한 입소문 마케팅 전략을 수립하는 데 도움이 된다.

내 웹사이트를 방문해서 당신에게 소중한 도움을 줄 무료 입소문 마케팅 워크북을 찾아보라.

또래 관찰

크랜필드 경영대학원Cranfield School of Management의 연구원들이 발견한 사실에 따르면, 사람은 친구들이 무엇을 구매하는지 관찰한 뒤에 구매 결정을 내리고 브랜드에 대한 의견을 형성하는 일이 흔하다. 또한 제품을 추천하는 말을 듣는 것만큼이나 보는 것으로 많은 심리적 영향을 받는다고 한다.[64]

말이 된다. 살면서 내려야 하는 결정이 한두 가지가 아닌 상황에서 다른 사람이 특정 브랜드를 사용하고 있다면 자신 또한 그래도 되겠다고 안심하고 행동함으로써 수고를 덜 수 있으니까.

연구원들은 또래 관찰을 가능하게 해주는 전략에 네 가지 핵심이 있다고 한다.

① **차별되게 브랜딩하라.** 제품이 눈에 띄는 정체성을 가지면 우리가 어떤 제품이 사용되고 있는지 구별하는 데 도움을 줄 수 있다. 예를 들어, 애플의 대표 제품인 흰색 이어폰이다. 우리는 로고가 보이지 않아도 그 제품이 애플이라는 것을 안다. 또 다른 예로는 기네스^{Guinness} 전용 파인트 글라스를 들 수 있다. 기네스를 주문하면 항상 기네스 로고가 새겨진 전용 파인트 글라스에 담아준다. 바의 희미한 불빛 아래에서 척 보기만 해도 파인트 글라스에 담긴 기네스는 알아볼 수 있다!

② **그룹에 어필하라.** 단체 할인이나 특가 상품을 제공하면 그룹을 끌어들일 수 있고, 그 덕분에 다른 친구들도 그 브랜드에 돈을 쓰는 마음을 쉽게 이해하게 된다.

③ **눈에 보이지 않는 고객 행동을 노출하라.** 웹사이트에 얼마나 많은 사람들이 구매하고 있는지에 대한 수치와 통계를 올리면 매출이 증가하고, 입찰 경쟁 시에는 고객이 지불할 가격도 올라간다. 자신과 같은 그룹의 일원이 경쟁에 참여한다는 사실을 알게 되면 느끼는 가치가 오를 테니 더욱 좋은 일이다.

④ **제품 출시에 또래 관찰을 활용하라.** 허치슨^{Hutchison}은 소셜 미디어 사용이 가능한 모바일 단말기 INQ를 출시하면서 젊은이들을 고용해서 붐비는 환승역 주변에서 자사의 밝고 화려한 단말기를 사용하도록 했다. 사람들이 그 모습을 보고 자신을 그들과 동일시한다면 제품에도 관심을 갖고 구입하게 될지 모른다.

절정을 경험하게 하라

판매가 이루어진 후에 입소문을 일으키는 가장 좋은 방법 중 하나는 고객의 경험 속에 공유할 만한 순간을 설계해 넣는 것이다. 조직 행동론의 선구자로 꼽히는 칩 히스Chip Heath와 댄 히스Dan Heath 형제는 저서 《순간의 힘The Power of Moments》에서, 기업이 고객들에게 다른 사람들과 공유할 수 있는 기억에 남을 만한 최고의 경험을 제공한다면 그 고객은 중간 과정에서 실수 혹은 부족한 점을 발견하더라도 쉽게 용서한다고 말한다.

명문 호텔의 대명사 격인 호텔 벨에어Hotel Bel-Air 바로 앞에 있으며, 트립어드바이저TripAdvisor가 LA 최고의 호텔 중 하나로 선정한 매직 캐슬 호텔Magic Castle Hotel을 생각해 보라. 이 호텔에는 3,000개 이상의 후기가 달려 있으며, 이 중 94%가 "최우수" 또는 "매우 우수" 평가를 내리고 있다.[65]

하지만 이런 평가에 의구심이 들 수도 있다. 온라인에서 호텔 사진을 찾아보면 "역시 LA 최고의 호텔!"이라는 말이 쉽게 나오지 않는다. 수영장은 작고, 객실은 오래되었으며, 가구도 별 볼일 없는데다, 벽에는 특별한 그림이나 장식도 없다. 솔직히 말하면, 이런 걸 과연 "호텔"이라고 할 수 있을지 확신이 서지 않을 정도다. 사실 매직 캐슬의 건물은 1950년대에 지은 2층짜리 아파트 단지를 개조해서 노란 페인트를 칠한 것이다. 척 보면, 괜찮은 중저가 모텔처럼 보인다. 어떻게 이런 곳이 LA에서 가장 좋은 호텔 중 하나일 수 있단 말인가?

먼저 수영장 근처에 있는 체리색 전화기부터 살펴보자. 고객이 전화기를 집어 들면 이런 응답이 들려온다. "안녕하세요, 아이스크림 핫라인입니다." 주문을 하고 몇 분 후면 하얀 장갑을 낀 직원이 체리, 오렌지, 포도 중에서 고객이 주문한 아이스크림을 수영장으로 배달해 준다. 은쟁반에 담아서, 무료로 말이다.

그리고 킷캣Kit-Kat부터 치토스Cheetos까지 각종 스낵을 무료로 제공한다. 보드게임과 DVD 메뉴도 있는데, 모든 것이 무료다. 그리고 일주일에 세 번은, 아침 식사 시간에 마술 쇼가 벌어진다. 아무리 많은 세탁물을 맡겨도 모두 무료로 세탁을 해주는 서비스 또한 빼놓을 수 없다.

호텔은 고객을 즐겁게 해주는 방법이 세부 사항 하나하나에 집착하는 것이 아니라는 사실을 파악했다. 당신이 마법 같다고 느낄 절정의 순간을 몇 차례 제공하면 고객들은 작은 수영장이나 별 볼일 없는 장식에 대해서는 모두 용서해 줄 것이다.

우리가 긍정적인 평가와 고객들의 대화를 이끌어낼 수 있는 최고 수준의 경험을 고객에게 제공한다면 어떨까?

당신이 비즈니스를 통해서 고객의 감정을 고양하고 싶다면 세 가지 특성을 고려해 보자.

- **감각을 더욱 충족시켜라.** 보기 좋은 것, 맛있는 것, 듣기 좋은 것, 기분 좋은 것이 일반적으로 그렇지 않은 것보다 좋은 법이다.
- **위험 보상을 올려라.** 시합, 게임, 공연을 개최하거나 마감일을 정하거나 또는 공개 선언을 하는 등 생산적으로 압박감을 주는 요소를 추가하라. 의도적으로 "경쟁의 판"을 키우도록 하라. 우리는 무언가 확실한 상황에서 편안함을 느끼지만, 확실하지 않은 상황에서는 살아 있음을 느낀다.
- **짜인 각본에서 벗어나서 경험에 대한 기대치를 깨트려라.** 무료로 제공하는

인간적인 브랜드가 살아남는다

아이스크림, 하얏트 호텔에서의 포옹, 나처럼 책에 있는 멋진 자료들을 공짜로 나눠주는 것처럼!

당신이 평범함을 넘어서 감정을 고양시키는 순간을 선사했는지의 여부는 사람들이 카메라를 꺼내는지 아닌지로 간단하게 판단할 수 있다. 그 순간에 사람들이 사진을 찍는다면 당신이 제공한 순간이 특별한 게 틀림없다. 바로 그때가 대화를 만들어내는, 감정이 북돋은 순간이다.

히스 형제는, 고객이 참여하는 과정에서 그리고 마지막 순간에서 느끼는 절정의 경험이 특히 중요하다는 점을 발견했다. 형제는 디즈니^{Dis-ney}의 한 테마파크에서 고객들이 매 시간마다 느끼는 만족도를 1에서 10까지 평가해 줄 것을 요청했을 때를 예를 들어 설명했다. 예를 들어, 비싼 티켓 값을 지불하는 첫 번째 시간은 2점의 평가를 받을 수 있다. 두 번째 시간에는 줄을 서서 탈 것을 기다려야 하기 때문에 3점을 받는다. 마지막 세 번째 시간은 10점이다. 아이들이 미키마우스^{Mickey Mouse}를 만나는 순간이기 때문이다. 하루의 마지막 시간인 퍼레이드와 불꽃놀이는 거의 항상 9점 또는 10점을 받기 마련이다.

이런 식으로 모든 시간의 평점을 합쳐 평균을 내면, 일반적으로 6점이 나온다. 하지만 실제 고객을 대상으로 하루 종일 겪었던 경험의 평균 점수를 매기라고 했더니 9점으로 평가했다. 이는 사람들이 최고의 경험과 마지막 경험을 기억하고, 그 사이에 있었던 표 구입하기, 줄 서서 기다리기 등 실망했던 순간은 쉽게 잊기 때문이다.

이 결과는 당신이 고객과 연결을 구축하는 데 필요한 강력한 통찰력을 준다. 당신의 회사에서는 누가 절정의 경험을 창출하는 일을 맡고 있는가? 아니면 차라리 질문을 뒤집어서, 오렌지 아이스크림을 무료로 제공해 봐야 돌아오는 게 뭐냐며 당신의 아이디어를 깔아뭉갤 사람은 누구일까?

심리적 소유 의식 psychological ownership

심리적 소유 의식이라는 단순한 개념을 이해하면, 앞서 언급했던 장인적 마케팅의 매력을 설명하는 데 도움이 된다. 소비자가 제품에 몰입하면 하나 되는 느낌을 받으면서 제품을 자기 정체성의 연장이자 확장으로 여기는 경향이 있다.

나와 함께 일하는 한 기술 회사는 새로운 제품 특징과 디자인을 고안하는 초기 단계에서 고객을 참여시킨다. 최종 제품이 출시되면, 고객들은 자신이 제품 제작 과정에 동참했다는 사실과 그에 따른 자부심 때문에 제품을 강력히 지지한다.

뉴욕공과대학교 New York Institute of Technology 마케팅학과 조교수 콜린 P. 커크 Colleen P. Kirk에 따르면, 고객은 심리적으로 어떤 제품에 동질감을 느낄 때 그 제품을 더 많이 사고, 더 많이 소비하고, 더 많이 추천하는 경향이 있다.[66]

심리적 소유 의식을 구축하기 위해 기업은 다음과 같은 방법들을 사용할 수 있다.

인간적인 브랜드가 살아남는다

- 고객이 제품 설계와 제작에 관여할 수 있도록 함으로써 **고객의 통제력을 향상하라.** 티셔츠 업체 스레드리스Threadless는 사용자들로 하여금 직접 독창적인 디자인을 제안하게 하고, 그중에서 가장 좋은 디자인을 투표로 뽑게 한다. 그런 다음 회사는 뽑힌 디자인으로 제품을 제작하여 판매한다.

- 소비자가 개인 맞춤화할 수 있는 제품을 만들어 **"동질감"을 고취하라.** 소비자들은 제품을 개인의 취향에 따라 변경할 수 있을 때 더 많이 구매하고, 친구들에게 제품을 추천할 가능성도 더 높다는 연구 결과가 있다. 앞서 5장에서는 고객이 옷을 맞춤 제작하거나 직접 운동화를 제작할 수 있도록 하는 회사를 언급한 바 있다. 코카콜라는 소비자들이 개별 이름이 들어간 맞춤형 캔을 주문 제작할 수 있도록 했고, 판매량은 12주 만에 3% 가까이 증가했다.

- 고객 자신이 마치 내부자처럼 느낄 수 있도록, 관계자가 아니면 알 수 없는 **제품과 관련된 지식을 제공하라.** 고객들은 제품이나 브랜드의 모든 면을 알고 있다고 믿을 때, 자신이 그 제품과 독특한 관계에 있다고 느낀다. 자신이 다른 친구들보다 어떤 음악 밴드에 대해 먼저 알고 있었다는 이유로 자기가 그 밴드를 찾아냈다고 주장하는 친구를 떠올려보라. 웬만하면 팬클럽에 참여시키지 않고 배타적인 태도를 보인다고 해서 악명 높은 스타워즈Star Wars 팬들이 심리적 소유 의식을 대표적으로 보여준다고 할 수 있다.

어떻게 하면 당신의 비즈니스는 고객을 당신 가까이에 두면서 심리적 소유 의식을 확립할 수 있을까?

경험 마케팅 experience marketing

경험(또는 체험) 마케팅은 재미있고, 상호작용적이며, 서로에게 유익한 활성화activation를 통해 고객을 브랜드 스토리에 몰입시킨다.

나는 매년 텍사스주 오스틴에서 열리는, 영화, 음악, IT를 아우르는 세계 최대 창조산업 축제 SXSW에 간다. 세계 각국에서 선구적인 아이디어를 지닌 사람들과 기업이 모이는 SXSW는 경험 마케팅을 위한 축제의 장이라 할 수 있다. 대형 브랜드들이 도시의 모든 공원, 음식점, 길모퉁이의 공간을 차지하고는 사람들의 마음을 혹하게 만들고 기억에 남을 만한 활성화 경험을 만들어낸다. 메르세데스 벤츠Mercedes-Benz의 콘셉트 카에서 가상현실 시험 운전을 할 수도 있고, 에일리언웨어Alienware의 새로운 컴퓨터 게임 기술을 시도해 보거나, 블록버스터 영화의 창작 과정에 대해 대화를 나누는 스타들과 감독들을 만날 수도 있다.

그중에서도 내가 가장 마음에 들었던 것은 HBO 브랜드가 공상 과학 시리즈 웨스트월드Westworld를 홍보하기 위해 준비한 활성화 경험이었다. HBO는 광고 대행사 자이언트 스푼Giant Spoon과 협업을 통해, 유령 도시를 빌려 웨스트월드 세트장을 설치했다.

일단 행사에 초대받은 사람들이 모두 바에서 만났는데, 그 바는 TV에서 보았던 상징적인 소품들로 장식한 살롱으로 꾸며져 있었다. 그런 다음 우리가 올라탄 버스는 유령 도시로 향했고, 그곳에서는 체험을 제공할 연기자들이 우리를 반겨주었다.

그곳의 건물, 인물, 의상을 포함해 작은 것 하나까지 믿기 힘들 정도

인간적인 브랜드가 살아남는다

로 섬세함이 깃들어 있었지만, 그보다 더 좋았던 점은 초대받은 사람한 명, 한 명에게 스토리라인Story line이 주어졌다는 것이다. 누군가 내게 다가와서 우체국에 편지가 도착했다고 말해주면, 나는 그 편지를 확인하기 위해 직접 마을을 가로질러 우체국으로 가야 한다. 누군가는 숨겨진 문을 찾아 열었다가 그 방에서 베일에 싸여 있던 로봇의 비밀을 찾아낼 수도 있다. 어떤 사람은 길 한복판에서 연기자들이 벌이는 싸움에 휘말릴 수도 있고 아니면 보안관에게 쫓기는 신세가 될 수도 있다. 먹고 마실 거리도 충분했고, 그곳에서의 모든 활동이 재미있었다.

참가자 모두가 놀랍도록 멋진 경험을 동영상과 사진에 담으며, 브랜드 해시태그를 실어 소셜 미디어에 날랐다. 나도 두어 시간 정도 돌아다니면서 사진과 비디오를 찍고 연기자들과 인터뷰도 했다. HBO의 활성화 경험이 성공적이었냐고? 내가 이 책에 이렇게 소개한 것만 봐도 알 수 있지 않을까?

자이언트 스푼의 트레버 거스리Trevor Guthrie는 HBO의 목표가 SXSW를 "휩쓸어버리는" 대단한 경험을 창출하는 것이라고 말했다. 언론 보도와 소셜 미디어에 올라온 게시물로 볼 때, 자이언트 스푼과 HBO는 정말로 SXSW를 휩쓴 게 틀림없다.

하지만 모든 마케팅에 그렇게 극적인 요소만 있는 것은 아니다. 당시 SXSW 행사에서, 델은 유명 작가 월터 아이작슨Walter Isaacson을 초대해 패널과 함께 로봇 공학을 주제로 진행한 대담을 후원했다. 케이스 재단Case Foundation은 자신들이 지원하는 자선 단체에 대해 알려주는 가상현실 디스플레이를 운영했다. 브라질 정부는 떠들썩한 분위기 속에서 브라질 대표 음악과 요리를 주제로 한 파티를 개최하면서 사람들에게 브라질 방문에 대한 흥미를 불러일으키고자 했다.

좋은 브랜드 경험을 만들기 위해서 무엇이 필요할까? 여기에는 세 가지 필수 요소가 있다. 이 중 하나라도 건너뛸 수 없으며, 이 세 가지 모두가 반드시 필요하다.

① 무엇이 고객을 즐겁게 하는가에 맞춰 경험을 조정하라. 브랜드 경험은 유의미해야 하며, 왜 고객이 그 무언가에 관심을 갖는지 알고 있어야만 브랜드 경험이 의미를 지닐 수 있다(사무실 밖으로 나와서 사람들을 직접 만나야 하는 또 다른 이유다!).

② 당신이 무엇을 옹호하는지를 소비자가 이해하지 못할 정도로 동떨어진 경험은 만들어내지 말라. 브랜드가 내건 약속과 재미를 연결시켜라.

③ 상호 이익이 되는 경험을 만들어내라(흔히 감정적 연결을 통해 관계가 단단해진다). 연락처나 개인 정보를 얻기 위해 티셔츠를 나눠주거나 돌림판 게임을 통해 사은품을 제공하는 것은 무의미한 행위로, 끈끈하고, 의미 있으며, 가치 있는 관계를 구축하는 데는 아무런 도움도 되지 않는다. 그건 거래일뿐이지 경험이 아니기 때문이다. 그렇게 해봐야 공짜 티셔츠를 원하는 사람만 끌어들일 뿐, 관계를 원하는 사람을 끌어들이지는 못한다.

고객이 마케터인 세상에서 고객에게 이야깃거리를 제공하는 즐겁고 의미 있는 경험을 만들어내는 것은 거의 모든 비즈니스에 통용되는, 시간을 초월하는 전략이다.

인간적인 브랜드가 살아남는다

리뷰

과거에 우리는 브랜드가 하는 말을 믿을 수밖에 없었기 때문에 브랜드가 우리를 지배할 수 있었다. 우리에게는 브랜드의 주장이 사실인지 시험할 방법이 없었다. 그런데 인터넷이 상황을 영원히 바꾸어 놓았다. 이제는 모든 것에 리뷰, 평점, 평가가 달리고, 전 세계 모두가 그 내용을 볼 수 있게 되었다. 지나치게 야심 찬 포지셔닝 전략(소비자의 마음 또는 인식에서 경쟁 브랜드에 비해 특정 브랜드가 차지하고 있는 위치를 강화하거나 변화시키는 전략-옮긴이)을 실행하는 브랜드는 퇴출될 것이다. 무책임하거나 비윤리적이라고 판단되는 기업들은 군중의 분노에 직면할 것이다.

무언가를 산다는 것은 스트레스다. 이 세상의 모든 지식이 손안에 있는데 그걸 제대로 활용하지 못해서 완벽한 구매 결정을 내리지 못한다면 스스로 죄책감을 느끼기도 한다. 구매하기 전에 검증을 거치는 것이 훨씬 더 안전하며, 이제는 사용 리뷰 덕분에 힘들이지 않고 그렇게 할 수 있게 되었다.

종종 대수롭지 않게 지나치는 리뷰의 형태 중 하나가 체험 리뷰 영상이다. 소비자 리뷰 영상은 확연히 증가 추세를 보이고 있다.

사실은 이런 영상이 옐프나 트립어드바이저 같은 일반적인 리뷰 사이트에서 받은 별의 개수보다 더 중요할 수도 있다.

구글의 사용자 경험 책임자인 사라 클라인버그Sara Kleinberg는 다음과 같이 예를 들어 설명한다.[67] "사람들은 휴가지를 정하기 전에 실제 상황이 어떤지 알고 싶어 합니다. 다른 가족이 묵은 호텔 객실이 괜찮은

지, 편의 시설은 어떤지, 주위에 어떤 관광 명소가 있는지를 비롯해 모든 것을 보고 싶어 하죠. 심지어 다른 사람의 아이들이 재미있게 놀고 있는지 아닌지도요. 다행히도, 사람들은 자기가 묵었던 호텔 방, 전체적인 위치, 놀거리 등에 대해서 리뷰 영상을 올려줍니다."

사라는 말을 이었다. "요즘의 소비자는 조사에 집착합니다. 엄청나게 많은 조사를 해야 편안한 마음으로 결정할 수 있거든요. 그래야 안심이 되는 거죠.

사람들은 수영장에서 다른 아이들이 재미있게 노는 동영상을 보면서 자기 아이들의 모습을 떠올립니다. 또한 그런 영상이 회사에서 홍보 목적으로 잘 다듬어서 만든 모습이 아니라, 자기와 비슷한 사람의 눈을 통해 보이는 실제 상황이라는 걸 알고 있죠. 사람들이 유튜브에서 리뷰 영상을 보는 시간이 600% 늘어났다는 사실은 타인의 경험을 확인하는 행위가 이제는 의사 결정에서 의미 있는 부분이 되었음을 보여줍니다."[68]

많은 제품군에서, 실사용자가 만든 영상은 가장 강력한 영향력을 가진 후기를 제공하며, 결국 판매에도 영향을 미친다. 예를 들면,

- **자동차**: 사람들은 신차를 구입한 첫날을 영상에 담는다. 승차감, 라디오 음질, 예상 연비 등 차와 관련된 온갖 부분을 공유하는 "첫 시승" 관련 영상은 끝도 없이 많다.
- **화장품**: 화장품을 처음 사용해 보고 제품이 어떤지 알려주는 "첫인상" 동영상은 엄청난 인기를 끈다.

인간적인 브랜드가 살아남는다

- **음식**: 사람들은 피트니스 마니아들이 어떤 음식을 먹고 있는지 또는 채식주의자들이 레스토랑에서 무엇을 주문하는지 직접 볼 수 있다.

고객이 리뷰를 남기도록 장려하는 행위는 아무런 문제가 되지 않지만, 절대로 좋은 리뷰를 남겨달라고 부탁하지 말라. 고객에게 경험을 공유해 달라고 요청하는 선에서 끝내라. 그리고 거의 모든 리뷰 사이트에서 서비스 약관을 위배할 우려가 있으니 후기를 남겨주는 대가로 할인이나 보상은 절대 제공하지 말라. 게다가, 별 5개짜리 평가만 가득 달려 있다면 아무도 그 내용을 신뢰하지 않는다.

사실은 부정적인 평가가 몇 개 있는 것이 오히려 신뢰를 더할 수 있다. 옐프를 찾는 사람은 평균적으로 8개에서 12개의 리뷰를 본 후에 업체를 선택한다. 확실한 결정을 내리기 전에 전반적인 고객 만족도를 찾아보는 것이다. 당신의 비즈니스에 달린 리뷰 중에서 긍정 평가가 85% 이상이라면 나머지 부정 평가에 대해서는 너무 우려하지 않아도 된다.

인플루언서 마케팅

2012년, 나는 《슈퍼커넥터 Return On Influence》라는 제목으로 인플루언서 관련 서적을 처음으로 출간하면서 인플루언서가 향후 2년 이내에 마케팅 채널의 주류로 자리 잡을 것이라고 예상했다. 그리고 적어도 그 예언은 적중했다(우리 어머니에게는 그렇게 얘기한다).

인플루언서 마케팅 기법의 배경에 깔린 핵심 의도는, 참여하는 고객

층을 구축하기 위해 오랜 기간 동안 열심히 활동한 사람이 쌓아온 신뢰를 브랜드가 차용하겠다는 것이다. 신뢰도가 있는 유명인, 업계 선두 주자, 혹은 심지어 인기 있는 친구가 브랜드에 대해 올린 게시물은 인지도를 빠르게 창출하고, 판매를 촉진할 수 있다. 한편 오늘날, 인플루언서 마케팅은 마케팅 분야에서 가장 뜨겁고 가장 논란이 많은 주제이기도 하다.

인플루언서 마케팅에 대해 더 배우고 싶은 사람이라면 자료는 주위에서 얼마든지 찾을 수 있다. 이 책에서는 당신이 블로그 같은 데서 흔히 찾을 수 있는 자료에 대해서는 언급하지 않겠다. 대신에 몇 가지만 정확히 짚고 넘어가려 한다.

인플루언서란?

나는, 공유되는 콘텐츠를 게시하는 사람이면 누구나 소셜 미디어 인플루언서라고 정의한다. 인플루언서는 자신의 고객 그리고 그 외의 사람들에게 아이디어를 옮길 수 있는 사람이다. 브랜드의 신뢰가 공격받는 상황에서, 사람들은 확실하고 정확한 정보를 얻기 위해 인플루언서에 의지한다. 브랜드를 믿어주고 관련성이 있는 고객에게 콘텐츠를 옮길수록 브랜드에 대한 매력도 높아진다.

스케이트보드를 판매하는 유튜브 스타나 콘퍼런스에서 연설하는 블로거를 떠올리는 사람도 있겠고 아니면 향수 선정과 화장법을 알려주는 킴 카다시안Kim Kardashian을 떠올리는 사람도 있을 것이다.

오늘날 세계에서는 사실상 인플루언서를 다섯 가지 유형으로 구분

인간적인 브랜드가 살아남는다

하기 때문에 많이들 헷갈리기도 하는데, 인플루언서의 유형에 따라 서로 다른 마케팅 접근법이 요구된다.

- **유명인**: 영화배우나 스포츠 스타를 내세워 브랜드를 알리는 행위는 1900년 대 초에 찰리 채플린Charlie Chaplin과 미국 야구선수 베이브 루스Babe Ruth의 유명세로 담배부터 핫도그까지 모든 것이 팔리기 시작하면서 시작되었다. 오늘날의 문화에서는 명성이 신뢰를 낳는다. 유명인 활용은 빠르게 이미지를 구축하고 해당 유명인의 팬층에 접근하고 싶은 경우에 이로운 접근법이다. 유명인사들은 보통 브랜드 참여도는 낮지만 도달 범위는 엄청나게 크다. 이러한 스타 활용 방식은 아주 많은 돈이 들며, 소셜 미디어에 의해 스타의 인기가 상승하기도 하지만 하락할 수도 있기 때문에 위험성도 크다!

- **매크로**macro **인플루언서**: 우리는 블로그, 비디오, 팟캐스트를 통해서 그리고 시각적 콘텐츠를 게시함으로써 누구나 인터넷에서 자신의 영향력을 발휘할 수 있는 힘을 얻을 수 있는 시대에 살고 있다. 신뢰도가 높은 스타급 매크로 인플루언서는 10만 명이 넘는, 엄청나게 많은 팔로워들에게 도달할 수 있기 때문에 브랜드들은 얼마든지 돈을 지불하고서라도 매크로 인플루언서에게 접근하기를 열망한다. 만약 당신이 브랜드 인지도와 평판을 즉시 향상시키고자 한다면 매크로 인플루언서 활용이 가장 적합한 방법이라 할 수 있다. 하지만 매크로 인플루언서들은 상호 가치 교환(브랜드 이용, 정보, 경험 또는 돈)이라는 보상이 없으면 한 브랜드에만 전념할 가능성이 낮으며, 다른 브랜드에서 더 나은 제안이 올 경우에는 심지어 당신에게 등을 돌릴 수도 있다. 이들에게 가장 중요한 대상은 자신의 청중이므로 굳이 제품이나 아이디

어에 전적으로 의지한다고 보기 어렵다.

- **전문가**: 이 그룹은 보통 2만에서 10만 명의 팔로워를 보유하고 있으며 언론인, 재계 지도자, 작가 및 주제별 전문가가 이에 해당한다. 이들은 해당 분야에서 사회적으로 인정을 받고 영향력을 끼칠 수 있는 신망을 지니고 있기 때문에 콘퍼런스 연설을 많이 한다. 브랜드를 통해 정보를 받고 임원들과 가까이 지내면서 자신의 지위와 전문성을 향상할 수 있는 기회가 있을 경우에 브랜드와 관계 맺는 것을 좋아하는 사람들이다.

- **마이크로**micro **인플루언서**: 이 그룹은 신뢰도가 높은 청중(1,000명에서 2만 명의 팔로워)을 보유하고 있으며 당신의 브랜드를 너무나도 좋아하는 사람들이다. 이들은 브랜드 관련 대화에 중요한 역할을 하며, 당신과 연관되어 있다는 사실을 자랑스럽게 여긴다. 때때로 비용에 대한 보상을 요구할 수도 있지만, 단지 당신의 제품과 장비를 자신의 친구들에게 자랑하기를 좋아한다.

- **브랜드 지지자**: 일반적인 사람들로 1,000명 미만의 팔로워를 보유하고 있기 때문에 나노nano 인플루언서라고도 한다. 이들은 스스로를 인플루언서라고 생각하지 않는다. 그저 자신의 일상에 대한 내용을 공유하는 것 그리고 이들이 당신의 팬일 경우에는 당신을 자기 일상의 일부로 만든다는 점이 너무 좋을 뿐이다. 이들이 보유한 네트워크는 작지만, 어쩌면 이들이야말로 당신의 최고 팬, 가장 열정적인 고객일 수 있다. 나노 인플루언서 활용은 비교적 저렴하고 효과적이며 큰 문제가 발생할 일이 없기 때문에 이 그룹에 관심을 보이는 브랜드가 많다.

인간적인 브랜드가 살아남는다

따라서 모든 인플루언서 마케팅이 다 똑같다고 할 수 없다. 브랜드가 연결할 수 있는 개인들의 영역은 광범위하며, 그에 따른 전략과 결과도 달라진다. 엄밀히 말하면, 인플루언서의 유형이 하나 더 있다. 바로 반려동물이다. 인스타그램의 스타 귀여운 포메리안 지프폼(@jiffpom)은 1천만 명, 심술쟁이 고양이 그럼피 캣Grumpy Cat(@realgrumpycat)은 240만 명의 팔로워를 거느리며 반려인의 지갑을 두둑하게 만들어준다.

인플루언서는 신뢰할 수 있는 친구가 된다

브랜드가 인플루언서 마케팅을 통해 얻을 수 있는 혜택이 확실함에도 불구하고 여전히, 특히 팔로워 수 및 참여율의 신빙성과 관련해서는 많은 회의론이 존재한다. 몇몇 유명 스캔들이 터지면서 일부 브랜드들도 인플루언서 마케팅에 대한 자신감이 흔들리고 있다. 어떤 소셜 미디어 전략이든 인기를 끌게 되면 곧 타락의 길로 들어서는 게 정석인 듯 싶다.

하지만 근면과 끈기를 지니고 실행하는 인플루언서 마케팅이 효과가 있다는 사실은 그 누구도 부인할 수 없다. 25~34세 사이 연령대에서, 소셜 미디어의 추천만으로도 신제품을 시도해 보고 싶은 마음이 들었다고 답한 사람이 50%에 이른다.[69] 패션, 화장품 및 엔터테인먼트 브랜드에서는 인플루언서의 추천 덕분에 엄청난 판매 이익을 올리는 일이 흔하다.

인플루언서는 따뜻하고 유능하며, 가장 중요한 건 효과적인 것으로 보인다. 평균적으로, 인플루언서는 기업에서 만든 브랜드 게시물에 비해 400~700% 더 높은 소비자 참여율을 기록한다. 인플루언서는 소셜 미디어의 일반 대중 수준에 맞추면서 팔로워 각각의 고유한 요구와 요청에 어울리는 맞춤형 응답과 관심을 제공하는데, 이는 대기업이 따라 하기에는 불가능한 일이다.[70]

인플루언서 마케팅은 패션, 음식, 엔터테인먼트, 음악, 소비자 가전, 게임, 여행 같은 산업에서 없어서는 안 될 전략이다. 하지만 이를 단순한 소비자 상품 전략으로 보아서는 안 된다. 마이크로소프트, SAP, 삼성, 오라클Oracle 같은 브랜드에서는 비즈니스 인플루언서를 분석가 및 언론 매체와 동일한 범주에 포함시키는 정교한 프로그램을 보유하고 있다.

"우리는 의도적으로, 인플루언서들에게 우리 제품을 팔도록 종용하지 않습니다." 당시 델 테크놀로지스Dell Technologies에서 인플루언서 관계를 총괄했던 콘스탄체 알렉스Konstanze Alex는 당시 이렇게 말했다. "우리 회사의 문화는 줄곧 그런 입장을 취해왔습니다. 물론 인플루언서가 '이것을 사라 또는 저것을 구매해라'라고 말해주면 좋지 않을까 하는 유혹도 있습니다만, 우리 팀은 처음부터 서로 그런 것을 결코 기대하지 않을 것이라는 점을 분명히 했습니다.

우리가 원하는 바는 이런 전문가들을 통해 우리가 할 수 있는 것, 우리가 지닌 능력에 대한 사람들의 인식을 높이는 것이지, 판매와는 전혀 관계가 없습니다.

우리는 마케터를 위한 교육 워크샵을 만들었는데, 거기서는 마케팅이 아니라 인플루언서 관계에 대한 내용을 설명합니다. 그러니까 실제

인간적인 브랜드가 살아남는다

로는 일반 대중이 아니라 인플루언서를 대상으로 하는 관계 구축 및 유지 활동 워크숍이라 할 수 있죠. 이런 관계는 아주 중요하고요, 장기적으로 이어지는 관계이며 신뢰에 기반을 둔 관계입니다."[71]

인플루언서 전략은 중소기업에도 적합하다. 내 친구 존 필립스[John Phillips]는 필립스 대장간[Phillps Forged] 이라는 아주 특이한 사업을 시작했다. 존은 오래된 구조물, 쟁기, 목재소용 톱에서 나온 강철을 회수해서 품질 좋은 수공예 칼을 만든다.

한편, 존은 내슈빌에 거주하는, 제임스 비어드상[James Beard Award] 수상 경력의 요리사 숀 브록[Sean Brock]의 팬으로, 소셜 미디어를 통해 그와 인연을 맺기 위해 노력해 왔다.

운 좋게도 존은 내슈빌 공예품 박람회에서 숀을 만나게 되었다. 존의 수공예 칼 제작에 관련된 이야기를 들은 숀은 그 칼을 자신이 운영하는 허스크[Husk] 레스토랑의 상징으로 삼고 싶어 했고, 그 자리에서 존이 부스에 진열해 놓은 스테이크 칼을 여러 벌 구입했다.

이 유명한 요리사 숀은 자기가 새로이 구입한 칼의 사진을 인스타그램에 자랑스럽게 올렸다. 업계에서 인정받는 요리사가 제품을 인정하면서 올린 사진은 그 어떤 광고보다도 효과가 있었다. 존이 아무리 많은 돈을 주고 광고를 낸다 해도 그만 한 효과를 거두기는 힘들었을 것이다. 숀이 올린 사진은 이 요리사와 그의 요리 기술을 사랑하는 모든 사람, 즉 새로운 청중에게 전달되었다.

존은 "하루 만에 이메일 박스가 칼 주문 문의로 가득 찼다"면서 이렇게 말했다. "사진 한 장이 사업에 즉각적인 영향을 끼쳤습니다." 일주일

만에 존은 인스타그램에 수천 명의 팔로워가 생겼고, 4만 달러어치의 새로운 주문을 받았다. 이제 새로운 고객들 모두 필립스 대장간 칼에 대해 이야기할 거리가 생긴 것이다.

인플루언서 마케팅 VS 입소문 마케팅

입소문 마케팅과 인플루언서 마케팅은 분명히 중복되는 부분이 있긴 하지만 확연하게 다른 점이 세 가지 있다.

입소문 마케팅에서는 스토리가 진솔하고 관련성이 있으며 흥미롭다면 사람들이 반복적으로 그 이야기를 공유해 줄 것이라는 바람을 가지고 대화를 통해 이야기를 자유롭게 풀어놓는다. 인플루언서 마케팅에서는 이미 인플루언서가 믿을 만한 평판을 지니고 있으므로 스토리가 퍼져나가게 될 거라는 걸 예측할 수 있다. 또한 유명 인플루언서 활용 시에는 어떤 고객이 얼마나 참여하는지 알 수 있는 장치가 마련되어 있으므로 측정이 쉽다.

입소문 마케팅에서는 이야기를 듣는 데 머무르지 않고 퍼 나르는 데 관심 있는 슈퍼 공유자들이 자연스럽게 당신의 이야기를 골라낸 뒤 유기적으로 퍼뜨린다. 인플루언서는 보통 이야기를 퍼뜨리는 대가로 경험, 고급 정보, 제품 사용, 때로는 금전적 후원 같은 가치 교환을 요구한다.

대부분의 국가에서는 입소문 마케팅보다 인플루언서 마케팅에 더 많은 규제를 가한다. 제품을 홍보하기 위해 인플루언서에게 무언가를 지불하는 경우, 인플루언서는 자신이 홍보하는 제품이 후원받은 광고

인간적인 브랜드가 살아남는다

라는 사실을 공개해야 한다.

인플루언서 마케팅은 앞으로도 지속될까? 그렇다. 이유는 간단하다. 인플루언서는 그냥 인플루언서가 아니다. 사람들은 이들을 전문가이자 친구로 인식한다. 그리고 섬에서는 친구가 친구를 믿기 때문이다.

사회적 증거 social proof, 사회적 검증 social validation, 콜투액션 call to action

디지털 원주민들은 아무리 싼 제품이라도 구매를 완료하기 전 고려 단계에서 네다섯 번 인터넷을 확인할 수 있다는 연구 결과가 있다. 이들이 찾는 것은 무엇일까?

어떤 선택을 내려야 하는지 고민이 앞서는 세상에서 사람들은 자기가 따르기에 가장 적합한 사람, 믿을 만한 리더, 구매하기에 이상적인 제품에 관한 단서를 간절히 원한다. 특히 비싼 제품을 구입할 때는 더욱 그렇다.

그렇기 때문에 고려 과정에서 고객에게 더욱 확신을 심어주기 위해서는 반드시 탄탄한 사회적 증거(의사 결정 과정에서 증거나 정보가 충분하지 않을 때 다른 사람의 결정을 참고하려는 현상-옮긴이)를 구축해 놓아야 한다. 사회적 증거는 고객들로 하여금 자신이 올바른 선택을 하고 있다는 점을 확인하는 데 도움을 주며, 사회적 증거에는 다음과 같은 것들이 있다.

- 증언
- 리뷰

- 당신 그리고 당신의 행복한 고객들이 나오는 사진과 영상
- 수상 경력
- 소셜 미디어 존재감

사회적 검증(본인의 태도를 동일 그룹 내 중요한 사람들의 태도와 비교, 확인하는 심리 현상-옮긴이)이란 사용자가 만든 콘텐츠, 입소문 마케팅, 리뷰 등을 통해 소비자들이 접하게 될 이야기를 뒷받침해 주는 것을 의미한다. 3장에서 언급한 룸앤보드 가구 회사 이야기를 기억하는가? 내가 회사에 대한 이야기를 듣는 동안 고려 단계가 시작되었고, 회사 웹사이트를 확인하면서 회사 고객과 공급자들이 올린 콘텐츠를 통해 그 이야기를 검증할 수 있었다.

마지막으로, 고객을 단순한 인식을 넘어서 브랜드를 진정으로 고려하는 단계로 넘어가도록 전환시키려면 혁신적인 접근 방식이 필요할 것이다. 일종의 콜투액션(소비자가 어떤 행동을 하도록 유도하거나 요청하는 메시지-옮긴이) 제공을 통해 사람들이 당신의 브랜드에 관심을 가지고 참여하도록 할 수 있다.

예를 들어, 로레알L'Oreal의 웹사이트를 방문하면 새로운 메이크업 방법을 배울 수 있다. 찰스 슈왑Charles Schwab 투자 사이트에서는 재무 계획의 기본을 배울 수 있는 도구를 찾을 수 있다. 온라인 럭셔리 패션 상품 판매 사이트 길트 그룹Gilt Groupe은 회사의 독특한 비즈니스 모델과 돈을 벌 수 있는 방법을 알려준다. 델은 당신이 회사의 디지털 전환 진행 상황을 평가하는 데 도움이 되는 무료 도구를 제공한다.

인간적인 브랜드가 살아남는다

각 사례는 소비자가 브랜드에 대해 더 많이 알게 되도록 설득하거나, 브랜드가 소비자의 구매 고려 대상에 포함되는 데 도움을 주는 고유한 제안을 강조하고 있다.

소셜 미디어에 관한 진실

불행히도, 우리는 오랫동안 소셜 미디어에 환멸을 느끼고 있다. 혐오 발언, 부정 선거, 감정 조작 등 이미 잘 알려진 문제 외에도 즐거움과 순수성이 사라진 소셜 미디어에서 많은 소비자들이 등을 돌리고 도망치고 있다.

그럼에도 불구하고, 소셜 미디어는 대화라는 엔진에서 대단한 역할을 하고 있다. 아마도 당신이 기대하는 것과는 다른 역할이겠지만.

소셜 미디어 마케팅은 인기를 끌고 있지만 생각해 보면, 소셜 미디어와 마케팅이라는 단어의 결합은 브랜드에게는 종말의 전조나 다름없다. 소셜 미디어는 마음이 맞는 고객들이 섬을 만들어 친구들과 연결하고, 새로 태어난 아기의 사진을 보고, 의미 있는 일을 축하하고, 재미있는 영상을 보고, 새로운 소식을 나누는 곳이다. 이곳 사람들은 마케팅의 대상이 되고 싶어 하지 않는다. 오히려 마케팅을 피한다.

기업이 소셜 미디어에 어떤 식으로 등장해야 하는지를 처음 예견한 책은 《클루트레인 선언문The Cluetrain Manifesto》이다. 이 책의 저자들은 소비자 대화가 비즈니스 세계에 통제권을 쥐고(실제로 쥐고 있다), 기업들은 유기적으로 인간적인 목소리를 가지고 동참하는 상황을 상상했다(기업은 그렇게 하지 않았다).

하지만 소셜 미디어는 너무 빠르게 인기를 끈 탓에, 기업이 게시물과 사진 하나하나를 이익으로 환산하기까지는 오랜 시간이 걸리지 않았다. 기업들은 소셜 미디어를 고객과의 관계를 공고히 할 기회로 인식하는 대신에 광고로 사람들을 뒤덮고 값싼 "노출"을 들이대며 모든 게시물과 트윗에서 수익을 쥐어짜는 등 늘 하던 방식을 고수했다. 안타깝게도, 기업들은 "소셜 미디어"에서 "소셜"이라는 단어를 없애버렸다.

- 대화는 방송 "콘텐츠"에 무너져 내렸다.
- 소셜 미디어는 IT 기능으로 전락했고, 영혼 없을 정도로 자동화되었다.
- 인격과 이름을 지닌 인간은 브랜드의 목소리를 지닌 기업이라는 존재에 의해 대체되었다.
- 성공 여부는 관계와 충성도가 아닌 클릭 수와 좋아요를 기준으로 측정되었다.
- 소셜 미디어는 인플루언서의 무기화를 주요 역할로 삼는 장소로 변해버렸다.

마케팅은 자신의 작동 방식을 근본적으로 바꾸기보다는 소셜 미디어의 작동 방식을 완전히 바꾸었다. 현재 마케팅 비용을 따져보면, 8달러 중 1달러 이상이 소셜 미디어에 지출되고 있으며 이 비율은 계속해서 높아질 것으로 예측된다.[72]

그렇다면, 우리는 세 번째 반란의 상황에서 소셜 미디어 전략을 어떻게 짜야 할까?

섬사람에 비유했던 이야기로 그리고 마케팅에 대한 인간 중심적인

인간적인 브랜드가 살아남는다

접근법으로 돌아가 보자. 소셜 미디어가 다음과 같이 작동할 수 있다면, 섬 주민을 위해 봉사하는 효과적인 방법이 될 수 있다.

- 의미를 지니는 인간적인 연결을 제공한다.
- 믿고 의지할 수 있는 의사소통 채널을 구축한다.
- 공유 가치를 표현한다.
- 연민, 이해, 공감 같은 인간의 감정을 드러낸다.
- 독특하고 즐거운 경험을 만들어낸다.
- 지역 문제에 적극적으로 참여한다.
- 고객이 필요로 하는 순간에 신뢰할 수 있는 대응 방법을 제공한다.

이런 디지털 섬들은 대표적으로 페이스북의 그룹, 레딧^{Reddit}의 포럼, 링크트인의 그룹, 스냅챗의 친구들, 트위터의 리스트를 비롯해 인기 있는 온라인 모임 같은 곳에 존재한다.

지금까지 디지털 광고의 오용에 대해 비난하기는 했지만, 소셜 미디어를 통해 노련하게 홍보할 수 있다면 위에 언급한 모든 것을 이룰 수 있는 효과적인 방법이 될 수 있다. 홍보 내용을 좋아할 만한 집단에 정확하게 전달하는 하이퍼 타깃^{hypertarget} 능력은 당신과 관련성 있는 섬을 발견하고, 당신을 가장 필요로 하는 섬사람들과 연결하며, 그들에게 당신이 왜 그 섬의 일원이 되어야 하는지를 설명하는 데 도움이 된다.

마지막으로, 소셜 미디어는 조용히 들으면서 배울 수 있는 훌륭한 방법이다. 섬 공동체에서는 무슨 일이 일어나고 있는가? 상황이 어떻게 변하고 있으며, 그 공동체에서 우리는 어떤 의미 있는 역할을 할 수 있을까?

요컨대, 소셜 미디어가 여전히 고객과 연결하고 의미 있는 서비스를 제공할 수 있는 기회를 제공하는데도 불구하고 대부분의 기업은 구시대적인 기업 중심의 "나만 바라봐 게시물", 관련도 없는 콘텐츠의 무작위 배포, 참여를 조작하려는 잘못된 시도에 집착하면서 기회를 놓치고 있다.

콘텐츠 마케팅

콘텐츠 마케팅은 소셜 미디어 마케팅과 밀접한 관련이 있다. 콘텐츠는 소셜 미디어의 연료가 된다. 소셜 미디어는 콘텐츠의 유통 채널이다.

자기 브랜드를 알리는 "브랜디드 branded " 콘텐츠가 과연 얼마나 중요한 역할을 하는지 당신에게 알려줄 테니 간단한 실험을 해보기 바란다. 당신이 구독하고 적어도 한 달에 한 번 이상 보는 기업 콘텐츠 채널이 몇 개나 되는지 생각해 보라. 회사 블로그, 뉴스레터, 팟캐스트 또는 유튜브 채널과 같은 것들을 포함해서.

나는 수업과 워크숍을 진행하면서 사람들에게 이 질문을 수백 번도 더 했는데, 지금까지 5개가 최고였다. 대부분은 "2개 또는 그 이하"라고 대답한다.

이 책을 읽고 있는 당신은 아마도 마케팅 전문가이거나 아니면 전문가가 되고 싶은 사람일 것이다. 그런데도 실제로 구독해서 보는 기업 콘텐츠는 몇 개 되지 않는다. 하물며 일반인이라면, 기업 콘텐츠를 구

인간적인 브랜드가 살아남는다

독하는 사람이 한 명도 없다고 해도 과언은 아니다!

이는 또한 마케팅 담당자들이 자신의 콘텐츠가 효력을 발휘하고 있는지 여부를 거의 감지할 수 없다는 점을 말해주는 것이다(여러 연구 결과, B2B 웹사이트의 콘텐츠 중 80%는 사람들이 한 번도 보지 않는다). 이러한 사실을 감안할 때, 더 많은 콘텐츠를 생산하는 데 들어가는 마케팅 예산이 가장 빠르게 성장하고 있다는 사실은 기이해 보이기까지 한다.

인바운드 마케팅inbound marketing은 관련성 있고 우수한 콘텐츠를 통해 마술처럼 우리 웹사이트에 사람들의 시선을 끌어 모으고 찾아오게 한다는 생각에 기초를 두고 있다. 하지만 마케팅 서비스 플랫폼 업체 허브스팟HubSpot의 설립자이자 인바운드 마케팅의 선구자라 할 수 있는 다메시 샤Dharmesh Shah조차도 오늘날의 콘텐츠 마케팅은 대부분 유료로 작동된다고 인정했다. 보통은 유료 콘텐츠 광고의 힘을 받아야만 효과를 보게 된다.[73] 그렇다면 우리는 초심으로 돌아가 다시 한번 묻지 않을 수 없다. 아무도 보거나 믿지 않는 광고를 더 많이 만들기 위해 돈을 지불하는 전략을 세우고자 하는 사람이 어디 있단 말인가?

콘텐츠 마케팅 세계가 이토록 시끄러운 난장판이라면, 왜 그렇게 많은 기업들이 엄청난 양의 새로운 콘텐츠를 생산하고 있는 것일까?

하지 않으면 어떻게 될지 두렵기 때문이다. 다른 이들 모두 그렇게 하고 있는데 자기만 따라가지 않으면 위험할지 모른다고 생각하기 때문이다. 콘텐츠 마케팅은 극단적으로 희망적인 사례에 의존하고 있다. 우리는 몇몇 회사가 콘텐츠 마케팅으로 큰 성공을 경험하는 걸 보면서 자연스럽게 콘텐츠 마케팅이 모두에게 좋은 방법이라고 추정해 버린다.

나와 내 고객들을 포함해서 많은 사람들의 마케팅 활동에서 콘텐츠는 필수적이다. 하지만 소셜 미디어와 마찬가지로, 이제는 합리적이고 새로운 관점에서 콘텐츠 마케팅의 과대광고를 다시 한번 생각해야 할 때다.

① 콘텐츠가 당신 회사의 제품과 동일한 가치를 지닌다고 생각해야 한다. 콘텐츠는 단순히 판매를 위한 선전이 아니다. 그 자체만으로도 고객이 받아보고 싶어 하는 독립형 제품이 될 만큼 좋아야 한다. 그러한 품질 기준을 충족시키지 못한다면, 온갖 정보가 넘쳐나는 이 시대에 콘텐츠는 실패할 수밖에 없을 것이다.

② 콘텐츠 기획은 검색 엔진 최적화 계획과 별반 다르지 않다. 검색 엔진 최적화가 여전히 중요한 역할을 담당하는 비즈니스가 일부 있긴 하지만 당신 생각만큼 많지는 않다. 당신에게 검색어 상위 3개 중 한 자리를 차지할 수 있는 자원이 없다면 이는 헛된 노력일 뿐이며, 음성 검색의 사용 증가로 인해 상황은 더욱 위태로워질 것이다. 하지만 검색 엔진 최적화를 믿는 사람이라면 콘텐츠 기획은 필수적이다.

③ 대부분의 기업에서 콘텐츠의 주요 이점은 권위를 확립하거나 아니면 즐거움을 주는 데 있다. 당신이 시간이 지나도 지속적으로 우수한 콘텐츠를 만드는 데 전념한다면 두 가지 전략 모두 고객을 유치하고 유지하는 데 효과적이다.

④ 언드 미디어 earned media(제3자에 의해 창작되고 소유되어 소비자로부터 신뢰와 평판을 획득할 수 있는 모든 종류의 퍼블리시티-옮긴이) 또는 콘텐츠의 공유는

인간적인 브랜드가 살아남는다

널리 사용되는 마케팅 용어이면서, 제대로 인정받지 못하고 있는 용어이기도 하다. 나는 지지와 옹호를 의미한다는 점에서 사회적 공유가 최고의 디지털 마케팅 지표 중 하나라고 생각한다. 사람들이 보지 않고 공유하지도 않는 콘텐츠는 경제적 가치가 전혀 없다. 애초에 콘텐츠를 만드는 전략 자체보다 대중을 통해 자신의 콘텐츠에 불을 붙이는 전략이 더 중요하다는 뜻이다.

⑤ 오늘날 많은 기업에 있어서는 제품 자체가 하나의 스토리이다. 사람들은 물리적 물체 내지 효용보다는 이야기를 구입한다. 우리가 룸앤보드와 예티의 사례에서 보았듯이, 콘텐츠는 제품 관련 이야기를 확립하고 유지하는 데 중요한 역할을 할 수 있다.

⑥ 소셜 미디어를 통해 배포되는 콘텐츠는 사람들에게 제품에 대한 대화를 나누도록 상기시키는 역할을 할 수 있다.

⑦ 점점 더, 콘텐츠가 B2B 판매대 역할을 한다. 구매 중역들이 영업 직원을 찾는 일이 구매 주기의 후반으로 점점 밀려난다. 아이딜릭 포인트 Idyllic Point의 CEO 안드레아 L. 아메스 Andrea L. Ames는 "오늘날에는 직접 대면이 아닌, 콘텐츠를 통해 고객 관계를 구축하는 일이 그 어느 때보다 많다"고 하면서 이렇게 덧붙였다. "관계 형성에 있어서 콘텐츠가 영업 사원과의 대화보다 더 큰 잠재력을 가지고 있다는 점을 깨닫게 되면, 그 가능성은 엄청나죠. 당신의 콘텐츠가 곧 영업 기회입니다. 당신의 콘텐츠를 읽는 사람들은 자기만 읽고 끝내는 게 아닙니다. 거기에 새로운 가치를 입혀 전파하죠. 콘텐츠를 경영진과 공유하고, 경영진은 그 내용을 평가 팀에 보냅니다. 독자들이 인플루언서인 겁니다."[74]

일부 유형의 콘텐츠는 대부분의 고객 대화에서 중심점 역할을 한다. 하지만 그렇다고 "콘텐츠로 뒤덮어 버리기" 전략을 사용하기보다 이제는 대화와 고려 그리고 가장 중요한 사회적 공유를 창출할 수 있는 곳에 정확하게 조준하는 전략으로 방향을 틀어야 할 때다.

새로운 순환

지금까지 언급한 마케팅 전술들은 서로 겹치는 부분이 많다. 입소문 마케팅은 사용자 제작 콘텐츠로 이어질 수 있다. 리뷰는 사회적 증거로 활용될 수도 있다.

하지만 이 모든 아이디어에는 연료가 필요하다. 이야깃거리가 있어야 하고, 지금처럼 끊임없는 고려의 시대에 뉴스가 될 만한 콘텐츠를 꾸준히 만들어내야 한다.

흥미로운 뉴스는 공유를 위한 강력한 도화선이 된다. 콘텐츠를 가장 많이 공유하는 사람들은 뉴스 중독자들이다. 그들은 자신이 최신 제품, 뉴스, 트렌드, 아이디어를 가장 잘 알고 있다는 것을 보여주고 싶어 한다.

마케팅업계 선두 주자인 미치 조엘^{Mitch Joel}은 오늘날 대화를 만들어 내려면 혁신이 중요하다고 주장한다. 그는 "브랜드가 기업을 게으르게 만들었다"고 말했다. "기업은 진정한 제품 혁신으로 더 나은 제품을 만들기보다 더 나은 제품을 만든다고 소비자에게 믿도록 만드는 데에 모든 에너지를 소비하고 있다. 고객 충성심이 사라지는 이유의 대부분은 제품이 혁신적이지 않다는 점이 차지한다. 대화를 만들어내고 싶다면

인간적인 브랜드가 살아남는다

토론할 거리를 만들어라."

마케팅은 의미 있는 제품 혁신, 대화를 나눌 수 있는 이벤트, 대화가 될 만한 소식을 통해 뉴스 사이클을 제공한다는 관점에서 생각해야 한다.

13% 후원하기

대부분의 업계에서 당신의 고객 중 충성심을 지닌 고객은 13%에 불과하다. 이 사람들이 당신의 이야기를 퍼뜨리도록 어떻게 도울 수 있을까?

이 장에서는 마케팅에서 당신 없이 발생하는, 3분의 2에 해당하는 부분에 영향을 미칠 수 있는 여러 실용적인 아이디어를 소개했다. 가장 충성스러운 고객들이야말로 당신을 위해 그 일을 해줄 가능성이 높은 사람들이다. 당신은 이미 그들의 섬에 와 있는 것이다!

입소문 마케팅이나 의미 있는 경험 창출하기 혹은 절정의 순간 구축하기 등 당신이 무엇에 초점을 맞추든, 당신의 가장 충성스러운 고객은 콘텐츠를 공유하고 새로운 비즈니스 가치를 창출하는 전력선이 되어준다. 보스턴 컨설팅 그룹Boston Consulting Group은 이러한 지지자들이 당신의 비교 쇼핑 고객보다 800%나 더 많은 수익을 책임지고 있다고 한다.

여러 해 동안, 나는 내 대학 강의 참가자들(모두 노련한 마케팅 전문가다)에게 자사의 콘텐츠를 가장 많이 공유하고 있는 존재가 누구인지, 이름을 댈 수 있느냐고 물었다. 아무리 큰 회사라도 수백만 명을 언급할 수는 없다. 기껏해야 200명 정도이거나, 보통은 수십 명 내지 그 이하일 것이다. 나는 그 특별한 그룹의 사람들을 알파 오디언스^{alpha audience}라고 부른다. 그 사람들은 당신 회사에 최대한의 마케팅 가치를 공급해 주는 전달자다. 하지만 내가 그들의 이름을 아느냐고 물을 때마다 멍한 눈빛만 돌아온다.

우리는 이런 충성심 높은 고객들을 축하하고 특별하게 대해야 하지 않을까?

나는 지금 기계화되고 수학 중심으로 돌아가는 충성도 프로그램을 만들자고 하는 게 아니다. 밖에서 당신의 칭찬을 입에 달고 사는 사람들을 위해 놀라운 경험을 창조해야 한다고 말하고 있는 것이다. 저들이야말로 당신의 마케팅 부서란 말이다!

내 생각에, 알파 오디언스 전략은 매우 간단하다. 딱 두 가지 단계만 실행하면 된다.

첫째, 알파 오디언스를 체계적으로 찾을 수 있는 시스템을 만들고 유지해야만 한다. 소셜 미디어 대시보드의 차트와 그래프만으로는 알기 어렵다. 어쩌면 당신 회사에 대한 개별 소셜 미디어 게시물을 샘플링하거나, 비즈니스의 규모가 작다면 게시물을 모두 읽어야 할지도 모른다는 뜻이다. 이는 또한 고객 서비스 부서가 진정한 팬을 발견했을 때 이를 인지할 수 있도록 훈련시키거나 또는 판매 목표를 달성한 관리자뿐만 아니라 충성도를 높이는 역할을 잘 수행한 회계 담당자에게도 보상이 돌아가야 한다는 뜻이다.

특히 두 번째 단계는 이렇게 이 단어로 요약할 수 있다. 뜻밖의 기쁨.

아무리 칭찬에 인색한 사람도 당신이 그를 신나게 한다면 당신의 회사에 대해 극찬을 아끼지 않을 것이다. 랄프 로렌Ralph Lauren, 아디다스, 타겟Target 같은 회사들은 최고의 고객들을 끊임없이 기쁘게 하기 위해 비공개 스마트폰 앱을 만들었다.

예상치 못한 즐거움을 제공하는 일이 반드시 전략이나 대본에서 나오는 것은 아니다. 호텔 방에 공짜로 물 한 병을 제공한다고 해서 고객에게 예상치 못한 즐거움을 선물할 수는 없다. 하지만 객실에 코끼리를 가져다 놓는 깜짝 즐거움이라면 이야기가 달라진다. 그런 사례가 실제로 있다.

내 친구 앤드류 그릴Andrew Grill이 아랍에미리트에 있는 월도프 아스토리아 라스 알 카이마Waldorf Astoria Ras al Khaimah 호텔에 머물고 있었을 때 이야기다. 그는 직원으로부터 문자 메시지를 받았고, 둘 사이에 이런 대화가 오갔다.

카테리나: 불편한 건 없으신가요? 머무르시는 동안 도움이 필요하시면 무엇이든 말씀해 주세요. 감사합니다!

앤드류: 오늘 저녁에 객실에 코끼리 한 마리가 필요한데요.

카테리나: 물론이죠, 그릴 씨. 오늘 저녁에 코끼리를 준비하겠습니다. 몇 시에 전달해 드리면 될까요?

앤드류: 그냥 농담이었어요!

카테리나: 손님께서 요청하시면 저희는 전달해 드립니다!

그날 저녁, 그의 방에는 장난감 코끼리가 기다리고 있었다. 물론 목욕 타월로 만든 코끼리도 있었다. 앤드류는 호텔이 제공한 서비스에 기쁨을 느꼈고, 당연히 자기가 느낀 감정을 소셜 미디어를 비롯한 여러 경로를 통해 퍼뜨렸다.

군이 사치스럽고 화려한 방법일 필요는 없다. 하지만 적절한 순간에 고객의 요구에 공감할 수 있는 능력을 갖춘 직원 문화를 육성해야 할 필요는 있다.

만약 이러한 중요한 고객들을 다루는 서비스 담당자가 당신 회사에서 가장 경험이 적고 임금이 낮은 사람이라면, 당신은 자신에게 가장 중요한 마케팅 기회를 위험에 빠뜨리는 행동을 하는 것이다. 고객 서비스 임무를 맡은 직원들에게 전화나 잘 받으라고 돈을 주는 게 아니다. 예상치 못한 기쁨으로 대화의 도화선에 불이 붙을 수 있을 만큼 충분히 담당자에게 지급하는 것이 좋다.

재조정하기

이번 장에서는 우리가 인간 중심적인 방법으로 마케팅을 재구상할 수 있는 몇 가지 방법을 알아보았다.

당신에게서도 새로운 아이디어가 많이 나왔으면 좋겠다. 하지만 생각은 시작에 불과하다. 당신은 반드시 생각을 따라 행동할 수 있어야 하며, 그 말은 당신의 예산, 당신의 우선순위, 당신의 조직 그리고 심지어 당신의 에이전시 관계까지도 재조정한다는 것을 의미한다.

이 책의 다음 부분에서는 고객의 섬에 초대받을 수 있을 만큼 창의

인간적인 브랜드가 살아남는다

적이면서 신선한 방법을 찾고 있는 사람들에게 영감을 주는 마케터들을 소개한다. 말미에는, 이러한 새로운 마케팅 사고방식이 조직에 끼치는 영향에 대해 살펴보겠다.

9장

길을 여는 브랜드

"위대한 기업들에게는 공통점이 있다.
성공했기 때문에 중요한 가치를 지닌 기업이 되는 것이 아니라
중요한 가치를 지니고 있기에 성공한다."

버나뎃 지와

기업은 오랜 기간 노력한 끝에, 기업 문화가 극적으로 바뀌고, 아마도 몇 명이 자리에서 물러난 뒤에야 인간 중심의 마케팅 기법을 도입할 수 있을 것이다.

이번 장에서는 이미 새롭고도 눈부신 길을 개척한 혁신적인 마케팅 리더들의 이야기를 통해 영감과 용기를 불어넣도록 하겠다.

마케팅하지 않으면서 마케팅하기

작년에 아들이 결혼하겠다고 말했을 때, 순간적으로 부성애가 끓어올라 결혼식과 피로연을 내 집에서 열어주겠노라고 약속했다.

나는 하나부터 열까지 완벽하게 진행하고 싶었고, 물론 그건 어떤 맥주를 주문할지 고르는 것으로 시작했다. 나는 이 지역의 인기 있는 작은 양조장에 맥주를 주문하는 게 어떻겠냐고 제안했으나 아들은 자기가 알아서 하겠다고 했다. 그리고 결혼식 날 아들의 친구들이 PBR이라는 이름으로 잘 알려진 팹스트 블루 리본^{Pabst Blue Ribbon} 맥주 캔이 가득 담긴 아이스박스를 들고 나타났을 때, 나는 놀라지 않을 수 없었다.

예전에 음료 회사에서 일할 당시 PBR은 어느 누구도 마시고 싶어하지 않는 맥주 브랜드였다. PBR은 유명 광고 모델도 기용하지 않았고 TV 광고도 하지 않았으며 자체 맥주 제조 시설도 가지고 있지 않아서 다른 맥주 회사로부터 시설을 임대해 생산하고 있었다. 심지어 PBR 맥주가 시설 임대 계약을 맺은 다른 회사들이 캔을 채우고 흘린 맥주로 만들어진다는 소문까지 있었다.

그럼에도 불구하고 현재 PBR 맥주는 명실상부하게 미국의 젊은이들이 즐겨 마시는 대표적인 맥주가 되었다. 나는 어떻게 이런 일이 일어날 수 있었는지 항상 궁금했다. 그러던 차에 테드 라이트^{Ted Wright}를 만났다.

테드는 내가 아는 마케팅 천재들 가운데 전혀 마케팅에 어울리지 않을 듯 보이는 사람이다. 테드는 고등학교 수학 팀의 주장이었고 케임브리지 대학교^{Cambridge University}에서 스티븐 호킹^{Stephen Hawking}의 지도하에 수학을 공부했다. 하지만 사업에도 큰 흥미를 가지고 있던 테드는 시카고 대학^{University of Chicago}에서 MBA 과정을 이수하던 중 빛을 보게 되었다. 문자 그대로 빛을.

"당시 컴퓨터실에 있던 학생들이 막 검색 엔진을 사용하기 시작하던 때였죠. 그 시절 학생들은 앨터비스타^{AltaVista}와 야후^{Yahoo}를 제일 많이 썼어요. 컴퓨터실은 언제나 앨터비스타와 야후의 화면에서 나오는 푸른빛과 붉은빛으로 훤했지요. 그러던 어느 날 컴퓨터실에 들어갔는데 방안이 온통 하얀색으로 빛나더군요. 모든 학생이 구글을 사용하기 시작했던 겁니다. 구글에 대한 광고나 홍보도 전혀 없었는데 말이죠. 어떻게 이렇게 빨리 바뀐 걸까요? 구글은 어떻게 입소문을 탔을까요?"

테드는 어떻게 새로운 제품이 사람들 사이에 퍼지는지 모든 방법을 동원해 연구하기 시작했고 사람들의 관심을 거의 끌지 못하고 있던 분야인 구전 마케팅을 발견했다. 구전 마케팅의 핵심은 수학이었고, 수학 하면 테드였다.

- 입소문의 70%가 사람들끼리 직접 대화할 때 이루어진다.
- 이러한 대화의 15%에서 상품이나 서비스의 브랜드가 언급된다.
- 미국 내 브랜드 중 20%가 친구의 추천을 통해 팔려나간다.

이는 평균적인 미국인이라면 매주 112번 마케팅과 관련된 대화를 하고, 그 과정에서 56개의 브랜드를 언급한다는 뜻이다. 게다가 약 10%에 이르는 사람들(8장에서 언급한 슈퍼 공유자들)은 마케팅 관련해서 50% 더 많은 대화를 하고, 브랜드에 대해서는 100%나 더 많은 이야기를 한다!

테드는 어떻게 해서 컴퓨터 화면들이 구글의 흰 화면으로 바뀌게 되었는지 알게 되었다. 구글의 방식은 이랬다. 번지르르한 광고나 판촉 활동이 아니라 사람을 통해서였다. 이러한 마케팅은 미국에서 거의 주목받지 못하고 있었다. 테드에게 이는 비즈니스 기회였다.

테드는 피즈 에이전시^{Fizz Agency}라는 작은 광고 회사를 세워 자신이 만든 공식에 기초한 마케팅 아이디어들을 실험하기 시작했다. 연구 결과에 따른 수치가 신뢰할 만한 것이라면 분명히 효과가 있을 터였다. 그리고 테드는 그 수치를 믿었다.

그러던 중 PBR에서 테드를 찾았다.

나 같은 사람들은 PBR을 1970년대 이후 한물간 브랜드라고 여겼지만 테드는 PBR이 근사한 이야깃거리를 만들어낼 수 있으며, 관리만 제대로 받으면 그 이야기가 사람들 사이로 퍼질 것이라고 생각했다.

테드는 포틀랜드와 피츠버그 지역의 술집을 드나들면서 사람들과 무얼 마시고, 왜 마시는지에 대해 이야기를 나누었다. 성인이 된 밀레니얼 세대는 자신들만의 목소리를 찾으려 애쓰던 중이었다. 그리고 마케팅이라면 끔찍이도 싫어했다.

브랜드 아이덴티티가 광고나 회사 경영자들이 아니라 고객에 의해 만들어진다면 어떻게 될까?

"밀레니얼 세대는 맥주가 됐든 자동차가 됐든 '내가 이런 걸 마신다'거나 혹은 '내가 이런 걸 몬다'는 식으로 남에게 보여주기 위해 하는 행동을 죄악으로 여기고 있습니다." 테드는 이렇게 말한다. "키워드는 '진정성'입니다. 그래서 밀레니얼 세대는 주류 문화가 보기에 완전히 한물갔다고 여겨지던 것들을 향해 몰려왔습니다. PBR만큼 한물간 것도 없었죠.

PBR이 기존 방식으로 광고를 할 돈이 없었다는 사실은 뜻밖의 행운이었습니다. 오히려 TV에 광고를 했더라면 최악의 선택이 되었을 겁니다. 밀레니얼 세대가 광고 때문에 PBR을 선택한 게 아니거든요. PBR이 여느 대형 맥주 회사들과 다를 바 없는 전통적인 방식으로 광고했다면 회사는 망해버렸을 겁니다. 사실 PBR이 소비자들의 환심을 사려고 무리하게 애쓰고 있다는 약간의 조짐만 보였어도 역효과가 났을 걸요. PBR은 사람을 중심으로 접근해야 했습니다.

일찍부터 유행에 민감하고 영향력을 지닌 그룹들이 있어요. 어떻게 하면 그중에서도 가장 영향력 있는 사람들로 하여금 자기 친구들에게 PBR에 대해 말하고 다니게 할 수 있느냐가 관건이었습니다. **우리는 이들에게 친구들과 나눌 수 있는 좋은 이야깃거리를 주기만 하면 할 일을 다 하는 것이라고 생각했습니다.**

사람들이 PBR을 좋아하는 이유가, 수수한 이미지에 잘 알려지지 않았기 때문이라는 사실을 알게 되었습니다. 그래서 거리로 나가서, 오로지 멋과 재미를 위해서 무언가를 하는 창조적인 사람들을 지원하기 시작했죠.

도심 바이크 메신저 대회에 젊은이들이 모인다는 걸 알게 되면, 우리도 거기에 가는 겁니다. 갤러리 개장식, 롤러스케이트 파티, 저글링 대회, 어디가 됐든 맥주와 모자를 들고 갔죠. 안 간 데가 없어요. 난장이들이 결성한 미니 키스^{Mini Kiss}라고 그룹 키스^{Kiss}의 카피 밴드가 있는데 그들이 있는 곳에도 맥주를 들고 갔습니다. 하지만 절대로 맥주만 그냥 건네주고 오는 건 아닙니다. 젊은 친구들이 요새 무엇에 푹 빠져 있는지 이야기를 나누죠. 물론 그러다 보면 맥주 이야기도 빠질 수가 없고요."

PBR 브랜드는 더디지만 확실하게 성장했다. 마케팅을 시작한 첫 해, PBR은 5% 성장했다. 두 번째와 세 번째 해에는 15% 성장을 기록했다. 4년째에 PBR은 "마케팅하지 않고 마케팅하기"라는 제목으로 〈뉴욕 타임스〉에 특집으로 실렸다.

5년째 되던 해, 잘 나간다는 술집치고 PBR을 팔지 않는 곳이 없을 정도가 되면서 연 55%의 성장을 기록했다. PBR은 미국의 모든 주에서 최소 10%의 성장을 이루었고 30개가 넘는 주에서는 50%의 성장을 거두었다. 이러한 성공에도 불구하고, PBR은 화려한 광고와 새로운 디자인에 투자하지 않았다. 마케팅 활동을 펼치는 것처럼 보일 수 있다는 이유 때문이었다.

이로써 피즈 에이전시는 확실한 성공을 거두었다. 애틀랜타 본사는 의뢰받은 수십 개의 브랜드를 위해서 "화제가 될 만한" 이야기들을 생각해 내는 흥미로운 사람들로 시끌벅적하다. 사무실 벽에는 예술 작품이 하나 걸려 있는데 그 작품에 이런 문구가 쓰여 있다. "TV는 죽었다."

테드는 이렇게 말한다. "밖에 나가서 실제로 이렇게 말할 수는 없죠. 왜냐하면 아직 TV가 생생하게 살아 있다고 말하는 사람은 엄청 많은데 저는 혼자니까요. 하지만 TV는 죽었어요."

인간적인 브랜드가 살아남는다

사라지는 로고

내가 5장에서 다뤘던 지역주의 운동의 한 가지 특징은 대규모의 브랜딩과 로고에 노골적으로 거부 의사를 보인다는 점이다. 심지어 뉴욕 시에서는 옷에서 로고를 세심하게 지워주는 소규모 사업체들마저 등장하고 있는 실정이다.

나오미 클라인Naomi Klein은 《슈퍼 브랜드의 불편한 진실No Logo》를 통해, 우리 삶의 모든 영역에 파고드는 브랜드와 마케팅의 무분별한 침입과 이에 대한 일반 대중들의 반발, 특히 젊은 사람들 사이에서 일어나는 반발을 이야기한다. 그러면서 이러한 반발이 마케팅에 저항하는 소비자들의 반란을 부추기고 마케팅의 메시지와 반대되는 생활 방식으로 이끈다고 한다. 어느 순간, 사람들은 들고일어나면서 외칠 것이다. "더 이상은 안 돼."

브랜드를 거부하는 움직임의 특징 중 하나는 브랜딩도 거의 없고, 판매하려는 노력도 거의 보이지 않아서 누가 무엇을 광고하는지도 말하기 힘든 마케팅이 등장하고 있다는 것이다.

이러한 아이디어를 활용한 사례 중에서 내가 가장 좋아하는 것으로 "첫 키스First Kiss"라는 짧은 영상을 꼽을 수 있다. 타티아 필리에바Tatia Pilieva가 제작한 이 영상은 유튜브에서 볼 수 있다. 이 흑백 단편 영상에는 서로 처음 만나는 20명의 사람들에게 카메라 앞에서 키스해 달라고 요청했을 때 벌어지는 광경이 담겨 있다. 이 영상은 사람을 뭉클하게 하고, 뭔가 생각할 거리도 던져주면서 도발적이기까지 하다. 이제

이 영상으로 작은 실험을 하나 해보자. 인터넷에 접속할 수 있다면 지금 바로 유튜브에서 이 동영상을 찾아보기 바란다.

자, 영상을 다 보았다면, 누가 이 영상 제작을 후원했는지 말할 수 있겠나? 나는 대학 수업 중에 수백 명의 학생들에게 이 영상을 보여주었는데 어느 누구도 이 질문에 대답하지 못했다. 사실은 영상이 시작하는 첫 부분에 "렌^{Wren} 제공"이라는 문구가 나온다. 그런데 너무 순간적으로 슬쩍 나타났다가 사라지는 바람에 알아차리기 힘들다. 따라서 이 콘텐츠가 브랜딩을 하지 않는 언브랜딩^{unbranding}의 특징을 정확하게 보여준다고 할 수 있다!

이 영상이 나오기까지 어떤 비하인드 스토리가 있었을까?

온라인 소매 의류업체 렌은 근본적인 마케팅의 딜레마에 직면하고 있었다. 저예산으로 살아남아야 하는 스타트업이 (이미 포화 상태인 패션 시장에서) 어떻게 하면 사람들 입에 오르내릴 수 있는 순간을 만들어낼 수 있을까.

렌의 창업자 멜리사 코커^{Melissa Coker}는 어려움에 물러서지 않았다. 멜리사는 LA로 옮겨가기 전에 뉴욕에서 보그^{Vogue}와 더블유^W 같은 잡지 업계에서 사회생활을 시작했다. 하루는 옷장을 보다가 뭔가 부족하다고 생각한 멜리사는 스스로 옷을 몇 벌 만들었고, 그 일을 계기로 멜리사 자신만의 상표를 만들게 되었다. 그리고 2007년 렌이 탄생했다.

패션 시장처럼 많은 회사가 경쟁을 벌이고 있는 곳에서는 다른 기업이 하는 대로 따라 하기만 해서는 성공할 수 없다. 멜리사는 한 가지 아이디어를 떠올렸다. 자기 친구들을 불러 모아놓고 돌아가는 카메라 앞

인간적인 브랜드가 살아남는다

에서 서로에게 키스하라고 요청한다는 아이디어였다.

영상을 제작하는 데 든 비용은 1,500달러에 불과했다. 하지만 영상에서 장인의 정신이 느껴진다. 공들여 만들었고, 대담하면서도 현실적이며 위험한 분위기마저 풍긴다.

하지만 이 영상은 유튜브에서 1억 5천만 회 이상의 조회 수를 기록했다. "첫 키스"는 CNN, 〈가디언The Guardian〉, 〈하퍼스 바자Harper's Ba-zaar〉 등 주류 언론사로부터 커다란 관심을 끌었고, 이를 통해 렌은 전국적인 주목을 받게 되었다.

멜리사가 제작한 영상의 대단한 점은 첫 키스의 아름다움과 누구나 느끼는 어색함에 대해 많은 사람들로부터 감정적 반응을 이끌어냈다는 데 있다. 비록 출연자들이 렌의 의류 제품을 입고 있긴 했지만, 옷을 보여주는 영상은 아니었다. 설사 영상 초반에 짧게 등장하는 브랜드 명을 본 사람이라도 그게 의류 회사인지는 몰랐을 확률이 높다. 하지만 결과적으로는 많은 사람이 후원자가 누구인지를 찾아내기 위해 파고들 만큼 이 영상은 사람들에게서 (긍정적으로든 부정적으로든) 열광적인 반응을 이끌어냈다. 브랜드를 홍보하지 않은 이 영상은 렌에게 다음과 같은 결과를 가져다주었다.

- 1,400%의 매출 신장
- 15,000%의 접속량 증가
- 96%가 첫 방문

언브랜디드 콘텐츠가 모든 사람들에게 효력을 발휘하는 것은 아니다. 하지만 광고로 넘쳐나는 세상 속에서 사람들의 마음을 사로잡고 대화를 이끌어내는 한 가지 방법임은 분명하다. 의약품과 생활용품, 일반 소비재 판촉에서는 이런 방법이 이미 쓰이고 있다. 이 방법을 사용하려면 다음 사항을 알아두어야 한다.

- 위험을 감수해야 한다.
- 호기심을 불러일으켜서 사람들이 스스로 이야기를 하도록 해야 한다.
- 강렬한 감정을 이용해야 한다.
- 기세를 확장시켜야 한다. "첫 키스" 영상은 한 번으로 끝나지 않았다. 렌은 사람들이 계속해서 이야기를 전할 수 있도록 일련의 짧은 영상들을 제작했다.

"우리는 이러한 영상을 매 시즌 제작하고 있습니다."[75] 멜리사는 인터뷰에서 이렇게 말했다. "저는 광고 같은 인상을 주는 영상보다는 그 자체로 재미있는 영상을 만들려고 하는데 그런 영상이 사람들에게 감동을 주는 것 같아요. 패션 산업에 종사하고 있는 사람들뿐만 아니라 우리와는 전혀 관련이 없었던 사람들까지도 말이죠."

가치가 먼저다

7장에서 나이키나 아메리칸 이글 같은 큰 회사들이 고객들의

인간적인 브랜드가 살아남는다

충성심에 불을 지피기 위해 고객들과 어떻게 가치를 공유하고 나누는지 살펴보았다. 그렇다면, 이상 실현이라는 하나의 목표에 뜻을 두고 설립된 네덜란드의 작은 회사에 대한 이야기를 해보는 것도 흥미로울 것이다.

거의 20년 전, 네덜란드의 언론인 튄(토니) 반 드 퀴겐^{Teun (Tony) van de Keuken}은 서아프리카 지역의 코코아 농장에서 자행되는 아동 노예제에 관한 책을 읽고 충격을 받았다. 노예제가 아직도 존재한단 말인가? 토니는 스스로 진실을 밝혀내기로 마음먹고 텔레비전 방송용 탐사 추적 프로그램을 제작했다.

전 세계 코코아 생산의 70%를 책임지고 있는 서아프리카 지역에서 아동 노예제는 깜짝 놀랄 정도로 흔한 현상이라는 사실이 드러났다. 툴레인 대학교^{Tulane University}의 연구에 따르면, 서아프리카 지역에서만 현재 230만 명의 어린 아이들이 인신매매를 당하고 있으며, 강제 노동과 불법적인 노동 환경에 고통받고 있는 것으로 추산된다. 아이들은 카카오 농장에서 큰 칼을 휘둘러 카카오를 따고 무거운 짐을 나르며 살충제에 무방비로 노출된다. 낮 동안 중노동에 시달리는 아이들은 학교에 갈 수가 없다.

더욱 끔찍한 사실은 거대 초콜릿 회사들이 이미 2001년에 아동 노동을 금지하는 국제 협약을 준수하기로 약속했는데도 이런 일이 발생하고 있다는 것이다.

토니는 탐사 보도 프로그램을 제작하면서 전 세계의 모든 주요 초콜릿 제조 회사들과 연락을 시도했으나 단 한 군데도 이에 응하지 않았다.

프로그램이 방송된 후, 그는 초콜릿 한 뭉치를 먹고서는 네덜란드 당국으로 가서 자신도 노예제에 일조하는 초콜릿 범죄자라며 자수했다.

자신이 취재한 사실에 경악한 토니는 행동을 취하기로 마음먹고, 코코아 업계에서 아동 노동 착취를 근절하기 위해 자신만의 초콜릿 회사, 토니스 초코론리Tony's Chocolonely를 세웠다. 토니는 자신의 회사에 직접 원료를 공급하는 윤리적인 코코아 재배업자들과 투명하고 공정하며 장기적인 관계를 맺었다.

토니스 초코론리는 가나와 코트디부아르의 6개 협력 파트너를 통해 지속 가능한 농업 기술을 활용해 생산량을 증진시킬 수 있도록 5,500명의 자영농과 협력하고 있다. 농부들에게 농업 교육을 실시하는 한편, 생활을 유지하는 데 필요한 수준의 임금을 지급하기 때문에 농부들은 성인 노동자들을 고용하고 자신의 자녀들을 학교에 보낼 수 있다.

공급 체인 속에 신원을 파악할 수 없는 업체가 섞여 들어가는 경우가 종종 있다. 토니스 초코론리는 이러한 익명의 요소를 제거함으로써 전체 시스템에 대해 전적인 책임을 지고 있으며, 노동 착취가 일어나지 않는 공급 체인 확보를 위해 농부들에게 20% 더 많은 금액을 지불하고 있다.

토니의 회사는 전통적인 마케팅에는 투자하지 않는다. 대신 제품을 통해 소비자들에게 직접 말을 걸고, 소비자 간에 대화가 일어나게 하며, 이를 통해 제품을 알리는 데 주력하고 있다.

예를 들어, 19가지 맛의 초콜릿은 기존처럼 같은 크기의 조각으로

인간적인 브랜드가 살아남는다

나뉘는 대신 각기 다른 크기의 조각으로 쪼개지도록 되어 있다. 이를 통해 산업 내의 "불균등"과 비윤리적인 관행에 대해 관심을 환기한다. 포장지 안쪽에는 회사가 추구하는 사명이 적혀 있고, 노예제를 근절시키기 위해 모두가 할 수 있는 행동에 대한 아이디어가 들어 있다.

비록 토니스 초코론리가 전하려는 이야기가 무거운 주제이기는 하지만, 밝은 색 포장과 장난기 가득한 디자인을 사용해 이야기를 전하기 때문에 고객들은 초콜릿이 주는 즐거움 또한 즐길 수 있다. 회사는 모든 포장 그리고 포장을 통한 고객과의 대화를 고객들에게 회사가 추구하는 가치와 사명을 전할 수 있는 기회로 본다.

또한 토니스 초코론리는 기업 투명성을 높이기 위해 애쓰고 있으며 자사 웹사이트에 세부적인 사업 계획과 로드맵을 공유하고 있다. 여기에는 회사의 성공과 실패가 모두 공개되어 있다. 이는 가치에 기반을 둔 마케팅의 사례 연구에 있어서 놀라운 케이스다. 초코론리는 회사가 전하고자 하는 이야기를 고객 스스로 이야기하게끔 하는데, 이 방법은 실제로 효과가 있다. 회사는 빠른 속도로 수익을 내고 있으며 사업을 확장하고 있다. 온라인과 오프라인을 막론하고 토니스 초코론리의 제품을 취급하는 곳이 점점 더 늘고 있다.

무엇보다 중요한 점은 초코론리의 경쟁사들이 사태가 심상치 않음을 인지하기 시작했다는 것이다. 토니스 초코론리는 천억 달러 규모의 초콜릿 산업에 충격을 주었으며, 거대 초콜릿 제조 회사들은 그들의 공급 체인에 존재하는 문제점들을 검토하고 해결책을 찾을 수밖에 없게 되었다.

토니의 이야기를 알게 되면, 초콜릿을 볼 때 드는 생각이 이전과는 달라질 수밖에 없다. 나는 토니의 이야기를 퍼뜨리기 위해 가족과 친구들에게 정기적으로 토니스 초코론리의 초콜릿을 선물한다. 토니의 많은 충성스러운 팬들처럼 나도 토니의 마케팅 팀의 일원이 된 것이다.

마케팅 인류학자

오늘날 브랜딩이란 무엇인가?

우리는 브랜딩이 우리 자신에 대한 것이고, 마치 마법처럼 마케팅 활동을 펼치는 것이라고 생각하는 경향이 있다. 색, 형태, 데이터, 비전, 긴장감, 디자인, 페르소나, 아이덴티티, 아름다움, 단순성. 위대한 브랜드는 다른 사람들이 보지 못하는 삶의 지극히 작은 부분을 간파하고 이해하는 능력을 활용하기 때문에 반향을 불러일으키고 들불처럼 퍼져나간다.

마틴 린드스트롬 역시 이런 일을 한다. 나는 마틴을 전 세계에서 가장 뛰어난 마케터 중 한 명이라고 생각한다. 하지만 그가 하는 일은 생각보다 단순하다. 고객들이 평소 겪고 느끼는 점을 포착해서 브랜드와 접목한다.

마틴은 인류학자라고 할 수 있다. 그는 사람들이 집과 직장에서 그리고 쇼핑할 때 겪는 경험 속으로 걸어 들어가 거기서 사람들에게 무슨 일이 벌어지는지 구석구석 살펴보고 거대한 비즈니스 통찰력으로 이어지는 결론을 이끌어낸다.

이 모든 것은 레고^{Legos} 한 세트로부터 시작되었다.

마틴은 12살에 레고사의 연구 개발 부서에 채용되었다. 레고사는 고객들로부터 아이디어를 얻고자 했는데 그 고객들이란 바로 어린 아이들이었다. 그래서 레고사는 마틴과 계약을 맺고 레고를 가지고 놀도록 했는데, 이때의 경험이 마틴의 진로를 결정하는 데 큰 영향을 주었다.

"저는 자라면서 제 자신을 두 가지 관점으로 보았습니다." 마틴은 이렇게 말한다. "네, 저는 어린 아이였고 즐겁게 놀았죠. 하지만 저는 또한 레고사가 저를 관찰한 방식으로 제 자신을 바라보기 시작했습니다. 비유적으로 말하자면, 마치 제게 카메라가 달려 있어서 어떻게 노는지, 왜 노는지 스스로 관찰하는 것 같았습니다. 논다는 행위에 대해 저는 점점 호기심이 생겼습니다. 친구들과 함께 있을 때면 친구들도 저처럼 노는지 궁금해서 질문을 던졌습니다. 저는 레고사의 마케터처럼 생각하기 시작했죠."

한편, 마틴이 비즈니스 세계로 들어왔을 때, 그는 그곳에 단절이 존재한다는 것을 알게 되었다. 마케터들은 고객을 위한 의미 있는 혁신 대신 사내 정치와 업무 실적에만 관심이 있을 뿐이었다.

"조직 내에서 변화에 대한 반발이 엄청나게 컸습니다. 회사 역시 변화가 필요하다는 사실을 알고 있었지만, 반발이 너무나 강력해서 싸움만 일어났습니다. 그러니 아무 것도 변한 게 없었죠. 소비자들이 업계를 주도하고 있었고, 변화를 요구하는 이들의 목소리는 그 어느 때보다도 컸습니다. 우리는 회사이자 브랜드로서 소비자의 목소리에 귀를 기울여야 했습니다. 하지만 조직은 변화를 실현할 준비가 되어 있지 않았어요. 자기 내키는 대로 요식적인 절차를 따르는 데만 정신이 팔려 있었죠. 내부만 들여다보고 바깥은 보지 않았습니다. 현실 감각을 몽땅 잃어버린 겁니다.

제 사명은 회사를 소비자들과 더 가까워지도록 하는 거예요. 지금은 그것 말고는 다른 방법이 없으니까요. 어떻게 하면 바로잡을 수 있을까요? 현실과 완전히 동떨어진 내부 핵심성과지표, 형식적 절차 그리고 사내 정치를 타파해야 합니다. 조직을 이끌어나가는 단 한 가지 요소, 바로 소비자에 집중해야 합니다. 저는 소비자를 회사로 안내하고, 회사를 소비자에게 데려갑니다. 그렇게 회사와 소비자가 매일 만나게 되는 거죠."

당시 나와 통화하던 마틴은 마이애미에 있는 고객에게 가던 중이었다. "내일 세계에서 가장 큰 회사 중 한 곳의 임원들과 만날 겁니다. 여

인간적인 브랜드가 살아남는다

기 마이애미에서 평범한 가정집을 함께 방문하려고요. 넥타이도 매지 않고 편한 옷차림으로 갈 거라 사람들은 우리가 누군지 전혀 눈치 채지 못할 겁니다. 밖으로 나가서 현실이 어떤지 보는 거죠. 그 임원들은 이전에는 이런 일을 한 번도 해본 적이 없다고 하네요. 슬프지만 사실입니다."

마틴은 자신의 고객들과 언제나 변함없는 인간의 진상을 연결시킴으로써 고객을 변화시키고 있다. 그는 시장을 선도하는 수십 개의 브랜드와 함께 일해왔다. 그중에서도 스위스 항공Swiss International Airlines의 사례를 가장 좋아하는 예라며 즐겨 언급한다.

"스위스 항공은 유럽의 대형 항공사 중 하나입니다. 그들은 저에게 이코노미 클래스를 개선해 달라고 요청했습니다. 일반적인 승객의 입장에서 본다면, 다리를 뻗을 수 있는 공간, 기내식 서비스, 항공권 가격의 변화 같은 걸 생각하겠죠. 보통 그렇게 하니까요. 하지만 제가 그런 걸 해답이라고 내놓는다면 그 자리에서 바로 해고당할 겁니다. 왜냐하면 애초부터 보는 시각 내지 질문이 잘못되었으니까요.

제대로 된 질문은 '이코노미 클래스로 여행할 때 기분이 어떠십니까?'가 되어야 합니다. 그리고 우리가 실제로 승객들과 함께 탑승해서 이야기를 나누며 알게 된 대답은 바로 '불안감'입니다. 공항에 연착하지나 않을까, 안전상의 문제는 없을까, 수하물을 별 탈 없이 기내에 보관할 수 있을까, 여행 가방이 없어지지나 않을까 하는 불안감 같은 것들이요. 그리고 공항에 도착해서는 줄의 맨 마지막에 서 있으면 출입국 관리소 통관 절차가 깐깐해질까 봐 느끼는 불안감도 빼놓을 수 없지요.

예전처럼 마케팅하던 시절 같으면 절대 승객들의 불안감을 해소하지 못했을 거예요. 왜냐하면 분명히 항공사에서 신형 비행기를 사용한다고 자랑하거나 뭐 그런 것들에 대해 떠들어댔을 테니까요. 설사 불안감을 해소해야 한다고 생각했어도, 광고 캠페인을 통해 문제를 해결하려 했겠죠. 그렇게 하면 다소나마 승객들의 불안감을 누그러뜨릴 수 있을 것이라고 생각하면서요. 거기다가 쿠폰이나 몇 장 나눠주면 긴장한 승객들을 마법이나 부린 것처럼 진정시킬 수 있다고 믿었을 테죠.

우리는 색다른 방법으로 접근했습니다. 먼저 우리는 지상에서 근무하는 사람들과 비행기 내에서 근무하는 직원들 간에 연락 가능한 채널을 개설했습니다. 그래서 스위스 항공 소속 비행기가 뉴욕에 착륙을 준비하면서 기장이 이런 내용으로 방송하도록 했죠. '신사숙녀 여러분, 40분 후 본 비행기는 JFK 공항에 착륙할 예정입니다. 즐거운 여행이 되셨기를 바라며 여러분께 놀라운 소식 몇 가지를 알려드리겠습니다. 우리는 109번 게이트에 도착할 예정입니다. 이게 왜 놀라운 소식이냐면 거기서 6분만 걸으면 입국장에 도착할 수 있기 때문입니다. 더 깜짝 놀랄 소식도 있습니다. 대기 시간은 17분밖에 안 되고, 짐을 찾는 데에도 18분밖에 걸리지 않을 거라고 출입국 관리소장이 알려왔습니다. 운만 좀 따라준다면 30분 내로 공항을 빠져나가실 수 있습니다. 지상 근무 팀과 연락을 주고받고 있는데 짐을 찾은 뒤 차량으로 27분만 이동하면 맨해튼에 도착할 것이라고 합니다. 그 지역으로 가는 분이시라면 90분 내에 도착하실 수 있겠습니다.'

이런 게 불안감을 해소시켜 주는 메시지입니다. 기존의 마케팅과는

인간적인 브랜드가 살아남는다

완전히 다르지만 이게 우리가 하는 일의 본질입니다. **고객을 만족시켜 고객의 신뢰를 얻을 수 있게 하는 거죠.**

CMO라면 더 이상 실적 차트만 싸고돌아서는 안 됩니다. 고객의 니즈가 조직의 모든 부분에 속속들이 반영되어야 하고 고객이라는 단 하나의 목적에 대응하는 조직 문화를 조성해야 합니다. 회사 내의 모든 사람들이 그 목적을, 그리고 그 추진력을 명확히 인식해야 합니다. 그게 바로 오늘날 우리가 필요로 하는 CMO의 모습입니다."

투명한 옷

내가 집으로 젊은 친구들을 초대해서 파티를 열었을 때의 일이었다. 어떤 여성이 신이 나서는 자기가 온라인 의류 브랜드 에버레인Everlane에 얼마나 열광하고 있는지 털어놓기 시작했다. 나는 이 여자가 주류 소매 브랜드를 거부하는 그런 유형의 사람인지 궁금해졌다.

"에버레인이 다른 브랜드와 뭐가 그렇게 다르죠?" 나는 그녀에게 물었다.

"음, 에버레인이 제 계정에 40달러를 넣어줬어요. 아무 조건도 없어요. 물론 제가 에버레인에서 옷을 사느라 그 이상의 돈을 바로 쓰긴 했지만요. 제가 얼마나 많은 사람들에게 에버레인에 대해 얘기하느냐고요? 음, 모르긴 몰라도 제 덕분에 이번 주 에버레인이 그 사람들에게 600달러어치는 팔았을 걸요."

이런 고객이 바로 마케터다. 에버레인은 이 점을 잘 알고 있다.

2011년, 25살이었던 마이클 프레이스먼^{Michael Preysman}은 에버레인을 창업했다. 컴퓨터 공학을 전공하고 투자 회사에서 일하던 마이클은 소프트웨어가 아니라 실제 손으로 만질 수 있는 물건을 만드는 회사를 창업하고 싶다는 꿈이 있었다. 그러면서 소매업계에 진출할 기회를 보았다. 의류는 제조 원가는 싸지만 일단 공장을 떠나 도매업자, 소매업자, 중개업자를 거치는 동안 모두가 제 몫을 챙겨가므로 가격이 훌쩍 오른다.

5년여의 시간이 흐르는 동안 마이클은 광고를 거의 하지 않고도 2억 5천만 달러에 달하는 회사를 일궈냈다. 패션 업계에서는 유례가 없는 일이었다.

얼핏 보면 에버레인은 평범해 보인다. 어쩌면 따분해 보이기까지 한다. 에버레인은 합리적인 가격에 깔끔하고 미니멀한 디자인의 옷을 판매한다. 하지만 마케팅의 측면에서 봤을 때 에버레인은 업계 최고의 마케팅을 펼치고 있다.

대부분의 소매 브랜드에 있어서 마케팅 공식은 가격, 품질, 라이프스타일이라는 측면에서 상당히 정형화되어 있다. 비결은 광고, 포장, 매장 디스플레이, 그리고 높은 몸값을 자랑하는 광고 모델과의 계약을 통해 자기네들이 선보이는 가격, 품질, 라이프스타일의 차이를 제시하는 것이다. 그런데 이렇게 하려면 비용이 많이 든다. 그리고 신생 회사에게 이런 마케팅 활동은 꿈도 꿀 수 없다.

에버레인의 뛰어난 점은 이야기를 통해서 그리고 회사가 벌이는 활

인간적인 브랜드가 살아남는다

동, 웹사이트 디자인 등을 통해서 회사의 가치를 표현한다는 사실이다. 그리고 무엇보다도 중요한 점은 에버레인의 팬들을 통해 에버레인이 내세우는 가치가 퍼져나간다는 사실이다. 그 가치는 바로 철저한 투명성이다.

온라인을 통한 직접 판매 덕분에 에버레인은 가격을 생산 원가의 두 배 정도로 매기고도 수익을 올릴 수 있다. 반면 모든 소매업체는 보통 생산비의 8배에서 10배로 가격을 책정한다. 에버레인의 웹사이트에서는 판매하는 모든 의류마다 그 제품을 생산하는 데 비용이 얼마가 들었는지, 회사의 이윤이 얼마인지를 설명하는 도표를 볼 수 있다.

에버레인의 비즈니스 모델은 단순성을 중심으로 설계되었다.

- 재고를 최소화면서 미니멀한 디자인을 추구한다.
- 영업이나 판촉 활동은 거의 하지 않는다.
- 중개업자의 개입이 없다.

하지만 패션업계 관계자들은 에버레인의 진짜 천재성은 회사의 마케팅 팀에서 볼 수 있다고 주장한다. 에버레인은 끊임없이 온라인과 오프라인에서 고객과 직접 만날 수 있는 인간적인 터치포인트를 찾는다. 몇 가지 예를 살펴보자.

- 제품은 "무심한 세련미"의 미학을 연상시키는 아름다운 포토 에세이와 함께 출시된다. 사진에는 종종 에버레인의 오랜 고객과 디자이너들이 (신장이

나 몸매와 관계없이) 등장한다. 이는 브랜드와의 진정한 결속감을 고양시킨다.

- #whereItravel 같은 해시태그를 이용한 인스타그램 캠페인은 팬들에게 에버레인 옷을 입고 찍은 여름휴가 사진을 뽐내도록 독려한다. 이 캠페인은 1만 1,000명 이상의 사용자들이 직접 게시물을 올리는 것으로 마칠 수 있었다. 상대적으로 적은 팬 층을 가진 회사치고는 의미심장한 수준의 스토리텔링이라 할 수 있다.

- 에버레인은 미니멀리즘 그리고 반 소비지상주의를 실천한다는 약속에 따라, 미국의 주요 쇼핑 시즌 중 하나인 블랙 프라이데이에 벌어들인 모든 수익을 공장에서 일하는 노동자들에게 기부한다.

에버레인은 소비자가 주도하는 마케팅에 초점을 맞춤으로써 전통적인 소매 시스템 안으로 침투했고, 지금은 업계에서 가장 인간적인 회사가 되었다.

고객의 순간에 전폭적으로 응답하라

TV 방송이 시작되던 초창기에 방송 시간은 지역 예능인들이 출연하는 요리 프로그램, 버라이어티 프로그램 그리고 공예품을 소개하는 프로그램으로 채워져 있었다. 그 당시에는 시청자들이 별로 없었기 때문에 초기 방송 제작자들은 방송 시간을 채우기 위해 창의력을 발휘해야만 했다.

당시에는 광고하기가 쉬웠다. 내 고향인 테네시주 녹스빌에서는 초창기 TV 광고를 카스 워커 Cas Walker라는 이름의 식료품상이 독점하다 시피 했다. 프로그램 사이사이에 등장해 식료품점을 광고하고 가게의 슬로건인 "우리 고기가 최고야"를 반복해서 외쳐댔다. 오늘날에는 이렇게 외쳐봐야 그다지 효과도 없을 테지만 당시 새롭게 등장한 마케팅 채널인 TV는 시청자를 확보하기 위해 소박한 방송으로도 충분했다.

오늘날 고객들의 관심을 끌려면 지역에서 제작한 요리 프로그램 정도로는 어림도 없다. 많은 돈과 노력을 들인 〈왕좌의 게임 Game of Thrones〉 정도는 되어야 한다. 너무도 많은 선택권이 주어진 사람들은 이제 독특하고 대단한 무언가를 경험하고 싶어 한다.

자이언트 스푼 에이전시의 공동 창업자인 마크 시몬스 Marc Simons는 독특하고 장엄한 업계에서 일하고 있다.

마크는 어렸을 때 뉴욕 주 북부에서 가족이 운영하는 반려동물 사료 가게를 돕다가 자신의 천부적인 마케팅 재능을 발견했다. 대학생일 때부터 그는 소셜 미디어의 얼리 어답터 early adopter였다. 그리고 페이스북이나 유튜브의 비밀을 풀고 싶어 하던 기업들이 특히 필요로 하던 디지털 분야를 꿰뚫어 보는 시각을 갖고 있었다.

결국 이 덕분에 마크는 LA에 있는 광고 회사에서 일할 기회를 잡았다. 마크는 그곳에서 새롭게 떠오르는 기술과 전통적인 마케팅을 결합시키는 혁신적인 방법을 찾아냈다.

"제 일은 그 분야의 최첨단을 앞서가는 것이었어요." 마크는 말한다. "홈디포 Home Depot나 CBS 방송사와 같은 고객들을 위해서 차세대 인기

품목을 찾아내 얼리 어답터가 되는 게 제 일이었죠. 저는 괴상한 아이디어들을 쏟아내는 일을 했습니다. 괴상한 아이디어들 중에서도 아주 아주 기묘한 아이디어들이요. 기업들은 새로 등장한 미디어를 이용해서 큰 예산으로 뭔가 색다른 것을 시도해 보려고 했거든요. 일례로 CBS와 작업을 하면서 잡지에 최초로 비디오 스크린을 달았습니다. 그러니까 잡지를 펼쳤을 때 스크린에서 영상이 재생되도록 하는 거였죠.

넘쳐나는 광고로 시끄러운 세상에서 마케팅을 성공시키는 비밀은 혁신적이고 정신이 나간 것 같으면서도 이야깃거리가 되고 미디어나 소비자들로부터 엄청난 관심을 끌 수 있는 뭔가를 착안해 내는 데 있다는 걸 깨달았습니다. 제 일은 사람들이 기꺼이 이야기하고 싶어 하는 아이디어를 만들어내는 것이 되었습니다. 사람들이 다른 사람들과 이야기 나누고 싶어 하고, 돈을 지불할 마음이 들게 하는 무언가를 창조하는 것 말이에요. 저는 그 누구도 만든 적이 없는 것을 만들고 싶었습니다.”

마침내 그런 경쟁력 덕분에 마크는 자신의 마케팅 회사, 자이언트 스푼을 세울 수 있었다. “저는 사람들이 보고 싶어 하는 것 앞에 나와 맛보기 역할이나 하는 광고 제작으로는 만족할 수 없었습니다. 우리가 제작한 것이 바로 사람들이 보고 싶어 하는 것 그 자체가 되도록 만들고 싶었습니다. 그렇게 해낼 수 있다면 그야말로 완벽하게 목적을 이룬 셈이죠.”

그렇게 탄생한 체험 마케팅의 한 예가, 코믹콘 인터내셔널Comic-Con international 행사에서 자이언트 스푼이 영화 〈블레이드 러너 2049Blade

Runner 2049〉를 위해 디자인하고 설치한 체험 시설이다.

"코믹콘에서 나흘간 펼쳐질 완전 몰입형 블레이드 러너 테마 파크 스타일의 놀이 기구는 어떤 모습일까, 그 모습을 어떻게 구현할 수 있을까 궁리하기 시작했습니다."

"워너 브라더스Warner Brothers 사와 알콘 엔터테인먼트Alcon Entertain-ment가 우리에게 영화의 핵심 콘셉트를 보여주었습니다. 우리는 그 중에서 술집 장면에 반하고 말았죠. 방문객들이 저 술집에 들어간다면 어떨까? 그건 어떤 모습일까? 2049년의 음울하고 눅눅한 LA는 어떤 느낌일까? 우리는 그걸 구현한다면 정말 멋진 경험이 될 거라고 생각했습니다."

자이언트 스푼은 샌디에이고 컨벤션 센터 근처의 부지를 확보해 체험 시설을 위한 커다랗고 검은 서커스용 텐트를 설치했다. 그곳에는 움직이는 좌석이 설치된 4D 극장과 가상현실 헤드셋이 마련되었다. 헤드셋을 쓰고 움직이는 좌석에 앉은 관객들은 자동차들이 쫓고 쫓기다가 충돌하면서 끝나는, 신나면서도 미래의 느낌이 물씬 나는 자동차 추격 장면을 체험했다. 그런데 상영이 끝나고 헤드셋을 벗은 관객들은 자신들이 연기가 피어오르는 실제 자동차 충돌 현장에 서 있다는 걸 깨닫게 된다. 관객들이 가상현실을 체험하며 "날아다니고" 있을 때 텐트의 커튼이 올라가며 관객들에게 놀라운 체험의 현장을 선사한 것이다. 관객들은 열린 커튼 뒤에 마련된 충돌 현장을 통해 블레이드 러너의 세계로 걸어 들어갈 수 있었다.

"우리는 관람객들이 처마와 지붕의 홈통 아래를 걸어가게끔 비 내리는 기계를 실제로 만들었습니다." 마크가 말했다. "헤드셋을 벗고 블레이드 러너의 세계로 들어갈 때 사람들은 놀라게 되죠. 세트 디자인이 사소한 부분까지 영화와 똑같으니까요. 주연 배우인 해리슨 포드Harrison Ford와 라이언 고슬링Ryan Gosling도 세트를 방문해서는 진짜 영화 세트장 같다고 하더군요."

충돌 현장에 들어선 관람객들은 곧 눅눅한 술집에 들어서게 된다. 그곳에서는 의상을 차려입고 관람객들을 맞이하기 위해 준비된 25명의 연기자들이 대기하고 있다.

"오리지널 블레이드 러너에 등장했던 국수 파는 노점상을 만들어서 관람객들이 실제로 국수를 먹을 수 있도록 했습니다. 조니 워커Johnny Walker가 영화의 스폰서였기 때문에 술집에서는 조니 워커를 한 잔씩 무료로 제공하기도 했죠. 이 체험 과정 전체가 사진을 찍어 공유하는 데 적합하도록 제작되었습니다. 우리도 자체적으로, 관객들이 우리 시설을 체험하는 장면을 촬영하고 체험이 끝난 뒤에는 사진을 전송해 주었습니다. 사람들이 SNS에 게재할 수 있도록 말이죠.

"그 영화를 사랑하는 팬들은 자그마치 6시간이나 줄을 서서 기다렸습니다. 두 번이나 줄을 선 사람들도 있었어요! 사람들에게 기꺼이 돈을 지불할 마음이 들게 만드는 마케팅 경험을 우리가 만들어낸 겁니다."

자이언트 스푼의 체험 시설은 단순한 눈속임 장치 같은 게 아니다. 이 회사는 자연스럽고 유기적인 방법으로 브랜드가 가진 이야기를 드러내는 몰입형 경험과 콘텐츠를 창조한다.

"우리는 브랜드가 가진 속성을 강조합니다. 그러면서도 사람들을 흥분시키고 관심을 사로잡는 방식으로요. **사람들은 좋은 이야기에 몰두하게 되면 브랜드가 전하려는 메시지를 열린 마음으로 대합니다.** 사실 우리가 놀라운 경험을 제공하면 사람들은 기쁜 마음으로 받아들이거든요.

우리가 습관처럼 하는 말이 있습니다. '우리는 광고 제작에는 전혀 뜻이 없는 광고 회사이다.' 말도 안 되는 소리처럼 들리겠지만 우리는 기업들이 예전 방식을 더 이상 고수할 수 없을 거라고 확신하고 있습니다. 우리는 고객의 가치와 문화라는 렌즈를 통해 전략을 만들어내야 합니다. 고객의 순간을 포착하고, 고객의 트렌드를 받아들이세요. 그걸 해낸다면 고객들의 관심을 사로잡을 수 있죠."

제품이 콘텐츠다

세 번째 반란에 완전히 적응한 회사를 알고 싶다면 글로시에 보다 더 좋은 사례는 없다. 실제로 글로시에는 그러한 전략에 기초해 세워졌다.

창업자 에밀리 와이스는 보그에서 패션 어시스턴트로 일하면서, 출근하기 전 이른 아침에 메이크업에 대한 글을 블로그에 올리기 시작했다. 1년 만에 에밀리의 블로그, '인투 더 글로스Into the Gloss'는 광고 수익을 벌어들이기 시작했고, 그 덕분에 에밀리는 직장을 그만둘 수 있었다. 에밀리의 블로그는 피부 관리와 메이크업 관련 최신 제품들에 관심이 많은 여성들의 성지가 되었고 또한 다른 뷰티 팬들과 소통할 수 있는 공간 역할을 했다.

블로그에 올라오는 피드백은 에밀리에게 제품 개발 아이디어를 주었다. 구독자들의 좋아요와 싫어요를 기반으로 에밀리는 자신의 화장품 라인을 개발했고, 2014년 10월에 SNS를 적극적으로 활용하는 150만 명의 열성적인 구독자들에게 첫 선을 보였다.

글로시에는 SNS를 통해 탄생한 최초의 메이저 브랜드 중 하나이고, 실제로 그 이름에 걸맞은 화려한 활약을 하고 있다. 글로시에의 현대적이고 미니멀한 패키지는 사진을 찍었을 때 근사하게 보이도록 디자인되었다. 모든 글로시에 제품들은 재사용이 가능한 핑크색 비닐 파우치에 담겨 있는데, 이 파우치는 인스타그램 사진의 배경으로 쓰기에 안성맞춤이다.

다른 경쟁사들이 아마존 때문에 주춤거리는 가운데서도 글로시에는 3천만 달러 이상의 투자 자금을 끌어들이며 소비자 직거래 회사로 성공가도를 달리고 있다.

글로시에의 성공 뒤에는 몇 가지 핵심 전략이 숨어 있다.

1. 친구가 된다

에밀리는 회사를 세우기 전에 먼저 자신의 개인적인 브랜드를 구축했다. 에밀리는 수년 동안 블로그를 운영하면서 그녀 자신 그리고 자기가 세운 회사를 신뢰하는 충성스러운 구독자를 확보했다. 에밀리 자신

인간적인 브랜드가 살아남는다

이 브랜드, 즉 인간 브랜드였던 것이다.

에밀리 블로그의 핵심 구독층은 밀레니얼 세대이다. 이들의 33%가 제품을 구매하기 전에 주로 개인이 운영하는 블로그를 통해 진정성 있는 정보를 얻는다. 이에 비해 개인 블로그가 아닌 TV 뉴스와 잡지, 책에서 얻은 정보를 더 선호하는 사람은 3%도 되지 않는다.[76]

에밀리의 계획은 소비자들이 브랜드 그 자체를 가까운 친구처럼 느끼도록 하는 것이었다. 언제나 유머 감각과 인간적인 매력이 넘치고 멋진 언니 같이 느껴지는 브랜드를 만들고 싶었다. "저는 사람들이 편하게 입고 싶어 할 스웻셔츠를 제작하는 그런 브랜드를 만들고 싶었어요. 고객들을 깔보듯이 말하지 않고 친구처럼 대하는 그런 브랜드요."[77]

2. 욕망을 자극한다

밀레니얼 세대의 60% 이상은 자신이 SNS를 통해 브랜드와 연결되어 있다면, 그 브랜드에 대해 더 충성스러운 고객이 될 거라고 말한다.[78]

SNS에서 활동하는 글로시에의 고객들이 글로시에의 마케팅 대부분을 실행하고 있다. 글로시에 본사는 고객들의 활동을 조정하고 확장한다.

글로시에는 자사의 SNS 계정 게시판에 실을 "진짜 소녀real girl" 모델을 찾기 위해 해시태그가 붙은 수천 장의 사진을 매일 분류한다. 그래서 글로시에의 팬들은 모델이 되려는 열망을 품고 브랜드를 열심히 홍보한다. 이를 통해 글로시에의 SNS 게시판은 즐겁고 솔직하며 멋들어진 커뮤니티가 되었다.

3. 가치를 같이한다

글로시에는 미인 대회 우승자 같은 이상적인 아름다움을 거부하는 사람들을 위한 화장품을 만든다. 하지만 회사의 콘텐츠와 마케팅 안에 여성의 능력을 신장하려는 노력도 그대로 보여준다.

"여성들이 적극적으로 상황을 주도하고 있어요. 여성들은 자신의 일상을 책임지고 있고, 필요한 모든 정보는 친구들이나 전 세계의 다른 여성들을 통해 그리고 온라인을 이용해 찾을 수 있습니다.

다른 뷰티 브랜드들이 생겨나던 1940~ 1950년대의 가치관은 지금과는 달랐습니다. 당시에는 여성들이 화려함과 럭셔리한 라이프스타일을 추구하고 보여주고자 했죠. 저는 지금 여성들이 추구하는 건 힘이라고 생각합니다."[79]

4. 적극적으로 고객과 함께한다

경제 잡지 〈패스트 컴퍼니〉는 세계에서 가장 혁신적인 회사 중 하나로 글로시에를 선정했다. 뷰티 회사가 혁신의 원천으로 여겨지는 일은 드문데, 에밀리는 친구들로부터 약간의 도움을 받아 그 일을 해낼 수 있었다.

글로시에는 소셜 미디어를 통해 얻는 피드백을, 혁신적인 정보를 얻는 루트로 능숙하게 활용하고 있을 뿐만 아니라, 슬랙Slack이라는 업무 공유 채널을 통해 글로시에 고객 상위 100명을 초대해 자유롭게 대화할 수 있는 공간을 마련했다. 고객들은 슬랙에서 주당 1,000건 이상의 메시지를 주고받으며 글로시에는 이들의 대화 내용을 제품 생산에 참고하고 반영한다.

5. 소문낼 수밖에 없게끔 만든다

에밀리는 글로시에가 콘텐츠를 제공하는 회사라고 말한다. 글로시에의 모든 제품은 입소문을 내는 사람들을 위해 제작되었다. 모든 제품과 패키지는 SNS를 통해 쉽게 공유할 수 있도록 디자인되었으며, 낙서 모양 패턴이 그려진 작은 스티커가 첨부되어 있다. 고객들은 이 스티커를 물건 여기저기에 붙이고 사진을 찍어 SNS에 올린다.

"우리는 유행을 주도하는 한 사람만을 위해 제품을 만들지 않아요. 사람들은 더 이상 그런 식으로 쇼핑을 하지 않거든요. 여성들은 친구들을 통해 뷰티 제품들을 알게 돼요. 더 이상 말이 필요 없죠."[80] 글로시에 고객의 80%는 주변의 추천으로 제품에 대해 알게 되었다.

글로시에는 새로운 제품을 선보일 때, 전통적인 패션 스틸 사진을 사용하기보다 인스타그램에서 흔히 사용되는 효과인 "부메랑Boomer-ang(셔터를 누르면 한 번에 여러 장의 사진을 연속 촬영한 뒤 영상처럼 보이도록 자동으로 붙여주는 기능-옮긴이)" 기능을 활용한다. 이는 실제 사용자가 만든 생생한 이미지와 느낌을 부여하기 위해서이다. 또한 글로시에는 뉴욕과 샌프란시스코에 팝업 카페를 설치해서 체험 마케팅을 실험하고 있다.

6. 부정적인 리뷰라도 OK

글로시에의 제품 페이지는 고객 리뷰로 가득하다. 어떤 리뷰는 이런 식으로 꽤 솔직한 내용을 담고 있다. "이 제품을 좋아하고 싶었지만 그냥 나쁘지 않은 정도야. 냄새는 구려."

리뷰를 권장하는 행동은 브랜드의 진정성을 보여준다. 심지어 부정적인 리뷰라도 환영한다.

그리고, 에밀리는 고객이 올린 게시글에 직접 답하는 등 게시판에 자주 나타나 활동한다.

에밀리는 자기 자신을 랄프 로렌이나 에스티로더 Estee Lauder 같은 패션 업계의 전설적인 리더라고 여기지 않는다. "글로시에의 수많은 고객들은 심지어 제가 누구인지도 몰라요"라고 에밀리는 말한다.

하지만 에밀리는 반란이 일어나고 있음을, 즉 뷰티 제품이 사람들 입에 오르내리고 판매되는 방식을 기술이 변화시키고 있다는 사실을 알아차린 사람이다. 에밀리는 고객이 상황을 통제하고 있다는 것을 깨달을 만큼 영리한 사람이었고, 고객들이 그녀에 대해 이야기하도록 하는 방법을 찾아낼 만큼 현명한 사람이었기에 엄청난 비즈니스를 구축할 수 있었다.

나는 당신이 새로운 길을 열었던 리더들의 이야기에 고무되었기를, 이 사례 연구를 즐겁게 읽었기를 바란다. 하지만 보다 더 인간 중심적인 마케팅 접근법을 단순히 적용하기만 해서는 아무런 변화도 일어나지 않는다. 어떻게 하면 그런 새로운 마음가짐이 실제로 살아 숨 쉬도록 할 수 있을까?

반란의 시대에 마케팅의 성공을 예측하는 가장 큰 변수는 예산이나 능력과는 아무런 상관이 없다. 완전히 다른 방향으로 회사를 이끌 수 있는 기업 문화를 갖춰야 한다. 사실 당신의 기업 문화가 곧 마케팅인 것이다. 이에 대해서는 10장에서 살펴볼 것이다.

4부

비약적인
도약을 위해

10장

조직이 바뀌어야 한다

"나는 두려움을, 특히 변화에 대한 두려움을 삶의 일부로 받아들였다 (…)
돌아가라고 외치는 심장의 박동을 무릅쓰고 앞으로 나아갔다."

에리카 종 ERICA JONG

우리는 지금까지 내가 펼치는 주장의 많은 근거들을 함께 살펴보았다. 하지만 한 가지 문제가 아직 남아 있다. 시장의 변화를 이해하고 무엇을 해야 하는지 알게 되었으니, 이제 당신에게 남은 싸움은 당신의 팀과 회사의 리더들에게 변화가 필요하다는 점을 납득시키는 일이다.

충성 고객이 강조되던 시대가 지났는데도 여전히 효과를 기대하기 어려운 마케팅 철학에 사로잡혀 있는 당신이라면 아직도 다음과 같은 전략을 사용하고 있는지 살펴보라.

- 매년 전략과 예산을 조금씩만 "비틀어" 수정한다.
- 3년 혹은 5년 전에 했던 방식과 똑같이 광고한다.
- 실제로는 존재하지 않는 "판매 깔때기"에 치중하고 있다.
- 제 역할을 못하는 광고 대행사와 여전히 관계를 유지한다.

- 홍보하기 위해 언론에 보도 자료를 배포하는 서비스에 의존한다.
- 직원들이 블로그에 회사에 대한 글을 올리는 것을 금하고 있다.
- TV나 인쇄 광고를 통한 성장에 의존한다.
- 스톡사진 같은 상업용 SNS 콘텐츠를 게재하고 있다.
- 계속해서 뒤처지고 있다는 느낌이 든다.
- 이해하지도 못하는 마케팅 기술에 투자하고 있다.
- 고객이 아니라 실적 차트에 강박적으로 매달리고 있다.
- 법무 팀에 마케팅에 대한 주도권을 넘겨주었다.
- … 아니면 IT 부서에 넘겨주었다.
- … 그도 아니면 페이스북이나 링크트인 같은 SNS라곤 사용하지 않는 어떤 누군가에게 주도권을 넘겨주었다.

이 장에서는 조직 차원에서 일어나는 세 번째 반란을 살펴볼 것이다. 당신은 이미 반란이 진행 중임을 알고 있다. 이제 행동에 나설 때이다. 그렇다면 무엇을 해야 하는가?

선도하는 리더십

당신이 회사나 마케팅 조직을 이끌고 있는 위치에 있다면, "섬에 초대받기 위해" 필요한 변화를 이끌어내기에 적절한 자리에 있다고 할 수 있다. 하지만 조직에서 낮은 직급에 있거나 컨설팅 업무를

인간적인 브랜드가 살아남는다

담당하고 있다면, 해야 할 일이 몇 가지 더 있을 수도 있다.

기업 문화는 아래에서부터 변화하지 않는다. 변화는 위에서부터 일어난다. 아울러 회사의 예산과 전략을 제어하는 사람이 기업의 조직 문화를 결정한다.

나는 이런 상황에 완벽하게 들어맞는 가장 극적인 사례를 목격한 적이 있다. 한때 내가 근무하던 회사에서는 인명 사고가 빈번히 발생했고, 당시 회장이던 폴 오닐Paul O'Neill은 사고 방지를 위한 대책을 세우기로 마음먹었다.

세계적인 알루미늄 업체 알코아Alcoa는 당시 원칙에 충실한 우량 기업이었으며 진정성과 리더십을 중요시했다. 나는 대학생 인턴으로 일을 시작했는데, 그곳에서 똑똑하고 열정에 넘치는 놀라운 리더들을 만날 수 있었다. 나도 나중에 그 리더들처럼 될 수 있는 가능성이 조금이라도 있다면, 그 가능성을 좇아 회사의 정규직 사원이 되어야겠다고 마음먹었다.

알코아는 광업과 제련업 그리고 머릿속에 떠올릴 수 있는 모든 알루미늄 제품 제작을 주력으로 하는 〈포춘〉 선정 100대 기업 중 하나였다. 거대한 기계 설비, 용융된 금속, 1,400도로 달구어진 용광로에서 피어오르는 연기로 가득한 광산과 공장의 작업 환경은 인명 사고에 취약했다. 비록 정부의 안전 지침을 충실히 지키면서 전문적이고 윤리적인 방식에 따라 운영되고 있기는 했지만, 작업자들이 다치는 일은 심심치 않게 발생했다. 한 해에 두세 번씩은 사망 사고가 발생했다.

어느 시간제 근로자에게 발생한 사건 소식을 들었을 때, 회사 전체를 짓누르던 끔찍한 느낌을 나는 절대 잊지 못할 것이다. 누군가의 어머니이기도 했던 그 젊은 직원이 알코아의 인디애나 공장에서 작업하던 중 무거운 설비에 짓눌려 사망하고 말았다. 그 직원은 사실 공장 안전 위원회 소속이었고, 사고 당시 자기가 위반한 안전 규칙을 제정하는 데 기여하기도 했었다. 사무실에 있던 모든 직원들이 먹먹한 침묵 속에서 황망히 건물 내부를 오갔다. 나는 사람들이 울며 기도하는 직원 회의를 보게 되리라고는 상상도 하지 못했다.

회장이 된 폴 오닐은 이런 사고가 다시는 일어나지 않게 하겠다고, 알코아에서 일하는 사람들이 다치는 일은 이제 절대로 없을 것이라고 약속했다. 그러나 솔직히 얘기해서 대부분의 사람들은 오닐 회장이 불가능한 약속을 하고 있다고 생각했다. 공장들 중에는 100년 이상 된 것도 있었는데, 이런 알코아의 작업 환경에서 일하는 사람들이 위험에 노출되는 것은 어쩔 수 없다고 생각했기 때문이다.

하지만 오닐 회장은 확고했고 한결같았다. 그는 직원들이 마음 깊은 곳에서부터 변화에 대해 "비약적인 도약"을 이루어야 한다고 요구했다. 직원들이 사고를 당하고 있는데 생산량 증가에만 신경 쓴다는 것은 용납할 수 없는 일이었다. 그는 항상 안전문제에 대한 언급으로 회의를 시작했고, 공장을 방문할 때면 언제나 안전문제를 최우선 사항으로 다루었다. 심지어 재무 분석가들과의 분기 모임에서도 안전에 대해 이야기했다.

그러다가 회사를 결정적으로 변화시킨 사건이 일어났다.

연례 주주 총회가 열리고 있던 강당의 맨 앞줄에는 멕시코에서 온

수녀들이 앉아 있었다. 질의응답 시간에 한 수녀가 주춤거리며 손을 들었다. 오닐 회장이 이를 보고 발언권을 주었다. 그 수녀는 일어나서 멕시코 몬테레이 근처에 위치한 공장에서 일하는 근로자들이 어떤 사고를 당하고 있는지 이야기하기 시작했다. 그 수녀는 작업 환경 개선을 요구하기 위해 이곳 피츠버그에 있는 알코아 본사로 왔다고 말했다. 이야기를 듣는 동안 오닐 회장의 얼굴은 심각하게 굳어갔고, 근심하는 기색이 역력했다. 그는 수녀들에게 주주 총회가 끝난 뒤 개인적으로 만나 이야기를 듣고 싶다고 했다.

수녀들로부터 이야기를 들은 오닐 회장은 회사 비행기가 준비되자마자 무슨 일이 벌어지고 있는지 직접 보기 위해 멕시코로 날아갔다.

피츠버그로 돌아온 오닐 회장은 공장의 부서 관리와 작업 환경을 책임지고 있던 부회장을 해고했다. 해고당한 부회장은 회사에서 가장 유망한 임원이었으며 나중에는 회장 승진이 유력했던 인물이었다. 게다가 그는 몬테레이 공장 매니저보다 다섯 단계나 더 높은 직위에 있었던 사람이었다. 그 누구도 회사 전체에서 촉망받던 임원이 안전문제 때문에 해고되었다는 사실을 쉽게 믿을 수 없었다.

해고 소식은 회사 전체에 엄청난 충격을 가져왔다. 만약 세계적인 회사의 기업 문화가 단 1시간 만에 바뀌는 일이 가능하다면, 그날이 바로 그런 날이었다.

기업 문화의 변화는 위에서부터

이후 일어난 일들은 마치 기적처럼 보일 정도였다. 안전에 대한 새로운 시스템과 교육, 투자 덕분에 재해 발생률과 부상자 발생률이 현저히 떨어졌다. 수년 만에 부상자 발생률이 현저히 낮아져서, 통계적으로만 보면 IBM에서 일하는 사무직 근로자보다 알코아의 알루미늄 제련 공장에서 일하는 현장 작업자가 더 안전했다. 이처럼 완전히 바뀐 기업 문화는 그룹 전체로 퍼져나가게 되었고, 알코아는 그룹 내 다른 사업 분야의 관리자들을 불러 모아 작업 시 직원들을 위험으로부터 지키는 방법에 대해 교육을 실시했다.

오닐 회장은 기업 문화를 변화시키는 일이 그저 올바른 일을 한다는 정도가 아니라 수익 증대와도 연관이 있다는 사실을 알고 있었다. 회사가 직원들을 진심으로 아끼면, 이런 기업 문화는 제작 공정과 제품 그리고 고객을 아끼는 문화로까지 자연스럽게 확장된다. 오닐 회장은 우리가 무슨 일이든 할 수 있다는 사실을 자신의 리더십을 통해 보여주었다. 우리가 안전에 관해서 비약적인 도약을 이룰 수 있었다면 고객 서비스와 품질, 수익성에 대하여 똑같은 일이 일어나지 말라는 법은 없지 않겠는가?

알코아는 비약적인 도약을 이룬 기업이 되었다.

여기에서 우리는 기업과 관련된 모든 변화에 대하여, 특히 변화가 절실히 요구되는 마케팅과 PR, 광고 분야에서의 변화에 대하여 강력한 교훈을 얻을 수 있다. 이 책의 앞부분에서 언급했듯이, 내가 알고 있는

인간적인 브랜드가 살아남는다

대부분의 마케터들은 정체되어 있으며 심지어 자기가 정체되어 있다는 사실조차 모르고 있다. 알코아에서 근무하던 당시, 우리 역시 정체되어 있었다. 우리의 진정한 가능성이 무엇인지 몰랐다. 기업 문화란 바로 우리가 서 있는 길과 같은 것이다. 하지만 반드시 기존에 다니던 길로만 갈 필요는 없다. 원칙에 입각하여 흔들리지 않는 리더십이 우리를 새로운 길로 나아가게 할 수 있다.

회사를 변화시키는 첫 번째 단계가 입소문 마케팅 활동이나 근사하고도 새로운 고객 경험을 만드는 것일 필요는 없다. 변화는 당신이 리더십 발휘를 통해 반란은 필연적인 것이며 이미 우리 앞에 다가와 있음을 사람들에게 이해시키는 것을 의미할 수도 있다.

실행 가능한 기업 문화

기존의 방식을 약간 수정하는 것만으로는 현실의 변화에 대응할 수 없다. 큰 도약을 향한 마음 자세가 필요하다. 기업 문화의 변화를 추진하기 위해서는 다음과 같은 사항을 염두에 두어야 한다.

- **위에서부터 변화를 실행하라:** 폴 오닐은 목표만 정해놓고 나 몰라라 하지 않았다. 자나 깨나 목표를 이룰 생각뿐이었다. 오닐 회장을 만나봤거나 그가 말하는 것을 들었다면, 기업 문화를 바꾸는 것이 그에게 언제나 최우선 순위였음을 알 수 있다.

- **올바른 척도를 정해라:** 성과 측면에서 비약적인 도약을 이루길 바란다면, 적절한 행동을 이끌어낼 만한 빈틈없이 짜여진 척도를 세워야 한다. 이제는 고전이 된 《좋은 기업을 넘어 위대한 기업으로 Good to Great》에서 짐 콜린스 Jim Collins는 한 가지 정확하면서도 진정한 척도를 선택하는 것이 얼마나 중요한지 역설한다. 알코아 사례에서 그 척도는 사고 발생률이었다.

- **커튼을 걷어라:** 고객은 당신을 신뢰하길 원한다. 그러기 위해서 고객은 진짜 당신이 어떤 사람인지 알아야 한다. 작가 미치 조엘은 현대 리더십의 핵심은 투명성이라며 다음과 같이 멋지게 표현했다. "숨겨져 있던 것을 드러내 보여라. 데이터, 비즈니스 프로세스, 인적 자원, 기술, 매출, 마케팅, 전문성 개발, 내부 회의, 팀 성과 등 보여줄 것은 끝도 없이 많다. (대부분의 사람들에게) 숨겨져 있던 것을 (모든 사람이) 알 수 있도록 드러내 보이는 것만으로도 리더는 무수히 많은 영역에서 엄청난 발전을 이룰 수 있다."

- **진실을 따르라:** 고객이 우리의 마케터다. 이러한 통찰은 당신의 조직과 예산 그리고 해당 업무를 수행하기 위해 고용한 사람들에게 엄청난 영향을 끼치게 될 것이다. 당신이 행하는 마케팅 활동의 3분의 2가 실제로는 당신이 아니라 고객의 마케팅 활동이라는 사실을 받아들여라. 그렇다면 오늘부터 새로운 현실에 적응하기 위해 당신은 무엇을 할 것인가?

- **주도권을 잡아라:** 나는 기술의 오용 내지 남용에 대해 계속 비난해 왔다. 당신 회사의 경우는 어떤가? 인터넷 도입 초창기 시절의 마케팅은 사람들을 우리가 원하는 대로 행동하도록 만들기 위해 기술을 사용했다. 우리는 사람들이 클릭하고, 다운받고, 업로드하고, 광고를 보게 만들려고 했다. 이제 기술은 고객을 위해 활용되어야 한다. 만능열쇠처럼 쉽게 해결할 수 있는 마

케팅 방법 따위는 없다. 당신은 당신의 일을 하고, 기술은 고객을 위해 일하게끔 하라.

- **극적인 행동을 하라**: 폴 오닐은 회사에서 서열 2위였던 자기 친구를 해고했다. 이는 회사 전체에 지각 변동과도 같은 메시지를 보내기 위해 계산된 행동이었다. 나는 지금 누군가를 해고하라고 말하는 게 아니다. 반드시 일어나야 하는 변화에 부합되지 않는 행동에 대해서는 관용을 베풀지 말라는 이야기를 하고 있는 것이다.

인간 중심의 "조직" 구축하기

나는 인간 중심의 마케팅 조직이 어떤 모습일지 줄곧 생각해 왔다. 이 책에서 아이디어를 얻어 원점에서부터 새로운 조직을 만든다고 한다면, 당신에게는 어떤 유형의 능력이 필요할까?

앞 장에서 소개한 피즈 에이전시, 자이언트 스푼, 렌, 글로시에 그리고 토니스 초코론리같은 혁신적인 회사들의 사례를 통해 이 질문에 대한 대답에 한 발짝 더 다가갈 수 있다. 이들 기업을 연구하면서 나는 이 기업들의 마케팅 팀이 전적으로 창의적이라는 사실을 알게 되었다.

이 기업들은 전통적인 콘텐츠 제작이나 검색 엔진 최적화, 광고에는 상대적으로 돈을 거의 쓰지 않는다. 그보다는 사람들과 직접 만나 소통하고 즐거운 경험을 선사하고 SNS를 통해 친밀감을 높이고 공유하고픈 순간들을 함께 나누고, 필요하다면 집이나 직장으로까지 사람들을 찾아간다. 이처럼 회사와 사람들 간에 유대를 만드는 새롭고도 창조적인 마케팅 활동에 더 힘을 쏟는다. 이들은 고객이 회사에 대해 자발적으로 이야기하게 만들 수 있는 방법이 무엇일까 끊임없이 탐색한다.

광고가 넘쳐나는 세상에서 주목받기 위해서는 당연히 사람들의 이목을 사로잡을 만한 활동을 펼쳐야 한다. 블로그 포스팅이나 검색 엔진 최적화, 광고로는 사람들의 시선을 끌어 모을 수 없다. 그런데도 왜 계속해서 이런 것들을 하는 것인가?

간단히 말하자면 미래의 마케팅 부서는 고객들이 좋아하지 않고서는 못 배길 만큼 비범한 아이디어를 내놓는 사람들로 북적거리는 곳이 될 것이다 (다시 한번 말하지만 기존 방식이 쓸모없다는 이야기가 아니다. 다만 이런 방식은 전체 마케팅 활동 중 3분의 2, 즉 고객들에 의해 이루어지는 마케팅이 아니라는 얘기를 하고 있는 것뿐이다).

몇몇 회사들과 함께 일하면서, 나는 조직 구조의 측면에서 회사에 유용한 관행이 어떤 것인지 알게 되었다.

- **기능에 따른 정렬:** 대부분의 마케팅 팀은 제품이나 브랜드 혹은 지역에 따라 편성된다. 하지만 성공적으로 마케팅 활동을 진행하기 위해서는 고객과 만나는 모든 접점을 아우르는 통합된 캠페인이 가능하도록 기능적 전문 역량에 따라 마케팅 팀을 정렬해야 할 수도 있다. 또한 이런 방식을 채택하면 이미 쓸모가 없어졌는데도 조직 내에 계속 남아 있는 부서가 생기는 일을 방지할 수 있다.
- **IT와 마케팅의 통합:** 사용자 경험에 영향을 미치지 못하는 웹사이트나 전자

상거래 플랫폼은 당신 소관이 아니다. 반면 IT 부서가 내리는 결정이 고객에게 직접 영향을 끼쳐서는 안 된다. IT 부서가 내리는 결정에 마케팅에 대한 고려도 포함되어야 하며, 고객을 우선하는 리더십이 고객을 대상으로 하는 모든 기술적 결정에 반영되도록 하여야 한다.

- **실적주의 vs 위계주의:** 전통적인 마케팅 조직에서는 직무에 따른 권한과 직책이 위계에 따라 정해지며 쉽사리 변하지도 않는다. 그러나 세 번째 반란의 세계에서는 고정된 것이라고는 아무 것도 없다. (어쩌면 평가하기 더 곤란할지 몰라도) 창의적으로 기여하고 필요에 따라 유연하게 역할을 바꾸는 능력을 가진 사람에게 적절한 보상이 이루어져야 한다. 기술과 소비자 행동 패턴이 빠르게 바뀌는 현실 속에서, 광고 캠페인 담당자가 상황을 파악해 업무 지시를 내릴 때까지 마냥 기다릴 수는 없는 법이다.

마케팅 조직의 리더라면 어떨까? 전통적인 CMO가 할 일이 아직도 남아 있을까 아니면 그저 단순히 크리에이티브 디렉터 creative director가 필요한 것인가?

마틴 린드스트롬은 이에 대해 확고한 견해를 가지고 있다. "전통적인 CMO의 역할은 끝났습니다. 이제 그들은 숫자에만 매달리고 있기 때문이죠. 실적 차트와 보고서를 들여다보며 미디어의 세계에서 무슨 새로운 일이 일어났는지 쫓아가는 데에만 급급합니다. 그래서 언제나 시장의 변화를 따라다닌다는 기분만 들죠. 지금 당장 시작해도 모자랄 놀라운 아이디어가 많이 있는데도 어떻게 대응할 것인지에만 관심을 쏟고 있습니다.

저는 CMO의 새로운 역할이 조직 내의 모든 부서와 기능을 끈끈하게 잇는 것이라고 생각합니다. 마케팅 리더는 밖으로 나가 고객들 사이에 섞여 새로운 니즈와 기회를 파악해야 합니다. 그래야 고객에게 잠재적인 시너지 효과를 제공할 수 있는 방법을 찾기 위해 회사 내 모든 부서 간의 협업을 도모할 수 있습니다. CMO는 사람들이 함께 일하도록 독려하면서도, 서로 각 부서의 의견을 교환하는 가운데 고객의 목소리 또한 전달해야 한다는 것을 잊어서는 안 됩니다."

NBC 스포츠 그룹NBC Sports Group의 CMO인 제니퍼 스톰스Jennifer Storms는 마틴과 의견을 같이한다.[81] "CMO의 역할은 밖으로 나가 고객의 목소리를 듣고 이해하는 것입니다. 그래야 회사 내부의 다른 사람들에게 고객의 의견을 전달할 수 있으니까요."

제니퍼는 성공적인 CMO가 되기 위해 실행해야 하는 세 가지 주요한 업무가 있다고 말한다.

- **교육하라:** 모든 부서에 고객에 대해 전파하라. 고객의 언어를 사용하여 고객이 원하는 것이 무엇인지, 어떤 것이 가치 있다고 여기는지 설명하라.
- **분석하라:** 전략은 전적으로 데이터에 기초해 세워져야 한다. 고객 조사를 토대로 마케팅 활동을 해야 하며, 조사 결과를 고객에게 유용한 통찰로 바꾸어야 한다.
- **협업하라:** CMO의 업무를 성공적으로 수행하는 데 있어서 가장 중요한 부분이지만 자주 간과되는 부분이기도 하다. 비록 협업이 고객을 위한 일임은 분명하지만, 그렇다고 자기 부서에 반드시 득이 된다는 보장도 없는 일을

하라고 요청하기란 쉬운 일이 아니다. 하지만 고객 중심으로 조직을 한데 모으는 것이 리더가 할 일이다.

외부 광고 에이전시의 역할

나는 이 책에 소개된 몇몇 아이디어를 시도하고 싶어 하는 거대 제약 회사의 브랜드 매니저와 함께 작업하고 있다. 하지만 그 제약 회사가 글로벌 에이전시와 맺은 계약 때문에 발목이 잡혀 도무지 일이 진척되지 않고 있다.

"저는 고객들과 새로운 방식으로 소통하고 싶어요. 지금 우리가 하고 있는 일이 제대로 되지 않을 거라는 걸 알고 있거든요. 하지만 제가 에이전시에게 새로운 마케팅 방법이 필요하다고 말할 때마다 돌아오는 대답이라고는 그저 광고하라는 얘기뿐이었어요. 저는 너무 답답해서 심지어 제 직업을 잃는 한이 있더라도 이 에이전시와의 관계를 끝내고 싶어요!" 브랜드 매니저는 울분을 토했다.

광고 에이전시의 세계야말로 어떤 변화가 필요한지 찾아내기 위해 항상 다른 어느 곳보다 눈을 크게 뜨고 있어야 하는 곳이다. 그런데 에이전시 파트너들은 단순히 기존 방식을 고수하는 정도가 아니라 거의 좀비나 다를 바 없다. 게다가 당신마저 같은 좀비로 만들려고 한다. 이유는 간단하다. 수십 년 동안 에이전시들은 아이디어를 내고 창의적인 수단들을 개발하고 실행하고 평가하고 난 뒤 어마어마한 액수의 비용을 청구하는 체계 위에 구축되어 왔다. 이들 에이전시는 자기들의 경직된 조직 구조에 너무나도 깊이 매몰되어 있어 스스로 조직을 변화시키기란 사실상 불가능한 일이다. 성공을 위해서는 기업의 마케팅 책임자들과 기업 외부 에이전시 간의 편안한 관계가 불편한 관계로 바뀌어야 한다.

마틴 린드스트롬은 이렇게 말한다. "제가 업계 돌아가는 상황에 완전 빠삭하지는 않지만 광고 에이전시 업계는 사망 선고를 앞두고 있습니다. 우선 고객을 잃을까 봐 엄청나게 겁을 먹고 있어요. 그래서 모든 일에 '예스'라고만 하지요. 심지어 지금 자기들이 하고 있는 일이 더 이상 먹히지 않는다는 걸 알고 있을 때도 그래요. 또 에이전시는 대개 한물간 것들을 예쁘게 보이려고 분칠을 하죠. 이런 걸로 바뀌는 게 있을 리가 없는데도, 여전히 많은 회사들은 에이전시가 (마케팅에서) 리더십을 발휘하길 기대해요."

기업들이 쏟아 붓는 마케팅 예산은 기존 광고 에이전시에서 액센추어나 딜로이트 같은 컨설팅 회사로 빠르게 옮겨가고 있다. 이들 컨설팅 회사는 데이터에 기초한 통찰과 매끄럽게 진행되는 온라인 거래, 각각의 필요에 맞춘 가치 제공을 강점으로 내세우며 새로우면서도 극적인 고객 경험과 획기적인 전략을 기업들에게 제시한다.[82]

에이전시 또한 세 번째 반란의 시대에도 여전히 성공적인 마케팅을 수행하는 데 필요한, 창의적이면서도 중요한 역할을 할 수 있다. 하지만 오늘날의 현실에 걸맞은 역할을 해야만 한다. 그 역할이란 고객들로 하여금 회사를 마케팅하도록 만드는 데 모든 역량을 집중하는 것이다.

"측정"이라는 문제

책을 쓰는 것은 새로운 석사 학위를 따는 것과 비슷하다. 나는 지난 2년 동안 지금 여기에 있는 것은 무엇이며 다음에 오는 것은 무엇이 될지에 대해 읽고, 조사하고, 글을 썼다. 그리고 내가 연구하면서 알게 된 것 한 가지는 측정 때문에 아니면 측정이 부족하기 때문에, 성공을 거두기가 몹시 어렵다는 점이다.

현재 우리가 통제하고 있는 여러 형태의 마케팅은 측정이 가능하다. 특히나 디지털 마케팅의 경우, 측정이 용이하다. 하지만 내가 이 책에서 제시하고 있는 유형의 마케팅은 전환율과 매출에 연결하기가 매우 어려울 수도 있다. 심지어 어떤 경우에는 불가능할지도 모른다. 고객 콘텐츠나 리뷰, 입소문 마케팅처럼 우리의 통제 범위를 벗어나서 실행되는, 마케팅의 3분의 2에 해당되는 부분은 정말로 중요하지만 현재 마케팅 실적 차트에서는 이런 것들을 적절히 반영할 마땅한 방법이 없다.

- 당신이 사람들에게 소속감을 심어주는 일에 얼마나 큰 도움을 주었는지를 어떻게 측정할 것인가?
- 입소문 마케팅 프로그램에서 단기적인 진척 상황을 어떤 방법으로 측정할 것인가?
- 소규모 기업의 경우 고객 가치에 부합하도록 회사의 분위기를 일신했을 때, 이에 따른 장기적인 영향을 어떻게 수치화할 것인가?
- 8장에서 소개한 경험 마케팅의 가치를 어떻게 측정할 것인가?

물론 충분히 창의적이고 부지런하기만 하다면 무엇이든 측정할 수 있다. 그렇지만 쉽지는 않다. 또한 마케터와 마케팅 관리자들은 보기 쉽고, 익숙하며, 깔끔한 데이터 항목으로 채워진 월간 부서 보고서로 자꾸 되돌아가려는 경향이 있다.

자이언트 스푼의 마크 시몬스는 다음과 같이 말한다. "사람들은 측정할 수 없으면 그냥 예전 방식을 고수하려고 합니다. 업계에서 가장 뛰어난 리더들마저도 어떻게 측정할 것인가 하는 문제 앞에서는 어쩔 줄 몰라 합니다. 그들은 아는 것도 많고 문화의 동향을 이해하고 있습니다. 더 나아져야 한다는 것도 알고 있습니다. 하지만 혁신적인 마케팅 문화로 옮겨가려면 용기가 필요합니다. 우리에게는 이러한 변화를 추진하고 기존의 평가 방식을 과감히 폐기할 수 있는 리더가 필요합니다.

점점 빨라지는 문화의 변화에 발맞춰 나아갈 수도 있고, 아니면 기존 방식대로 성과를 측정할 수도 있습니다. 그렇지만 둘 다 할 수는 없을 겁니다."

나는 마크의 이 말에 동의한다. 그리고 동시에 증오한다. 내가 측정도 할 수 없는 정체 모를 무언가를 옹호하기 위해 전혀 비즈니스에 어울리지 않는 뚱딴지같은 소리를 하고 있는 게 아닌가 하는 기분이 든다. 저명한 미국의 저술가 피터 드러커가 했던 말이 내 머리 속에서 울려 퍼진다. "측정할 수 없는 것은 관리할 수 없는 것이다!"

한편, 테네시 대학교의 분석 전문가 줄리 페라라는 조직 내에서 비약적인 변화를 이끌어내려면 마케터들이 눈앞의 마케팅 실적 차트를 뛰어넘는 사고를 해야 한다고 말한다.

"현재의 평가 방식은 과거의 성과를 기반으로 만들어진 것입니다. 입소문 마케팅이나 인플루언서 마케팅 아니면 다른 새로운 아이디어를 실험 삼아 시도해 보려고 해도 이를 어떻게 평가해야 할지 그 기준이 없습니다. 그래서 당연하게도 회사 입장에서는 이런 시도를 위험한 것으로 간주합니다.

하지만 기업들은 새로운 마케팅 활동을 실험하는 데 자금을 투자해야 할 뿐만 아니라 예상 결과치에 따라 계산된 범위 내에서 위험을 무릅쓸 줄 알아야 합니다. 지금 당장 믿고 따를 만한 기준선이 없어도 괜찮습니다. 대신 이벤트나 활동에 대한 목표를 세우고 진행한 뒤 사후 분석은 꼭 실시해야 합니다. 목표를 달성했는지 스스로에게 물어보는 거죠. 그러고 나면 결국에는 분명하고도 측정 가능한 수익을 안겨줄 방법을 찾을 수 있습니다. 말하자면 계속해서 학습하고 발전을 이뤄나가는 여정을 시작하는 셈이죠.

또한 이런 과정을 실행하는 동안 감정은 배제해야 합니다. 목적을 달성하는 데 실패해도 다시 시도하고 발전해 나간다면 잘하고 있는 것입니다. 하지만 작은 목표들을 세우고 충실히 추구하는 것 또한 중요합니다. 그래야 언제 지금 하는 활동을 그만 두고 다른 활동으로 넘어가야 하는지 알 수 있습니다."

세스 고딘은 《마케팅이다This Is Marketing》에서 측정에 대한 강박이 새로운 행동 규범이 됐다고 말한다.

"직접 마케팅은 행동 지향적이다. 그리고 측정할 수 있다."

"브랜드 마케팅은 문화 지향적이다. 그리고 측정할 수 없다."

"여기서 말하는 접근 방식은 어렵기도 하지만 그만큼 간단하기도 하다. 주의를 끌기 위해, 클릭을 유도하기 위해, 고객의 관심이 실제 구매로 이어지도록 만들기 위해 비용이 얼마나 드는지 계산해 보라. 직접 마케팅은 행동 마케팅이다. 그리고 측정할 수 없다면 그건 중요하지 않은 것이다."

"브랜드 마케팅을 하고 있다면 조급해서는 안 된다. 측정을 거부하고 문화에 참여해라. 모든 방법을 다 동원해 총력을 기울여라. 하지만 일관되고 꾸준해야 한다."

투자 수익률을 지금 당장 파악할 수 없다 하더라도 당신이 해야 할 일은 고객과 계속 함께하는 것이다. 다른 말로 하자면, 이렇게 물어보겠다. 경쟁자들은 이미 마케팅 방식을 바꾸었는데 당신만 바꾸지 않는다면 훗날 어떤 대가를 치르게 될까?

당신의 기업 문화가 마케팅이다

내가 이 책을 쓰기 위해 자료 조사를 하고 있을 때, 고객들에게 소속감을 느끼게 해주는 회사의 좋은 예가 있는지 친구들에게 물어보았다. 그랬더니 대화 중에 위스티아Wistia라는 회사가 계속해서 등장했다. 내가 미식축구팀 피츠버그 스틸러스Pittsburgh Steelers만 나오면 사람들은 열변을 토하듯 서로 위스티아에 대해 이야기하려고 안달이었다. 진정한 팬들이었다.

위스티아는 기업들이 자사의 비디오를 제작하고 관리하고 보관하는데 필요한 솔루션을 제공하는 회사이다. 하지만 내 관심을 끌었던 것은 위스티아가 보다 인간적인 사업을 수행하기 위해 81명의 직원 그리고 한 마리의 개가 일하고 있다는 이야기를 웹사이트에 게시했다는 점이었다.

위스티아의 창업자이자 CEO 크리스 새비지Chris Savage와 인터뷰를 진행하면서, 나는 인터뷰 내용을 "소속감"을 다룬 장에 소개할 사례 연구로 쓰려 했었다. 하지만 곧 크리스가 단순히 세 번째 반란을 받아들인 정도가 아니라 비약적인 도약을 이루며 세 번째 반란을 이끌고 있다는 사실을 깨닫게 되었다.

나는 크리스와 했던 인터뷰를 전문 그대로 싣기로 했다. 여기에는 마케팅 리더십 그리고 어떻게 회사가 인간적인 토대 위에 세워질 수 있는지에 대한 귀중한 교훈이 담겨 있다.

크리스 씨, 당신은 다른 인터뷰에서, 효율적인 기업 문화를 안착시킨 것이 가장 잘한 일 같다고 밝힌 바 있습니다. 처음부터 당신 기업과 고객이 통하고 연결되는 방식으로까지 이 문화를 확장할 의도가 있었나요?

아닙니다. 처음에는 그럴 의도가 없었습니다. 웹사이트는 우리가 처음 회사를 시작했을 때 일종의 재미 삼아 만들었습니다. 우리에게 계획적인 마케팅 프로그램 같은 게 있었던 건 아니고요. 그냥 사무실에서 편하게 일하며 지내다가, 여기서 일하는 모습을 우리끼리 영상으로 찍은 겁니다. 따로 목소리를 입히지도 않았고, 뭐 아무 편집도 안 했어요. 음악을 들으며 일하는 모습을 그냥 영상에 담았죠. 그런데 해커 뉴스^{Hacker News}에서 그 별 것 아닌 영상을 소개하면서 사람들 사이에 소문이 퍼졌습니다. 사람들이 위스티아가 얼마나 근사하고 재미있는 회사인지 말하고 다니기 시작하더군요.

뭔가 가능성이 보이는 것 같아서 이런 종류의 비디오를 몇 편 더 찍어 공개했습니다. 그냥 우리가 즐기기 위해서요. 고객을 끌어 모으려고 만든 게 아니었다는 거죠. 뭔가 팔려고 만든 것도 아니었고요. 그런데 2주가 지난 후부터 우리를 찾아오기 시작하는 고객이 많아지는 겁니다!

재미있는 게, 예전에는 우리 제품에 대해 이야기를 많이 했을 땐 비즈니스가 그리 빠르게 성장했다고는 할 수 없었거든요. 그런데 우리 제품에 대해 말하는 건 그만두고 우리가 누구인지 그냥 보여주기만 했더니 매일 새로운 고객들이 우리를 찾아오는 겁니다.

저는 우리의 기업 문화가 곧 마케팅이라는 것을 알게 되었습니다. 위스티아라는 기업 문화가 잘못되면 판매에 바로 악영향을 미칠 거라는 것 또한 깨달았죠. 고객들은 우리의 제품보다도 비디오에 나오는 위스티아 직원들과 더 친밀한 감정적 유대를 느끼고 있었습니다.

우리가 완벽하다고 말하려는 게 아닙니다. 우리도 잘못된 곳에 몰두했다가 힘들었던 때가 있거든요. 하지만 우리의 기업 문화에 대해 명확한 이미지를 갖게 되자, 상황이 분명히 이해가 되기 시작했습니다. 왜냐하면 기업 문화가 바로 전략이니까요, 그렇지 않은가요? 만약 당신이 회사 내부에서 정직하고 투명하지 못하다면, 고객들에게도 정직하고 투명할 수 없을 겁니다.

스토리텔링과 상호 유대, 그리고 커뮤니티에 숨을 불어넣는 기업 문화를 만드니까 성공이 뒤따랐어요. 이런 것들이야말로 인터넷이 출현하기 이전에 우리가 중요하다고 여겼던 것들인데 말이에요.

고객이 단순한 고객이 아니라 그 이상의 존재라고 깨닫게 된 어떤 경험이나 사건이 있었나요? 위스티아에는 회사와 회사의 문화에 관심을 갖고 함께하려는 팬들이 있잖습니까?

6년 전, 고객들을 위한 이벤트를 열어서 우리가 그동안 배운 걸 보여주면 재미있겠다고 생각했습니다. 트위터에 공지를 띄워 토요일에 모임을 개최하겠다고 알렸죠. 이런 이벤트를 열어본 적이 없어서 사람들이 얼마나 많이 올지 감도 잡을 수 없었어요. 우리 SNS 계정에는 팔로워가 그리 많지 않았거든요. 그래서 5명 정도 오려나하고 생각했습니다. 그런데 60명이 이벤트에 와주었고, 그중 몇 명은 이벤트에 참가하기 위해 다른 주에서 장시간 운전해 온 사람들이었습니다.

그 사람들이 제게 이러더군요. "당신 팀과 얘기를 나눈다는 게 엄청 신나요. 뭔가 새로운 가능성을 열고, 뭔가 다른 일을 하잖아요. 이 회사 느낌이 정말 좋아요." 잊을 수 없는 순간이었습니다. 사람들이 우리를 응원하고 있다는 것을 느꼈죠. 단순한 회사와 고객 간의 관계를 넘어서는 훨씬 강력한 무언가를 느꼈습니다.

어떤 사람들은 스포츠 팀을 응원하기도 하고, 또 어떤 사람들은 스타트업 기업을 응원하기도 합니다. 저는 우리가 이 괴짜 친구들을 위한 스포츠 팀이라고 생각합니다. 우리 고객들은 우리 팀에 누가 있는지, 우리가 무얼 하는지에 지대한 관심을 쏟습니다. 마치 스포츠 팀을 응원하듯이 우리 브랜드의 셔츠를 입고 우리 브랜드의 스티커를 여기저기 붙이고 다니죠.

우리 고객은 대부분 추천을 통해 우리 회사를 찾습니다. 위스티아에 대해, 우리가 하는 근사하고 새로운 일들에 대해 이야기를 퍼뜨려주는 사람들이 일등 공신입니다.

현재는 일단 우리 고객이 되면 평균 5년 정도는 다른 곳으로 가지 않습니다. 평범한 소기업에서는 매우 긴 시간이에요. 이러한 유대에서 비롯된 고객들의 충성심이 우리 회사의 근간을 이루고 있다는 사실을 잘 보여줍니다.

고객을 거느린 회사의 리더가 되는 것과 헌신적인 팬 커뮤니티를 가진 회사를 이끄는 것의 차이는 무엇이라고 생각하십니까?

고객과 관계를 맺는 것은 이익에 집중하고 한 번으로 끝나는 거래적인 관계죠. 반면, 팬과 관계를 맺는 것은 지속적입니다. 팬은 당신이 하는 일의 일부가 되고 싶어 합니다. 팬은 무슨 일이 일어나기 전에 먼저그 소식을 알고 싶어 하고 우리는 이에 반응해야 합니다. 전통적인 의미에서의 "고객"은 여기저기 돌아다니며 비교 쇼핑을 하는 사람들이지, 당신의 팀과 기업 문화에 진정한 관심을 보이는 사람들이 아닙니다.

그러나 당신을 응원하는 팬들은 표면에 드러나는 일 말고도 그 뒤에

인간적인 브랜드가 살아남는다

무엇이 있는지 알고 싶어 하며, 거기에 참여하길 원합니다. 우리가 마땅히 배려해야 할 매우 강력한 욕구지요. 진정한 공동체를 운영한다는 말은 장기적인 관계에 지속적으로 투자하는 것을 의미합니다.

그러면 거기에는 단순히 고객과 소통하는 것 이상의 의미가 있겠군요. 고객들은 어떤 식으로 위스티아의 활동에 실질적으로 참여합니까?

아주 좋은 질문입니다. 우리가 하는 일 중에서 가장 중요한 일은 핵심 고객들을 제품 기획에 참여시키는 것입니다. 고객들과 대화하면서 우리가 다룰 수 있는 중요한 문제가 무엇인지 찾아내는 프로세스가 마련되어 있어서, 다음에 할 일에 대한 아이디어를 얻을 수 있습니다. 그 아이디어가 효과가 있을지 없을지 모르는 것일지라도 기꺼이 사용해 보고 싶어 하는 테스트 그룹이 있어서 우리는 해결책에 한 발 더 가까이 다가갈 수 있습니다. 고객들이 그 로드맵을 좌우합니다. 고객들은 우리의 개발 프로세스에 꽤나 깊숙이 들어와 있지요.

우리는 또한 온라인과 오프라인에서 커뮤니티 멤버들이 모이는 이벤트를 개최합니다. 매일 거기서 고객들과 이야기를 나눕니다. 한 달에 한 번 정기적으로 수천 명의 사람들과 대화하는데, 달에 따라 다르긴 하지만 6,000명에서 1만 명 정도 되는 사람들과 이야기를 나누죠.

최근에는 온라인에서 비디오 마케팅 위크Video Marketing Week를 진행했습니다. 8,500명이 참석한 행사였습니다. 다음에 계획하고 있는 행사는 카우치 콘Couch Con이라는 행사입니다. 20명의 발표자들이 참석하는 콘퍼런스인데, 사람들은 소파에 편히 앉아서 참가할 수 있습니다.

우리는 언제나 고객들과 유대를 쌓고 그들을 우리 활동에 참여시키는 새롭고 창의적인 방식을 찾기 위해 골몰하고 있습니다.

고객 경험은 회사의 조직 구조에도 큰 영향을 미칩니다. "위스티아는 고객들이 원하는 바에 부응하는 적절한 조직을 보유하고 있는가?" 우리는 스스로에게 항상 이런 질문을 던집니다. 그 대답에 따라, 얼마든지 조직을 조정하고 바로잡을 수 있죠.

사람들 간에 수천 개의 대화가 오갈 텐데 어떻게 관리를 하나요? 또한 위스티아는 이제 제법 규모 있는 회사가 되었습니다. 회사가 커지면서 실망한 팬들이 하나둘씩 떠나갈 수도 있을 텐데, 이런 문제는 어떻게 다루시나요?

그건 우리도 크게 우려하는 일인데요. 균열이 발생해서 누군가 빠져나가는 일이 없도록 몇 가지 프로세스를 갖춰놓고 있습니다.

우리가 피드백을 얻고 아이디어를 수집하는 방법 중 하나가 온라인 포럼을 통하는 겁니다. 우리는 업무 협업 도구인 슬랙에 가입하는 고객들의 사용료를 대신 지불합니다. 고객들이 우리 회사의 여러 소모임에 접근할 수 있도록 하려는 거죠. 그중 "일반실general room"이라고 하는 곳이 있는데 여기서는 2,300명의 사람들이 매일 온라인상의 활동에 활발히 참여합니다. 그리고 일반적인 자문에서부터 마케팅, 판매, 제품 생산 등에 이르기까지 분야를 망라하여 자문을 구할 수 있는 공간도 있습니다. 특별한 이벤트나 제품에 대한 이야기를 나누기 위해 자신들만의 채널을 개설할 수도 있습니다. 우리는 무슨 일이 벌어지는지 항상 주시하고 있지요. 하지만 넓은 의미에서 봤을 때, 이것은 서로 돕는 커

인간적인 브랜드가 살아남는다

뮤니티입니다. 고객들과 통합적이고 유기적인 팀이 되어 일하는 것, 그것이 바로 우리의 꿈입니다.

이 시스템의 또 다른 장점은 고객들이 참여했던 모든 이력이 사라지지 않고 남아 있다는 것입니다. 직접 내방하는 고객은 왔다 가면 그걸로 끝이지만 이 시스템은 모든 참여 활동을 기록하기 때문에 분명히 큰 차이가 있죠. 시스템을 운영하는 데에 꽤 많은 돈이 들지만, 여기서 이루어진 대화들이 성과를 내는 데 도움을 주고 있어요. 고객들이 우리가 귀 기울이고 있고 행동하고 있으며 숨기는 것 없이 투명하다는 증거를 볼 수 있는 것만으로도 충분히 제값을 합니다.

제게 중요한 것은 위스티아가 고객들이 투자를 하고, 신뢰를 보내고, 무언가를 배우고, 응원을 하는 회사라는 점입니다.

* * *

나는 사람들로부터 응원을 받는 작가가 되고 싶다! 아주 적절한 목표라는 생각이 든다.

위스티아의 사례에서 얻을 수 있는 강력한 교훈은 만약 당신이 개인적이고 인간적인 방식으로 고객과 진정한 유대를 맺고 있다면 "마케팅"은 더 이상 필요 없다는 사실이다. 고객의 문제를 해결해 줄 제품을 제공한다면, 당신 회사의 인간 중심 기업 문화와 고객 사이에 유기적으로 맺어진 관계는 회사 제품에 대한 수요와 판매의 증가로 이어질 것이다.

이제 마지막 장으로 넘어가 보자. 과연 네 번째 반란이 있을 것인가?

11장

네 번째 반란을 앞두고

"안녕이라고 말하는 것은 잠깐 동안의 죽음과 다름 아니다."

레이먼드 챈들러RAYMOND CHANDLER

거짓말은 끝났다.

비밀은 없다.

통제는 종말을 맞이했다.

그렇다면 이것으로 반란은 끝난 것인가? 다음 세대의 마케터들이 무엇과 마주하게 될지 예측할 수 있을 만큼 우리는 충분히 미래를 살펴보았는가?

나는 오늘날 브랜딩에서 정서적 유대를 확고히 하는 것이 그 어느 때보다 중요하다고 믿는다. 하지만 이제 그런 마케팅의 진실마저 구태의연해지는 시대로 이동하고 있는 중이다. 종국에는 기업들이 우리의 개인 정보를 DNA 하나하나에 이르기까지 샅샅이 수집해 분석하는 시대가 올 것이다. 미래의 마케팅은 분자 수준에서 이루어질 것이다.

"광고의 종말The End of Advertising"이라는 글에서 알렉산더 네더컷Alex-

데이터의 완성도는 궁극적으로, 모든 소비자들이 소비 성향의 충족보다는 생물학적 성향을 충족시키는 상품을 구매하는 세상을 불러올 것이다. 완벽한 정보에 기초한 세상에서는 브랜드를 내세운 신뢰가 필요 없기 때문에 브랜딩은 더 이상 설 자리가 없게 될 것이다. 이러한 세계에서는 똑같은 두 개의 상품 중 더 저렴한 상품이 소비자의 선택을 받게 된다. 그러나 이는 오늘날 벌어지고 있는 현상과는 정반대이다. 현재는, 모틴^{Motrin}과 이부프로펜^{ibuprofen}은 똑같은 소염 진통제이지만, 사람들은 더 많은 돈을 지불하고 모틴을 구입한다.

현재 약국에서 처방전 없이 살 수 있는 진통제는 몇 종류 안 되지만, 일단 완벽한 정보에 기초한 세상이 도래하면 개개인의 서로 다른 수요에 대응하는 진통제가 수백에서 수천 종으로 늘어날 것이다. 특정 소비자들이 특별히 원하는 제품이 있지만 수요가 너무 적어 기업이 제품을 생산하기에는 수지가 맞지 않는 경우가 있다. 또 어떤 상품은 시장 규모가 너무 작아 채산성이 떨어져 실제 제품 출시로 이어지지 못하는 경우도 있다. 완벽한 정보에 기초한 세상에서 마케팅은 이 둘을 서로 연결해 주는 것을 목적으로 삼을 것이다.

소비자들의 잠재의식 속에 구매 욕구를 심어주는 것을 목표로 대규모 캠페인을 진행하던 마케팅의 시대는 종말을 고할 것이다.

마케팅이란 이러해야 한다고 생각하던 시대가 가버리고 난 뒤, 이후에 등장할 마케팅은 우리가 기존에 보아오던 마케팅과는 다를 것이다. 구글, 페이스북, 아마존 같은 회사들의 건물 깊은 곳에 숨겨진 알고리즘이 우리의 모든 선택과 관련해서 가장 이상적인 답안을 제시할 것이다. 왜냐하면 우리를 가장 잘 알게 되는 존재가 그 회사들일 테니까.

이 책에서 나는 이제는 고객이 바로 마케터라고 결론 내렸다. 미래에는 또한 고객이 시장, 모든 것을 아우르는 하나의 시장이 될 것이다.

물론 우리 중 일부는 변함없이 비이성적인 상태를 유지할 것이고, 이부프로펜이 아닌 모틴을 사려고 할 것이기 때문에 나는 알렉산더의 디스토피아적 전망에 전적으로 동의하지는 않는다.

하지만 인터넷상에 축적된 정보가 이미 우리가 자기 자신에 대해 알고 있는 것보다 우리를 훨씬 더 많이 드러낸다는 사실을 부정할 수는 없다. 우리가 그런 현실을 아직 깨닫지 못하고 있다는 사실이 아마도 제4의 반란을 가로막는 유일한 원인일 것이다. 알고리즘이 우리의 일상적인 결정을 적절히 처리하도록 내버려두었기 때문에 우리가 더 나은 생활을 영위하고 있다는 사실을 깨달을 때, 우리의 반응은 그저 어쩔 수 없다는 체념이 될까 아니면 불완전하나마 자유로운 의지를 행사할 수 있는 권리를 요구하는 다른 반란으로 이어질까?

급속한 변화는 미래를 예측하기 힘들게 한다. 하지만 한 가지는 분명하다. 어떠한 싸움이 됐든 언제나 그래왔듯이 승리하는 쪽은 소비자들이다. 우리는 소비자들의 리드를 따라야만 한다.

일부 회사는 이 점을 절대로 이해하지 못할 것이다. 또 어떤 회사는 이러한 변화에 계속해서 저항할 것이다. 하지만 인간 중심 마케팅은 거스를 수 없는 흐름이다. 로버트 치알디니^{Robert Cialdini} 교수도 내게 같은 취지의 말을 했기 때문에 나는 인간 중심 마케팅에 대해 확신을 가지고 있다.

나는 이전 책을 저술하는 과정에서 치알디니 교수와 인터뷰하는 영광을 누릴 수 있었다. 치알디니 교수와의 인터뷰 말미에 나는 이런 질문을 던졌다. "교수님, 광고가 넘쳐나다 못해 광고에 압도당하는 세상에서 어떻게 하면 주목을 받을 수 있을까요?"

그는 한 치의 망설임도 없이 단 세 마디로 답했다. "보다 인간적이 되세요."

효율적인 알고리즘에 의해 지배당하는 세상에서, 인간적인 감성은 의미와 정서 그리고 영향력을 창조해 낸다. 파란만장한 비즈니스 세계를 더 잘 알게 될수록, 우리가 안고 있는 문제가 무엇인지 그리고 우리가 마주해야 할 도전이 무엇인지에 대해 더 깊이 숙고할수록, 나는 치알디니 교수의 말이 옳았음을 더 분명하게 깨닫는다.

보다 인간적이 되어라.

앞으로 무슨 일이 닥친다 하더라도, 이 가르침을 계속해서 우리의 길잡이와 이정표로 삼는다면 아무 문제없을 것이다.

가장 인간적인 회사가 승리한다.

* * *

이제 이 책《인간적인 브랜드가 살아남는다》의 끝에 이르렀다. 하지만 마케팅 반란이라는 움직임은 이제 시작일 뿐이다. 더욱더 인간적인 마케팅으로 향하는 우리의 여정에 행운이 함께하기를 바란다. 이 책을 읽으면서 나와 이 여정을 함께해 준 당신에게 감사드린다. 당신 그리고 당신이 보내준 지지는 내게 크나큰 의미가 있다. 우리가 다시 만날 수 있길 바란다. 그래야 하지 않겠는가?

이 책이 나오기까지의
창조적인 과정

1545년, 자코포 다 폰토르모Jacopo da Pontormo는 위세 높은 메디치 가문으로부터 피렌체의 산 로렌초 성당의 주 예배당에 벽화를 그려달라는 중요한 주문을 받았다. 미켈란젤로Michelangelo 같은 당대의 거장들과 마찬가지로 폰토르모 역시 명성을 떨치는 화가였지만 노년에 접어들면서 자신의 예술적 발자취를 후대에까지 남기고 싶은 마음이 강했다.

폰토르모는 주문받은 프레스코 벽화를 자신의 예술적 여정에서 가장 뛰어난 작품으로 만들어야 한다는 것을 알고 있었다. 그는 아무도 자신의 아이디어를 훔쳐가거나 작업 과정을 훔쳐보지 못하도록 벽을 세우고 가림막을 쳐서 예배당 전체를 봉쇄했다. 폰토르모는 〈심판의 날의 예수 그리스도Christ on Judgment Day〉와 〈노아의 방주Noah's Ark〉 그리고 〈천지창조The Creation of the World〉를 그리면서 11년 동안 은둔했다.

이 나이든 화가는 자신의 작품이 완성되기 전에 죽었고, 그의 그림은 어느 것 하나 전해지지 못했다. 하지만 폰토르모가 죽은 직후, 르네상스 시대의 어떤 작가가 그 예배당을 방문해 소감을 남겼다. 그 작가는 폰토르모의 그림에 대해 '혼란스러운 구성과 불안할 정도로 연속성이 결여된 탓에 각각의 장면들이 모든 면에서 서로 충돌하고 조화를 이루지 못한다'고 썼다. 그 벽화는 고립이 인간의 마음에 어떤 영향을 미치는지 시각적으로 보여주는 증거였다.

나는 폰토르모처럼 극단적으로 스스로를 고립시키지는 않지만, 그래도 숲속에 있는 사무실에서 글을 쓰면서 혼자 많은 시간을 보낸다. 이것은 쉽지 않은 문제다. 집중하려면 고립될 필요가 있기는 하지만, 또 한편으로는 내가 쓰는 책을 더 풍부한 내용을 가진 더 완벽한 책으로 만들어 줄 인간적인 교류를 그리워하기도 한다.

이 책을 쓰기 위해 조사를 하던 중, 내가 글을 쓰는 방식을 완전히 바꿔놓은 사건 하나가 일어났다.

텍사스주 오스틴에서 열린 연례 SXSW 콘퍼런스에서 스티브 잡스와 알버트 아인슈타인 같은 유명인의 전기를 집필한 저명한 작가 월터 아이작슨을 만나 인터뷰하는 영예를 누렸다. 그때 우리는 주로 천재성의 본질 그리고 폰토르모와 같은 시대에 살았던 레오나르도 다빈치Leonardo Da Vinci에 관한 그의 새 책에 대해 이야기를 나눴다.

다빈치는 인류 역사상 이견의 여지가 없는 가장 창조적인 인간이었고, 언제나 호기심을 잃지 않았던 신비로운 천재였다. 그런데 나는 다빈치의 수많은 아이디어가 협업에서 비롯되었다는 사실을 알고 충격을 받았다. 심지어 다빈치의 가장 유명한 그림, 〈비트루비안 맨Vitruvian Man〉은 다빈치보다 수 세기 이전에 활동했던, 로마 시대의 작가이자 건축가, 토목 공학자였던 비트루비우스Vitruvius에게 영감을 받았다는 것이다.

많은 사람들이 다빈치를 아꼈고, 그의 주위에는 언제나 친구들이 많았다. 하루는 그의 친구 프란체스코^{Francesco}가 다빈치에게 원 안에 사람이 그려진 스케치를 보여주었다. 그 그림은 비트루비우스의 책에 실린 상세한 묘사를 바탕으로 그린 스케치였다. 르네상스 운동은 고대의 사상을 재발견해 그것들을 근대적인 언어로 재구성하는 움직임이었는데, 프란체스코는 그러한 흐름 속에서 자신이 발견한 것에 몹시 흥분하였다. 프란체스코의 스케치를 본 다빈치는 인간의 형상을 수학적인 차원에서 바라볼 수 있게 되었다.

다빈치의 또 다른 친구인 자코모 안드레아^{Giacomo Andrea}는 비트루비우스의 아이디어에 몇 가지 해석을 끄적여 덧붙인 뒤, 다빈치에게 인간의 형상이 어떻게 원 안에서 내접하여 표현될 수 있는지 보여주었다.

다빈치는 그 아이디어에 마음을 빼앗겼고, 자기도 비트루비우스가 고대에 진행했던 연구로부터 아이디어를 빌려 자신만의 작품을 만들어야겠다고 생각했다. 다빈치는 이와 같은 아이디어로부터 자신의 드로잉을 발전시켰고, 과학적인 엄밀성에서나 예술적인 아름다움에서나 다빈치의 그림은 그보다 앞서 작업했던 사람들의 그림과는 차원이 다른 작품이 되었다.

어떤 이들은 다빈치의 이 유명한 작품이 심지어 다빈치의 자화상일지도 모른다고 생각한다. 그리고 그 작품은 협업을 통해 이루어졌다. 다빈치의 친구가 낙서하듯 그린 드로잉은 고대의 아이디어로부터 영감을 받은 것이었고, 이 아이디어가 결국 많은 주목을 불러일으킨 작품

　　　　　　　　　인간적인 브랜드가 살아남는다

을 탄생시켰다. 그렇다. 다빈치는 강렬하고 독특한 작품을 우리에게 남겼지만 그것은 다른 이들의 도움이 있었기에 가능했다.

나는 위의 이야기를 비롯해 다빈치가 협업을 통해 다른 많은 작품들 역시 만들었다는 이야기를 읽으면서, 나의 창작 과정에 대해서도 중요한 무언가를 깨닫게 되었다. 내가 이전에 출판한 책들은 대부분 외롭고도 고립된 과정 속에서 만들어졌다. 물론 자료 조사도 하고 인터뷰도 했지만 책의 내용을 구상할 때만큼은 큰 의자에 파묻혀 조용한 사무실 같은 곳에서 오로지 나 혼자 완전히 고립된 상태에서 작업을 진행했다. 하지만 이 책을 쓰면서 나는 다빈치의 사례에서 영감을 받아 사람들과 생각을 나누고 이 책의 주요 아이디어를 구성하는 데 도움을 줄 이 분야의 선구자들과 웬만하면 직접 만나야겠다는 계획을 세웠다.

그렇게 사람들과 나눈 깊이 있는 대화가 이 책을 송두리째 바꾸어 놓았다. 나의 뛰어난 친구들의 아이디어들은 태피스트리의 정교히 짜인 조직처럼 이 책의 든든한 씨줄과 날줄이 되었다. 한 발 뒤로 물러나 찬찬히 들여다보면, 단단하고 아름답게 맞물려 있는 실처럼 탄탄하게 결합된 아이디어들을 볼 수 있다. 친구들의 이름이 직접 책에 등장하기도 하고, 때로는 그들이 내 귓가에 속삭여 준 영감의 흔적이 행간 사이에 숨어 있기도 하다. 하지만 그들 모두 이 책을 쓰는 창조적인 과정에 동참했다. 여기 나의 다빈치 팀의 명단을 소개한다.

채드 패리즈먼Chad Parizman, 연설가

메건 콘리Megan Conley, 소셜 트라이브Social Tribe의 창업자이자

CEO

멜리사 반다Melyssa Banda, 씨게이트 테크놀로지Seagate Technologies
마케팅 채널 부사장

파비오 탐보시Fabio Tambosi, 써코니Saucony 브랜드 마케팅 디렉터

데인 하첼Dane Hartzell, 하니웰Honeywell 디지털 마케팅 디렉터

잭 실버맨Jack Silverman, 볼린 마케팅Bolin Marketing 부사장

카렌 프리벅 박사Dr. Karen Freberg, 루이빌 대학교University of Louisville
교수

도로테아 보티콜로나-볼피Dorothéa Bozicolona-Volpe, 마케팅·브랜딩
컨설턴트

조셉 하스 박사Dr. Joseph Haas, 심리학자

제스 바Jess Bahr, 공학자, 마케팅 컨설턴트

하유트 요게브Hayut Yogev, 이스라엘 스타트업 기업 컨설턴트

앤 핸들리Ann Handley, 마케팅 프로프스MarketingProfs 창업자

스티브 레이슨Steve Rayson, 버즈스모BuzzSumo 창업자, 기업가

버나뎃 지와Bernadette Jiwa, 작가, 마케팅 컨설턴트

크리스티앙 스트뢰베히Kristian Strøbech, 언론인, 교육가, 컨설턴트

멜리사 윌슨Melissa Wilson, 넷월딩Networlding CEO

제레미 플로이드Jeremy Floyd, CMO, 변호사, 기업가

제이 아쿤조Jay Acunzo, 기업가

미치 조엘Mitch Joel, 기업가, 작가, 미룸Mirum 전 회장

아서 카마이클Arthur Carmichael, 스크립스 네트워크Scripps Networks 프

인간적인 브랜드가 살아남는다

로듀서

질 스톤Jill Stone, 예술가

키티 킬리언Kitty Kilian, 글쓰기와 저널리즘 교사

마틴 린드스트롬Martin Lindstrom, 브랜딩 전문가·컨설턴트

테드 라이트Ted Wright, 입소문 마케팅 전문가, 기업가

아밋 판찰Amit Panchal, 마이크로소프트Microsoft 경쟁전략 디렉터

키스 레이놀드 제닝스Keith Reynold Jennings, 잭슨 헬스케어Jackson Healthcare 커뮤니티 임팩트 부문 부사장

올가 안드리엔코Olga Andrienko, SEM러시SEMrush 글로벌 마케팅 부문 책임자

줄리 페라라Julie Ferrara, 테네시 대학교University of Tennessee

자신의 통찰력을 아낌없이 나누어주고 지지를 보내준 이 모든 선구자들에게 감사드린다. 우리가 함께한 작업이 잊히지 않기를 바란다.

감사의 말

뛰어난 재능을 가진 사람들의 도움을 받으며 2년 이상의 시간에 걸쳐 애정을 쏟아 부은 이 놀라운 결과물을 내놓게 되었다.

키스 레이놀드 제닝스는 처음 만났을 때 내 책《노운》의 팬이라며 자신을 소개했다. 그 이후 우리는 친구가 되었고 비즈니스 철학을 논하는 영혼의 친구가 되었다. 애틀랜타 잭슨 헬스케어의 커뮤니티 임팩트 부문의 부사장인 키스는 내 책의 초기 원고를 검토하면서 지혜로운 조언을 해주었다.

키티 킬리언은 네덜란드를 중심으로 활동하는 글쓰기 권위자다. 나의 글쓰기 교관이기도 한 키티는 내 초안의 세세한 부분에 이르기까지 가차 없이 질문을 퍼부었고,《인간적인 브랜드가 살아남는다》가 전 세계의 다양한 독자들에게 의미 있는 책이 될 수 있도록 노력을 아끼지 않았다.

내가 이 책에서 전하려고 했던 중요한 메시지 중 하나는 소수를 위해 공들여 준비한 마케팅 접근 방식의 중요성이다. 나는 내 책이 "손으로 세공한" 작품 같은 느낌이 나기를 바랐다. 그래서 녹스빌에서 활동하는 일러스트레이터 패리스 우드헐에게 이 책이 어떻게 보일지 어떤 느낌이 될지 결정하는 전권을 맡겼다. 그리고 그녀는 자신의 일을 훌륭히 수행했다.

맨디 에드워즈Mandy Edwards는 이 책을 편집하는 데 핵심적인 역할을 했다. 그녀는 여기에 소개된 이야기들이 빠진 부분이 없고, 오류가 없으며, 또한 독자들이 즐겁게 읽을 수 있도록 핵심적인 조사와 사실 확인을 하는 데 도움을 주었다.

켈리 엑스터Kelly Exeter는 책 내부 장정을 아름답게 꾸며주었고, 엘리자베스 레아Elizabeth Rea는 내 글이 생생히 살아 숨 쉬도록 아낌없는 도움을 준 나의 오랜 편집자이다.

마지막으로, 이 책을 쓰는 지난한 과정 동안 끈기 있게 용기를 북돋워주고 현명한 조언을 해준 아내 레베카 덕분에 나는 힘든 작업을 마칠 수 있었다.

나의 모든 재능은 주님으로부터 온 것이다. 이 책이 미약하나마 그분의 영광을 드러내는 데 쓰이기를 바란다.

마크 W. 셰퍼

주

1장. 마케팅을 향한 반란

1 이 섹션의 대부분은 이 훌륭한 책에서 영감을 받은 것이다. "The Attention
Merchants: The Epic Scramble to Get Inside our Heads" by Tim Wu,
published by Alfred A. Knopf, 2016

2 "The consumer decision journey," by David Court, Dave Elzinga, Susan
Mulder, and Ole J ø rgen Vetvik, McKinsey & Company Insights

3 "Ten years on the consumer decision journey: Where are we today?" on
McKinsey blog Nov. 17, 2017

2장. 결국 사람이 하는 일

4 "The Relevancy Gap: Businesses Believe Marketing Communications Are
Effective; Consumers Disagree" by Tom Farrell on martechseries.com

5 "Do Brands Follow Through on Their Promises? Many Are Skeptical"
Commentary and charts on Marketing Charts October 2018

6 "MarTech's Evolving More Rapily than Marketer's Use of It" by Marketing
Charts July 30, 2018

7 2017 Alphabet annual Founder's Letter

8 "Large B2C Brands Are Struggling to Optimize Their Marketing Budgets" on
Marketing Charts blog August 01, 2018 에 나온 닐슨 데이터

9 "Jeff Bezos Says This 1 Surprising Strategy Is the Secret to His Remarkable
Success," By Peter Economy INC magazine Jan 2018

인간적인 브랜드가 살아남는다

3장. 충성심의 종말 그리고 사랑

10 "The new battleground for marketing-led growth" McKinsey Quarterly Journal Feb 2017 by David Court, Dave Elzinga, Bo Finneman, and Jesko Perrey

11 "What's Love Got to do With It?" By Isabelle Coates, WGSN blog, July 06, 2018

12 "Survey: 32 percent of consumers say brands are delivering less on promises," by Adrianne Pasquarelli, Ad Age Oct 09, 2018

13 "Your Guide to Generation Z" By Elizabeth Segran, Fast Company Magazine, April 18, 2016

14 메이시스에 관한 이 부분의 출처. "Employers Are Looking for 'Influencers' Within Their Own Ranks" by Amy Merrick, The Atlantic, Sept. 27, 2018

15 상게서, 맥킨지

16 구글은 베르토 애널리틱스Verto Analytics와 제휴하여 6개월 동안 n=2,989명의 클릭스트림 데이터click-stream 수집을 위해 소비자 옵트인 Verto Smart Cross-Device Customer Measurement Panel을 분석했다.

4장. 소속감, 인간의 가장 큰 욕구

17 "Genes are nice but joy is better" By Liz Mineo, Harvard Gazette, April 11, 2017

18 "Young people may be the loneliest of all" by Dalmeet Singh Chawla" on Medium, Oct. 1, 2018

19 "The Blindness of Social Wealth" By David Brooks, The New York Times, April 16, 2018

20 "No employee is an island: Workplace loneliness and job performance" by Ozcelik and Barsade, Academy of Management Journal, Feb. 6, 2018

21 "U.K. Appoints a Minister for Loneliness" By Ceylan Yeginsu, The New York Times, Jan. 17, 2018

22 펩시 사례 연구의 자료 출처. "The Attention Merchants: The Epic Scramble to Get Inside our Heads," by Tim Wu, published by Alfred A. Knopf, 2016

23 "How 2 Brothers Turned a $300 Cooler Into a $450 Million Cult Brand" by Bill Saporito, INC magazine online edition

24 룰루레몬에 관한 일부 정보 출처. "How Lululemon Uses Ambassadors to Foster Customer Engagement" by Laura Hill, Well To Do, July 13, 2017

25 "4 Tactics Lululemon Uses to Leverage Word-of-Mouth for their Brand" by Samuel Hum ReferralCandy Blog, June 30, 2015

26 이러한 기본적인 아이디어 중 일부는 "Getting Brand Communities Right" by Susan Fournier and Lara Lee: Harvard Business Review, April 2009에 나온 연구에 기반을 두고 있다.

27 "Advertising is dead and other thoughts from Faith Popcorn," by John Wolfe, Media Post, March 16, 2018

28 2018년 10월 브랜드 마케팅 서밋Brand Marketing Summit에서 몰리 배틴이 한 말 인용했음.

5장. 개인의 이익 그리고 장인 브랜드

29 "The Localist Revolution" by David Brooks, The New York Times, July 19, 2018

30 "Why trust and transparency are crucial components of brand success" by Lynette Saunders, eConsultancy, April 2018

31 http://adage.com/article/podcasts/mastercard-marketerexistential-threat-faces-cmos/313766/

32 출처: "Nintendo's New DIY Toys Are Mind-Bendingly Imaginative" by Harry McCracken, Fast Company, April 13, 2018

33 출처: "Why this clothing startup wants you to know thy T-shirt maker" by Elizabeth Segran, Fast Company, July 10, 2018

34 출처: "Why Companies Need a New Digital Playbook to Succeed in the Digital Age" by Peter Weill and Stephanie Woerner, MIT Sloan Management Review, June 2018

35 서적 "Story Driven: You don't need to compete when you know who you are," by Bernadette Jiwa에서

36 "9 Out of 10 People Are Willing to Earn Less Money to Do More-Meaningful Work" by Achor, Reece, Kellerman, and Robichaux, Harvard Business Review, November 6, 2018

37 "Advertising is dead and other thoughts from Faith Popcorn" by John Wolfe, Media Post, March 16, 2018

38 "How gun control and gay rights became key to selling jeans" by Elizabeth Segran, Fast Company, July 30, 2018에서 이 사례 연구를 위한 아메리칸 이글 관련 일부 정보 발췌

39 Three myths about what customers want" by Karen Freeman, Patrick Spenner and Anna Bird, Harvard Business Review, May 23, 2012

40 "Consumers Believe Brands Can Help Solve Societal Ills" by Suzanne Vranica, Wall Street Journal, October 02, 2018

41 블랙록 정보 출처. "BlackRock's Message: Contribute to Society, or Risk Losing Our Support" by Andrew Ross Sorkin, The New York Times, January 15, 2018

42 2018년 10월 브랜드 마케팅 컨퍼런스 행사에서 인용

43 "Report: CEOs taking a stand online can boost reputation and sales" by Beki Winchel, PR Daily, September 7, 2018

44 2018년 연구에서 발췌했으며 CMOstudy.org에서 찾을 수 있음.

45 이 부분 출처: "As Millennials Demand More Meaning, Older Brands Are Not Aging Well" by Sebastian Buck, Fast Company, October 5, 2017

46 이런 훌륭한 HBR 통찰력을 깨닫게 해준 키스 레이놀드 제닝스에게 큰 감사를 드림.

47 "Hit Refresh" by Satya Nadella, Greg Shaw and Jill Tracie Nichols의 킨들북 버전에서 인용

7장. 존중은 신뢰를 부른다

48 "The most hated online advertising techniques" by Therese Fessenden,

Nielsen Norman Group, June 4, 2017

49 "Do brands have enough MarTech now?" Marketing Charts, October 10, 2018

50 러덴버그의 말 인용 출처. "Tackling the Internet's Central Villain: The Advertising Business" by Farhad Manjoo, The New York Times, February 1, 2018

51 "The new consumer decision journey" by David Edelman and Marc Singer, McKinsey.com, October 2015

52 신기술 선언문은 오픈, 크라우드소스 문서다. 당신도 bit.ly/datafesto를 방문해 노력에 동참할 수 있다.

53 "Why trust & transparency are crucial components of brand success" by Lynette Saunders, eConsultancy blog April 05, 2018

8장. 고객이 당신의 마케터다

54 "Connecting Process to Customer: Take the Customer Journey" by Bruce Robertson, Gartner.com, May 3, 2017

55 "Freemium conversion rate: Why Spotify destroys Dropbox" by Brandon Brindall, process.st, June 28, 2018에서 얻은 데이터

56 "Denver: The WSJ Airport Rankings' Rocky Mountain High-Scorer" by Scott McCartney, Wall Street Journal, November 14, 2018에서 발췌한 인용구 및 통계

57 "User Generated Content is Transforming B2C Marketing" by Matthew Hutchinson, Salesforce Marketing blog, February 17, 2016

58 "11 Ways To Engage Customers In Your Marketing Strategy" Forbes Communication Council, June 12, 2018

59 "The science behind why people follow the crowd" by Rob Henderson, Psychology Today, May 24, 2017

60 "New Study Finds that 19 Percent of Sales Are Driven by Consumer Conversations Taking Place Offline and Online" on Engagement Labs blog, November 27, 2017

61 "Aliza Freud on Influencer Marketing" by Matthew Quint, Columbia Business School Ideas and Insights, February 20, 2017

62 "Glossier is building a multimillion-dollar millennial empirewith Slack, Instagram and selfies" by Jenni Avins, Quartz, December 1, 2016

63 "Social Objects: Everything you wanted to know" by Hugh Macleod, Gaping Void blog, July 24, 2017

64 "What really makes customers buy a product" by Hugh N. Wilson, Emma K. Macdonald, Shane Baxendale, Harvard Business Review, November 9, 2015

65 "The Power of Moments" by Chip and Dan Heath에 포함된 사례 연구

66 "How Customers Come to Think of a Product as an Extension of Themselves" by Colleen P. Kirk, Harvard Business Review, September 17, 2018

67 "How 'normal people' are taking over the product review" by Ken Wheaton, Think With Google Blog, April 2018

68 출처: YouTube Data, U.S., Classification "travel diary and vlog" videos were based on public data such as headlines, tags, etc., and may not account for every such video available on YouTube, Jan. – June 2015 and 2017.

69 "Influence Marketing Sways Youth Who Engage With It" By Marketing Charts, April 9, 2018

70 "The Right Way to Market to Millennials" by Jay I. Sinha and Thomas T. Fung, MIT Sloan Management Review, April 24, 2018

71 공개: 나는 과거 델의 인플루언서 역할을 했으며, 현재는 델의 "Luminaries" 팟캐스트를 운영하고 있다.

72 "Three Short-Term Trends from The Latest CMO Survey" from Marketing Charts, September 18, 2018

73 "It's time to put an end to the era of lazy marketing" by Mark Schaefer, {grow} blog, October 17, 2017

74 "Six Content Ideas Every Marketer Should Steal From IBM" by Marcia Riefer Johston, Content Marketing Institute, January 14, 2016에서 인용

9장. 길을 여는 브랜드

75 "Wren's Melissa Coker on how that Viral 'First Kiss' Video Went Down" by Dhani Mau, Fashionista, March 11, 2014

76 "Ten new findings about the millennial consumer" by Dan Schwabel, Forbes, January 15, 2015

77 "How the founder of Glossier created a beauty line with a cult following" by Ahiza Garcia, CNN Business, October 11, 2017

78 상게서, 슈바벨

79 "How fast can a beauty blogger become the millennials' Estée Lauder? About three years" by Amy Larocca, The Cut에서 인용

80 상게서, 라로카

10장. 조직이 바뀌어야 한다

81 2018년 브랜드 마케팅 서밋 연설에서 인용

82 "Tech consultants are the new Mad Men" by Stephen Wilmot, The Wall Street Journal, November 9, 2018

인간적인
브랜드가
살아남는다

1판 1쇄 발행 2021년 9월 24일
1판 4쇄 발행 2024년 10월 25일

지은이 마크 W. 셰퍼
옮긴이 김인수

발행인 양원석 **편집장** 차선화 **책임편집** 이슬기
디자인 강소정, 김미선 **영업마케팅** 윤송, 김지현, 이현주

펴낸 곳 ㈜알에이치코리아
주소 서울시 금천구 가산디지털2로 53, 20층 (가산동, 한라시그마밸리)
편집문의 02-6443-8916   **도서문의** 02-6443-8800
홈페이지 http://rhk.co.kr
등록 2004년 1월 15일 제2-3726호

ISBN 978-89-255-7962-7 (03320)